JN086147

THE CONTRACT

新しい契約実務の提案

ザ・コントラクト

株式会社 LegalOn Technologies［編］
弁護士 奥村友宏［編集代表］

商事法務

はじめに

「契約実務」という言葉について、みなさんはどういう意味として捉えているでしょうか。契約実務とは、契約書の作成、審査を経て、合意に至るプロセスと捉えている方もいれば、抽象的に契約が関連する業務全般と捉えている方もいらっしゃるのではないでしょうか。私が弁護士となってから幾度となく聞いてきた言葉でありながら、意味内容が人や場面により異なる、捉えどころが難しい言葉です。

私は、弁護士になってから、多くの案件に携わってきました。特に、契約書に関しては、ジェネラルコーポレート業務、M&A 業務を通じて、多くの契約書の作成や審査を行ってきましたし、東京、ニューヨーク、バンコクという異なる地域での法律事務所における勤務に加え、所内、所外の優秀な弁護士とのやりとりを通じて、多くの経験を積んできたという自負はありました。2020 年、法律事務所での弁護士としての勤務を終え、意気揚々と新しいチャレンジとして、リーガルテック業界の扉を叩きました。今までの経験を生かして、契約業務に関するリーガルテック業界に貢献してやる、そういう気概を持っていたわけですが、数か月で、自分が、「契約実務」の一部しか経験していないことに気付かされたのです。たとえば、M&A 業務に関わる中で、株式譲渡契約といった M&A 契約の合意に至ったタイミングで依頼者の方々に「契約書の署名欄への押印を急ぎお願いします」と当たり前のようにリクエストしていたわけではありますが、この署名欄への押印一つとっても、契約実務を担う企業法務の裏では、契約締結に関する稟議などの様々な手続を経て初めて実行できるものであると、今になって想像ができるようになってきました。依頼者として、ともに仕事をしていた企業法務を担当される方々の苦悩や課題、役割についての理解が甘かったといえます。

リーガルテック業界に入り、全ての契約リスクを制御可能にするために、法務業務の支援の方向性を考える中で、本当に様々な企業法務の現場の声、リーダーの声、さらには、事業部門の声を聞いてきました。その度に、新たな発見があり、私が、「知っている」と思っていた「契約実務」は、その一部にすぎないことを痛感し、「契約実務」の奥深さを知るとともに、「契約実務」の面白さと難しさを知っていくことになりました。

そんな折、縁あって、株式会社商事法務様より、書籍出版の機会をいただき、私のいままでの弁護士としての経験、リーガルテック業界での経験に基づく、本書執筆時点（2022年12月31日時点）における「契約実務」に関する分析の集大成として本書の執筆に至りました。

本書では、第1章において「契約」の意義を再考察し、第2章以降で「契約実務」を契約審査受付、契約審査、契約締結、契約管理の4つのプロセスからなるものと定義し、各プロセスにおいて実践されている実務、それに伴う課題に触れた上で、各プロセスへの提案をしていきます。「契約実務」には、まだまだ多くの解くべき課題が存在します。本書が、「契約実務」を担う方々の新しい常識となり、「契約実務」への新たな提案となれることを祈っています。

最後に、本書を刊行するにあたり、弊社の執筆担当者、執筆ご協力をいただいた企業法務ご担当の皆様や教授陣を始め、書籍の取りまとめを支えてくれた弊社渡辺麻友氏、本書タイトルなどの考案をしてくれた弊社コピーライターの高橋健太郎氏、マーケティングとデザイナーメンバー、そして、企画段階から様々なご相談に乗っていただいた株式会社商事法務の澁谷禎之氏と多くの方々のご協力をいただきました。この場を借りて改めて御礼申し上げます。

2023年4月

株式会社 LegalOn Technologies
弁護士　奥村　友宏

目次

第2章 契約実務 ……17

第1章

契約実務を考える意義

契約の重要性と契約に潜むリスク

1 —— 導入

私たち法務パーソンは、日々契約書を扱っています。契約書の作成や審査、契約書の管理、あるいはトラブルになったときには契約書を引っ張り出して内容を確認することもあります。契約書は私たちにとって、とても身近なものです。

では、この契約書、法的にはどのように位置付けられ、ビジネスにおいては、どのような意味をもっているのでしょうか。あまりにも身近であるからこそ、かえってあまり考えたことがない方もいるのではないでしょうか。

本章では、改めて、契約の意義と契約の重要性について、考察します。

2 ——「契約」の基礎

実際に企業法務で契約業務に従事していると、「契約」という言葉を聞いて連想するのは、Word ファイルや PDF ファイルの形式で事業部門から送られてくる「契約書」のドラフトだと思います。他方で、法務部門以外の方は、家を借りるときの契約や入社するときの契約、あるいは顧客から案件を受注したときの契約を連想する方も多いと思います。

このように「契約」という言葉を用いる方の置かれている状況によって「契約」という言葉から連想するものは異なりますが、これらは全て、広い意味で「契約」です。まず、このような契約の起源、成立、効果という側面から、契約の基礎を俯瞰していきたいと思います。

[1]「契約」の法的意義と起源

冒頭で述べたように「契約」という言葉は多義的ですが、法的には明確な定義があります。それは、「権利義務の変動に向けられた意思表示の合致」です。すなわち、**「契約」は、契約当事者間の権利義務関係の変動に対する申込**

みとその承諾によって成立し、当事者の権利義務関係を変動させることに本質があります。そして、内容および様式は法律で定められた例外を除き当事者の自由とされ（＝契約自由の原則）、当事者間で合意された場合には法的拘束力を有し、多くの場合、法制度によって実現性が担保されています。

このような「契約」のルーツは、紀元前まで遡るといわれています。日本でも、古くから契約に相当する制度は存在しましたが、今の契約法の体系は、大陸法（＝フランス、ドイツなどのヨーロッパの法体系）に倣い、1890年代に制定された旧民法において「契約」の概念が取り入れられたのが最初といわれています。

そして、それ以来、「契約」は独立した当事者間において権利義務関係を形成するための社会制度としての機能を担い、時代の変遷とともにその重要性を増してきました。

［2］契約の成立

さて、古いルーツを持つ「契約」ですが、その定義からも分かるとおり、日本の契約理論のもとにおいては、契約の成立には「契約当事者の、権利義務関係の変動に対する申込みとその承諾（＝権利義務変動に向けられた意思表示の合致）」が必要とされます。また、日本の契約理論においては、契約自由の原則が妥当しており、内容および様式は法律で定められた例外を除き当事者の自由とされます（民法521条2項）。

そして、契約によって、「当事者間の権利義務関係の変動」が効果として生じます。仮に契約当事者がその内容を履行しない場合には、裁判手続を経て、契約によって合意された内容は強制的に実現可能です。

つまり、契約とは、当事者の意思によって当事者間に権利義務関係を形成し、かつそこに法的拘束力を持たせるための手段であり、その自由度が非常に高い点に特徴があります。この自由度の高さと強制力の強さこそが、現代のビジネスシーンにおいて契約が不可欠な存在になっている大きな理由であると考えられます。

先述のように、契約の成立には、「契約当事者の、権利義務関係の変動に対する申込みとその承諾（＝権利義務変動に向けられた意思表示の合致）」が必要です。これは具体的には何を意味するのでしょうか。「コンビニで100円のおにぎりを買う」ケースを例に考えてみたいと思います。

まず、コンビニには、おにぎりに100円という値札が貼って並べてあります。これは、「このおにぎりに対して100円を支払ってくれませんか」というコンビニの申込みです（厳密には、申込みの「誘引」であり申込みではない、という議論もなされたりします。）。

これに対して、私たちは、レジで「このおにぎり、ください」と言います。この時点で、「このおにぎりに100円を支払う」という承諾がなされたことになります。

これにより、「おにぎりを100円で売買する」ことに対する申込みと承諾が合致していることになります。このタイミングで「権利義務関係の変動に対する申込みとその承諾（＝権利義務変動に向けられた意思表示の合致）」が生じ、契約は成立します。契約は口頭でも成立する、と言われることがありますが、多くの場合はこのことを指しています。

［3］契約の効果

こうして「権利義務関係の変動に対する申込みとその承諾（＝権利義務変動に向けられた意思表示の合致）」によって契約が成立すると、どのような効果が発生するのでしょうか。

まず、おにぎりの所有権は契約成立と同時にこちらに移転します（民法176条）。また、こちらは100円を支払い、コンビニ店員はこちらにおにぎりを渡します。これは、おにぎりの売買契約上の義務である、「おにぎりに対する支配権（法律用語では「占有」といいます。）を移転する」義務をコンビニが果たし、こちらは「おにぎりの対価として100円を支払う」という債務を履行しているという関係に立ちます。

では、仮に、店員がおにぎりを渡したのに、こちらが100円を支払わなかったらどうなるでしょうか。これは、契約上の義務違反なので、コンビニは、裁判所を通じてこちらの財産を差し押さえて100円を回収することができます。

［4］契約「書」の役割

ここまでお読みいただき、少し違和感をお持ちの方も多いのではないかと思います。実は、これまでの解説や具体例には「契約書」が登場していません。多くの方は、「契約」という言葉から「紙の契約書」や「電子データの契約書」を連想すると思うので、この違和感は無理もありません。

これまでの説明で書いたとおり、「契約」は「契約当事者の、権利義務関係の変動に対する申込みとその承諾（＝権利義務変動に向けられた意思表示の合致）」が成立要件であり、口頭でも成立します。「紙」や「電子データ」で形が残っている必要は必ずしもありません。

では、「紙の契約書」や「電子データの契約書」は不要なのでしょうか。これらは不要ということはなく、これら「紙の契約書」や「電子データの契約書」は非常に重要な意味をもっています。少し詳しくみていきたいと思います。以下のような事例を考えてみましょう。

> Aさんは、初対面のBさんから100円を貸して欲しいと頼まれました。そこで、親切なAさんはBさんに100円を貸してあげました。
> 1週間後、AさんはBさんに会ったので、「100円を返して」、と言いました。Bさんは「知らない」と言いました。
> そこで、Aさんは裁判を起こすことにし、裁判官に「Bさんに100円貸したのに返してくれない」と言いました。Bさんは、裁判官に「100円は借りていません。借りたなんて嘘です。」と言いました。
> 裁判官は困ってしまいました。

このケースでは、契約はどの時点で成立しているでしょうか。「親切なAさんはBさんに100円を貸してあげました。」。ここで契約が成立します。金銭消費貸借契約は要物契約（処分行為があって初めて契約が成立する）とされ、実際に100円を渡したタイミングで契約が成立します（民法587条）。そして、消費貸借契約では、「種類、品質及び数量の同じ物をもって返還をすることを約して」という「返還合意」が要素になるため、金銭を借りた側はこの合意にしたがって借りた額と同額の金銭を返す義務があります。

しかし、上記のケースでは、Bさんが「100円は借りていません。借りたなんて嘘です。」と言っており、「お金を渡したこと」、も「返す約束」も裁判官からは分かりません。

このように、契約は、当事者の合意によって成立するのですが、これだけでは後々トラブルになってしまいます。そこで、当事者の合意を、文書という形に残すのです。これが契約書です。**契約書は、契約の内容を証跡として残し、これを証拠としてトラブルを防止し、究極的には裁判において証拠として判断の拠り所となるという機能を持っています。**

もちろん、その他にも、税務上の証憑になったり、監査上の重要文書になったり、紙または電子データとしての「契約書」が必要になる場面は多岐にわたります。

企業において契約書が非常に重要な文書として、厳重な管理対象とされるのは、ここに理由があります。

3 —— 契約の重要性

以上が契約と契約書に関する基本的な理解になります。それでは、契約は、なぜ、重要であるといわれるのでしょうか。従来からの考えと現代における考えについてみていきます。

[1] 従来からの契約の重要性

ここまでみてきた「契約」の基本構造から、契約とは独立した当事者の間に権利義務関係を合意によって形成する唯一の方法であるという非常に重要なものであることが分かります。そして、**契約による合意内容は法的拘束力を有し、強制的に実現できるが故に、有効活用により大きな利益を生み出す反面、違反により大きな損害を生じさせる可能性をはらむものとなります。**

契約を扱うときはこの特徴をよく理解することがとても重要です。単に形式的に結ぶもの、手続的なものと捉えてしまうと、契約を有効活用することも難しくなりますし、反対に契約を軽視してしまい、後々トラブルになった際に後悔することになります。

［2］現代における契約の重要性

では現代社会において契約がどのような重要性を有しているかも少しみていきたいと思います。

「契約社会」という言葉が用いられるくらい、現代においては契約の重要性が高まっています。様々な要因が考えられますが、現代社会において、国際化が進み、変化のスピードが増していることが大きな要因の一つと考えられます。すなわち、国際化の進展と変化のスピードの高まりによって、企業は新しいサービスを絶えず生み出し、常に新しい取引先を開拓しなければ、生存することが難しくなりました。そうすると、かつてのように信頼関係を基軸とした取引関係が成立しなくなります。新しい取引先、新しいプロジェクトには必ず不確実性が付きまとうからです。不確実性を排除するためには、取引先と明確に合意し、それを契約書という形で残しておくことが非常に重要になります。

また、企業には、契約書を基本的には自らの事業を守るために（＝自らに有利に）活用するインセンティブが働きます。そうすると、企業のサービスを活用する消費者や、あるいは企業と契約を締結する個人の側には、知らず知らずのうちに不利な内容の契約を締結してしまわないよう、契約内容を確認し、きちんと吟味することが求められます。

もちろん、消費者契約法や労働関係の法律、下請代金支払遅延等防止法（以下「下請法」といいます。）などによって個人や小規模事業者に一定の保護は与えられますが、やはり限界はあります。

また、近年では、民法の成年年齢の引き下げにより、契約当事者となることができる年齢が20歳から18歳へと引き下げられました。これに伴い、近年では若年層に対する契約に関する啓蒙活動も行われており（消費者庁「＜若者向け＞契約社会に生きる-目指すは自立した消費者-」（2019年）（https://www.kportal.caa.go.jp/teaching-material/000448/））、契約に対する注目度は上がってきています。

このように現代社会においては、契約の重要性は、ビジネスシーンだけではなく、個人の私生活においても、益々増しているといえます。

4 —— ビジネスにおける契約の意義

ここまで契約の基本、その重要性についてみてきました。では、契約はビジネスの世界ではどのように使われているのでしょうか。ビジネスにおける契約の意義について、みていきたいと思います。

[1] ビジネスの本質

ビジネスにおける契約の意義を理解するためには、ビジネスにおいて契約がどのような役割を果たしているのかを理解する必要があります。そのためには、まずは、ビジネスの本質を理解する必要があります。では、ビジネスの本質とは何でしょうか。

これだけで、ビジネススクールの講義の素材になるようなテーマですが、「価値の交換による付加価値の最大化」が一つの本質的要素であるといえます。

原料を仕入れて加工して販売する。従業員を雇用してサービスを提供し、売上を上げる。いずれも、原料と対価としての金銭、加工品と対価としての金銭、役務と対価としての給料、サービスと対価としての金銭、いずれも価値の交換が発生しています。

これら価値の交換を日々積み重ねながら、その差分を最大化していくことで生み出す付加価値を大きくしていく、これがビジネスの一つの本質です。ビジネスとは、「価値の交換を繰り返し、付加価値を最大化する」ことの繰り返しにほかなりません。この価値の交換が至るところで行われるのが現代のビジネスです。

ビジネスや経営理論は難しく考えるときりがありませんが、事業活動の本質は、「価値の交換による付加価値の最大化」にあります。

［2］ビジネスと「契約」の関係

このように、ビジネスが「価値の交換」の集積だと考えると、契約の重要性は自ずから明らかになってきます。

なぜなら、「価値の交換」とは、ある一定の物、役務、金銭が移動や移転することであり、まさに「権利義務の変動」にほかならないからです。ここで、改めて「契約」の意義を思い出してみましょう。「契約」とは「権利義務の変動に向けられた意思表示の合致」です。つまり、「ビジネスが価値の交換の集積である」と考えると、それはすなわち、「ビジネスとは権利義務の変動の集積である」ことと同義なのです。つまり、**ビジネスはまさに「権利義務の変動、すなわち契約の集積によって成り立っている」のです。**これが、ビジネスにおいて契約が不可欠である理由です。世界中の全ての事業者が、契約を繰り返しながら、ビジネスを行っているのです。

このように、ビジネスにおいては必ず「価値の交換」が必要になります。そして、この「価値の交換」の際に必ず「権利義務の変動」が必要となり、それを実現するために必ず「契約」が交わされます。そして、これを文書に落とし込んだものが「契約書」です。

ビジネスにおいて、「契約」は不可欠なのです。

［3］ビジネスにおける契約の役割

ビジネスにおける契約の意義は、「価値の交換」を実現することだとしても、契約の役割がそれに限られるわけではありません。ここでは、「価値交換」に伴う不確実性の制御と「等価交換」性の担保というビジネスにおける契約の役割について、みていきましょう。

（ア）「価値の交換」に伴う不確実性の制御

「価値の交換」には必ず「リスク」が伴います。ここで、「リスク」とは「不確実性」を指す言葉として用いたいと思います。

「契約」には、この「リスク」を制御するという重要な役割があります。

そもそも、なぜ「価値の交換」にはリスクが伴うのでしょうか。それは、リスク、すなわち不確実性の発生要因を考えれば明らかになります。では、不確実性は何によってもたらされるのでしょうか。それは「自分以外の全て」です。自分以外は全て不確実なのです。ここに「価値の交換」には必ず不確実性が伴うことの構造的要因があります。「価値の交換」は自分一人ではなし得ず、必ず「相手」すなわち自分以外の存在を必要とします。そして、この「自分以外の誰か」は自分ではないため、不確実性の塊です。

契約には、相手方に対する法的拘束力が伴うため、この「価値の交換」に伴う不確実性を低減する重要な機能があります。これが「契約」による「価値の交換」に伴う不確実性の制御です。

（イ）「等価交換」性の担保

もう一つ、ビジネスにおける重要な概念として、「価値の交換」は基本的には「等価交換」であるべきである、ということが挙げられます。

しかし、現代の「価値の交換」は複雑化しています。

たとえば、工作機械のリース契約を想定してみましょう。「工作機械を月100万円でリースする」という契約です。これは等価交換でしょうか。この時点で当事者が納得していれば基本的には等価交換といえます。しかし、その後、「購入後半年で、工作機械が動かなくなった」とするとどうでしょう。これは等価交換でしょうか。貸した側からすれば、壊れた原因が借りた側にあると主張するかもしれませんし、借りた側からすれば機械にもともと不具合があったと主張するかもしれません。このように、契約時には等価交換に見えていた取引も、その後、等価性が崩れる不確実性が常に内包されています。

上記の例では、貸した側も、借りた側も、正しく等価交換を維持してもらえるという保証はないのです。

したがって、契約に諸条件を定め、不確実性を除去していく必要があります。具体的には、リース契約において、細かく「工作機械の引き渡し後、不具合があった場合にはどうするか」を定めていく必要があります。

このように、複雑な価値交換をするにあたって、当事者が納得をし、契約条件を定めて行くことによって、等価交換性が担保されます。

[4] 契約によって生み出されるビジネスにおけるリスク

他方で、契約はそれ自体がリスクを内包します。

たとえば、さきほどの工作機械のリース契約において、「工作機械の引き渡し後は、原因の如何を問わず、工作機械が正常に作動することについて、貸主は何らの保証もしない」と規定されているとします。この契約条件は、借主にとっては、これをそのまま受け入れると非常に不利な立場に立たされます。もともとの工作機械の不備によって借りた直後に工作機械が動かなくなってしまったとしても、借主はリース料を払い続けなくてはならないからです。

これは「契約の内容」によってもたらされるリスクであり、「契約リスク」に当たります。借主からすれば、このリスクは取るべきリスクではありません。借主の立場からは、上記の貸主の免責に関する条項は、契約審査のタイミングで発見し、必ず契約から削除する方向で交渉をする必要があります。

また、契約書に「借主は、工作機械の保管状況につき、貸主に毎月報告しなければならない。これを怠った場合には、貸主は本契約を解除し、工作機械の返還を求めることができる。」と記載されているとします。借主が、うっかり報告を忘れると、貸主から契約違反を理由に契約を解除され、工作機械の返還を求められる可能性があります。

これは、締結した契約書に定められた遵守事項に違反し、何らかの責任を追求されたりするリスクであり、「契約違反リスク」といえます。これも一種の「契約リスク」です。

このように、契約書そのものによって生み出されるリスクが存在していることを認識し、ビジネスにおいては、これらの「契約によって生み出されるリスク」を制御することも非常に重要です。

[5] ビジネスにおける契約の意義の再定義

このように、ビジネスにおいて必ず伴う不確実性を契約によってなるべく排除し、価値の交換の等価性を維持することが、ビジネスにおける契約の重要な役割になります。そして、その契約条件を客観的に示すもの（証明するもの）

として、契約書が存在します。このように、取引先と取引をするに先立って、契約条件を定めてリスクを制御していくのが「契約によるビジネスリスクの制御」です。

契約によってビジネスに伴う不確実性を制御でき、等価性の担保ができているからこそ、私たちも企業も安心して多くの、不特定多数の相手方と価値の交換を行い、事業を成長させていくことができるのです。

ただ、実際には、このような観点から契約の意義を捉えている企業は少数なのではないかと思います。

契約を単なる作業、形式的なものと捉えるのではなく、その本質的な役割を再定義し、経営陣の理解を得て、契約の意義を最大限引き出すことが、ビジネス上、今後重要になっていくものと思われます。

5 —— 契約によるビジネス価値の向上

ここまでみてきたように、ビジネスにおける契約の意義には、「契約を用いたビジネスリスクの制御」と「契約によって生み出されるリスクの制御」という異なる二つの側面があります。

この契約の意義を生かして、ビジネスにおいて契約を戦略的に活用することができれば、ビジネス価値の向上に寄与することも可能です。契約がどのようにビジネス価値の向上に寄与することができるのかをみていきましょう。

[1] 契約リスクの制御とビジネス価値の向上の可能性

以上のようにビジネスにおける契約との向き合い方は、「契約を用いたビジネスリスクの制御」と、「契約によって生み出されるリスクの制御」という二つの視点が重要になります。

具体的には、1 件 1 件の価値交換において、①その価値交換において想定されるビジネスリスクを契約によって制御する、②契約書によって生み出される契約リスクを、契約審査、契約交渉によって制御する、③契約締結後、契約遵守を徹底することにより、契約違反リスクを制御する、というプロセスを経ます。そして、1件1件の案件で、これらの①から③を徹底することが非常に重要です。

これらを徹底することができれば、価値交換の不確実性に伴うリスクはほぼ制御できているといえます。ビジネスは価値交換の集合体であることを考えると、これによりビジネス上のリスクをほぼ制御できている状態になり、足元をすくわれる可能性はかなり低くなります。

もちろん、ビジネスを成功させるためには、「そもそも何と何を交換するか」という価値交換の前提となる投資判断、意思決定を間違えないという、ビジネスジャッジメントは非常に重要です。そもそもの方向を間違えると、いかに契約リスクを制御しようともビジネスは失敗します。

ただし、契約を上手く使いこなすことができれば、ビジネスジャッジメントの誤りによる被害を最小限に抑えることはできます。

つまり、投資判断が誤ることを見越して、「プロジェクトから撤退可能にしておく」「責任転嫁を可能にしておく」ことは契約によって可能なのです。

上記の工作機械の例を考えてみましょう。借りた工作機械が100%信頼のおけるものであり、借りた目的が100%達成できるのであれば、契約書なんていりません。しかし、どんなに立派な製品であっても、絶対はありません。今はきちんと作動していても、5年後も同じように作動する保証はどこにもありません。だから、その場合に備えてリスクを制御できるよう、事前に契約書に定めておくわけです。

このように、「契約を結ぶ」、ということは、ビジネスそのものであり、契約によるビジネスリスクの制御はビジネスの本質的な要素なのです。

それだけに、この契約リスクの制御は、ビジネス価値を向上させる大きな付加価値を生み出す可能性を秘めています。

［2］契約によるビジネス価値向上の具体的検討

これは、具体例で考えるとより理解できます。たとえば、ビジネスリスクに関するレポートでは、上場企業が注目するリスクの上位3として、1位「異常気象・大規模な自然災害」、2位「人材流出、人材獲得の困難による人材不足」、

3位「サイバー攻撃・ウィルス感染等による情報漏えい」が挙げられています（デロイトトーマツグループ「企業のリスクマネジメントおよびクライシスマネジメント実態調査 2021年版」10頁（https://www2.deloitte.com/content/dam/Deloitte/jp/Documents/risk/frs/jp-frs-risk-and-crisis-managment-survey-2022-jp.pdf））。

これらのリスクを契約によって制御するにはどうすればよいでしょうか。

たとえば、1位の「異常気象・大規模な自然災害」についてはどう備えるべきでしょうか。首都直下型地震が起こり、オフィスや従業員の自宅が壊滅的な被害を受けることを想定するとします。もちろん、オフィスや自宅における防災対策、避難訓練なども有効ですし、実施するべきです。しかし、ビジネスの継続性、という観点からはサービス提供義務を負う顧客との関係において、不可抗力によるサービスの中断などによる責任を負わない形となっているかがポイントです。これにより、万一自然災害などによってサービスを提供できなくとも、損害賠償責任を回避できます。

3位のサイバー攻撃による情報漏えいはどうでしょうか。もちろん、日頃からクラウド事業者に求められるレベルの十分なセキュリティ対策を実施し、未然に防ぐことが重要です。しかし、十分なセキュリティ対策を講じたとしても避けられない情報漏えいが存在することも事実です。そのような場合には、たとえば、十分なセキュリティ対策を実施した上で、不可抗力免責条項を契約書に定めておくことにより、少なくとも契約上は、不可抗力免責により責任負担や契約解除を免れる可能性があります。その間に顧客と丁寧なコミュニケーションをとり、信頼を回復し、危機を脱する、ということができるかもしれません。

このように、契約は、それによってビジネスリスクを制御することができる大きな可能性を秘めるものです。

そして、ビジネスリスクを制御することは、ビジネス価値の向上に直結します。契約を単なる事務手続、形式的なものと捉えるのではなく、ビジネスリスクを制御し、これによってビジネスの価値を高めるものと再定義することが重要です。

［3］契約を起点とした経営意思決定への法務部門の積極的関与

上述のとおり、契約業務はビジネス価値を高めるものとして再定義することが重要です。その際には、契約によるビジネス価値向上という視点を持つことが有益です。

もっとも、これを実行するためには、契約法務に関する知見とビジネスに関する知見の双方が求められます。このような観点からみたとき、法務部門、法務担当者、契約担当者、あるいは外部の法律事務所の役割はより一層重要となります。これらの法務プロフェッショナルが、「契約を用いたビジネスリスクの制御」と「契約によって生み出されるリスクの制御」を担い、経営意思決定に積極的に関与していくことができるからです。

ビジネスの内容を良く理解し、そのビジネスモデルにおいて想定されるリスクを契約に適切に織り込むことができれば、契約によってビジネスリスクをコントロールすることができ、経営は安心してビジネスを拡大させていくことができます。他方で、契約を締結した後は、契約に沿った事業遂行が求められ、ここから外れること自体がリスクとなります。

法務部門において契約を管理し、契約に沿った事業遂行をマネジメントすることができれば、ビジネスをさらに契約リスクから守っていくことができます。

また、契約上の権利を戦略的に活用していくことができれば事業競争力を直接的に高めていくことができます。さらに、財務部門と連携することで、その価値をより高めることもできます。たとえば、取引先の与信状況が悪化した、あるいは担保価値が毀損しているとの情報を事業部門や財務部門と連携することによって入手し、先手を打って契約の見直しや契約解除に動き、損失を最小化する、といった動きが想定されます。

さらに、過去締結された膨大な契約書データを統計的に分析することができれば、そこから、事業戦略を見出し、新規事業の種を見出すことができるかもしれません。

このように、法務部門は、契約締結前の審査だけではなく、契約が締結され、取引が開始されて以降の契約管理業務をも担っていくことにより、大きなビジネス上の付加価値を出して行くことが可能となります。すなわち、**自社が締結している契約の全体像を可視化、掌握し、そこで負担している契約上の義務を管理し、権利を適切に行使し、ストックされたデータとして分析していくことができれば、契約を起点とし、様々な取引上のリスクを制御し、新たな付加価値を生み出していくことができるのです。**

契約は、法務が事業競争力の強化に貢献していくことを可能とする大きな可能性を秘めています。

6 —— 結びに

これまで、「契約」はその法的な専門性の高さゆえに、なかなかビジネスとの接続が言語化されてこなかったように思います。

しかし、ビジネスは全て契約によって成り立っており、契約によってビジネスリスクを制御することができると考えれば、両者の接続は明確になります。このように考えていくと、契約業務を担う、法務部門の役割はまさにビジネスの中核を担う経営機能にほかなりません。そして、同時に、契約書に内包されるリスクも無視できないことを考えれば、ここでも法務部門の役割は非常に重要になります。

契約業務の本質は、形式的な契約書の作成や審査手続にあるのではありません。契約を通じたビジネスリスクの制御であり、契約に内在するリスクの制御にその本質があります。そして、**これはビジネスをリスクから守ることそのものであり、ビジネス価値の向上に直結する企業活動に不可欠な経営機能です。**

本書を手に取る読者の方が、契約業務を通じたビジネス価値の向上を実践し、成功例となることにより、日本企業の競争力の強化とビジネス価値の向上が実現されると信じています。

第2章

契約実務

1—— 契約実務の現状と再検討

第1章で改めて契約の意義や契約に潜むリスクについて論じてきましたが、契約をビジネスの価値の向上につなげていくためには、契約実務が適切に行われることが必要です。そして、契約実務の適切なマネジメントのためには、契約実務を改めて見直していくことが必要となります。本章では、日本における契約実務の現状を詳細に分析し、契約実務の各プロセスの再検討をしていきます。本節では、その前提として、契約実務の現状と再検討の方向性について模索していきます。

[1] 契約実務を考える—— 契約ライフサイクルマネジメントとは

契約実務を考える際に、必ず触れておきたいものとして、契約ライフサイクルマネジメントという考え方があります。米国を中心として、諸外国においても議論が活発である分野であり、昨今、日本においても盛んに使われるようになってきた言葉です。

契約ライフサイクルマネジメント（CLM：Contract Lifecycle Management）とは、契約書の、依頼、受付、作成、審査、締結、保存、履行、終了という一連の業務フローについて、契約が生まれる時点から終了するまでのライフサイクル全体を管理することを意味します。

たとえば、企業が新規取引開始に伴い、顧客と売買取引基本契約を締結するケースを想定し、日系企業における契約に関する業務フローをみてみると、以下の10個のプロセスに分かれます。

【売買取引基本契約の業務フロー】

①営業部門が契約のスキームを考えて法務部門に契約書ドラフトの作成を依頼する。

②法務部門が依頼を受け付けて契約審査担当者を配置する。

③法務部門が契約書ドラフトを作成して営業部門に送付する。
④営業部門が顧客と契約書の内容を交渉する。
⑤営業部門と法務部門との間で顧客からのコメントを検討しながら契約書ドラフトを修正する。
⑥営業部門が顧客と再交渉し、契約書の内容を確定する。
⑦営業部門が確定した契約書を製本して捺印担当部門に送付する。
⑧捺印担当部門が捺印処理を行って営業部門に契約書を送付する。
⑨営業部門が顧客に契約書を送付して捺印を依頼する。
⑩営業部門が顧客から返送された契約書を保管する。

実際に契約に関する業務フローの中身をみてみると、①と②は契約審査の依頼と受付プロセス、③から⑥は契約審査と交渉プロセス、⑦から⑨は契約締結プロセス、⑩は契約保存、履行、終了の管理プロセスで、かなり複雑な業務フローとなっていることが分かります。

これらの各プロセスにおいては、様々な課題が存在します。たとえば、各プロセスにおいて、複数の部門と担当者が関与しているために、コミュニケーションが様々な場面やツールで行われることによる情報集約の困難さが生じることがあります。情報集約がうまくできないことにより、担当者間でのミスコミュニケーションが生まれ、本来想定した契約が準備できず、契約書作成作業のやり直しを余儀なくされることや複数のやりとりによりスピード感のある対応が望めないことが生じえます。また、現実的な問題として、各業務フローの間で「送付」という事務作業が発生し、仮に手作業で事務処理を行っているとすると大きな事務コストが発生していることが分かります。特に「送付」という事務作業は、コストがかかるだけではなく、誤送付や滞留といったミスの原因となる要素を含む作業であり、契約書締結業務は、件数の増加に比例してコストとリスクがかさむ作業であるといえます。

また、契約書の「保管」については、締結完了後にそのままキャビネットに直行して保管されるケースが散見されます。実際のところ、契約書の内容が担当部門で把握されておらず、契約期限、納期、検査、品質基準といった契約書に記載されている重要な義務や条件が履行されていないリスクもあります。

契約ライフサイクルマネジメントは、契約書の業務フローにおけるこれらの問題点を解消し、契約リスクを管理していく一つの方法として考えられています。

[2] 契約ライフサイクルマネジメントとナレッジシェア

上述のように、各契約業務のプロセスを通じて様々な課題があり、その一つのソリューションとして契約ライフサイクルマネジメントという議論が生じてきたことは間違いありません。その意味で、契約ライフサイクルマネジメントの一つの大きな意義が、契約業務の各プロセスの適切化と効率化という側面があるのは疑義のないところです。

しかしながら、契約ライフサイクルマネジメントは、単に各プロセスの効率化を実践するものにとどまらず、今日では、契約業務の各プロセスの管理による過去データの適切な蓄積を通じてナレッジシェアを実行し、組織を強くする武器としての役割も有しています。

たとえば、売買契約の売主の立場で売買契約書の審査中に、売主としての目的物の保証期間を何年にするのがよいのか考えるという場面を想像してみてください。どのような方法で対応されることになるでしょうか。企業ごとの方針が決まっていて部門内で共有が徹底できているという場合には、その方針に従って修正を行えば足りるかもしれません。しかし、メーカーにおける売主という立場での方針は決まっていても、買主となる場合の方針が決まっていない場合もあり得るでしょう。その場合、経験豊富な同僚と相談をするという方法が考えられるかもしれません。契約審査に関して十分な時間が確保できる場合や各メンバーが同僚との確認などしっかりと探究できる場合であれば、問題は生じにくいかもしれませんが、常に時間的な余裕があるとも限りませんし、確認する同僚による知識の差異がある場合もあります。このように契約業務の一プロセスである契約審査においては、契約審査の担当者ごとに品質のばらつきが生じてしまうという問題があります。

この問題はなぜ生じているのでしょうか。一つの仮説として、法務部門内での過去の契約書データの分析やナレッジシェアが適切に行えていないためということが挙げられます。たとえば、上記の例を考えたときに、法務部門内で過去に締結した契約書のデータをあらかじめ分析しており、「機械の買主の場合には、保証期間を3年から5年とする契約が75%」、「ある材料の売主の場合には、保証期間を1年とする契約が88%」というデータがあるとすれば、自ずと契約審査の方針がみえてくるでしょう。契約審査に時間をかけられない場面でも、同僚に意見を求めることができない場面でも、契約の分析を行えていたり、その結果を共有することが日常的に行えていれば、法務部門を強化することは可能です。

しかしながら、**この結果は組織があれば自然とできるものではなく、意識的に契約業務の各プロセスを整備し、そのデータを生かしていくという意思を持たないと実行できません。**その大前提として、情報が一つに集約されていることが必要ですし、どのように情報を分析していくかということを決めておくことが必要となります。

このように、契約ライフサイクルマネジメントは、契約業務の各プロセスの適切化と効率化という意義にとどまらず、過去の契約書データの分析やナレッジシェアを通じた各法務部門の武器という意義も併せ持っています。そのため、契約ライフサイクルマネジメントを導入していくことが、法務部門の適切化と効率化の向上に加えて、法務部門の組織としての強化に有効です。

[3] 企業における契約ライフサイクルマネジメント

契約ライフサイクルマネジメントは、企業においては、文書管理の一つとして考えられています。すなわち、契約を各プロセスにおいて適切に取り扱うことは、企業においては、文書管理という側面で現れてきます。

(ア) 社内文書管理

企業活動の中では、注文書、納品書、請求書、申請書、報告書、契約書など、様々な文書が日常的に活用されています。これらの文書は、ソフトウェアを使って作成することが一般的で、データファイルとしてハードディスクに保存されます。契約書は当然ながら、注文書については承諾書と相まって契約書を構成することになりますし、請求書などは契約の履行管理をしていく上で契約と密接に関係することとなるため、**社内文書の管理は、まさに契約ライフサイクルマネジメントの契約管理のオペレーションを構成します。**

現在、企業においては、次第に増加する文書データの整理が大きな課題となっています。特に紙媒体であれば、修正途中の文書の多くは廃棄されますが、データであれば上書きされずに別データとして残されるケースが散見され、またソフトウェアを使って簡単に文書が作成できるため、作成され保管される文書自体の量が飛躍的に増加していきます。

現在におけるソフトウェアによる文書データ作成を中心とした事務処理を前提に考えると、手作業で膨大な文書データを適切に管理することは、到底不可能であると考えられます。このような状況の中で企業としては、テクノロジーを活用して社内文書を管理していくことが必要です。

既に多くの企業では、経費申請、勤怠申請、稟議申請などの各種社内申請について、ワークフローシステムを導入しており、申請手続については、文書管理のシステム化が進んでいるといえます。特にワークフローシステムは、簡易なシステムであるため社内導入へ向けたハードルが低く、低コストで運用できるという特徴があります。そのため、文書管理の効果的な対策として、これからさらにワークフローシステムの導入領域を拡大していくことが考えられます。

(イ) 契約管理

企業にとって契約書は、保管されている文書の一部を構成し、取引当事者間の権利義務を記載した重要な文書であるといえます。したがって、事務作業のシステム化を推進する動きの中で、企業にとっては、ワークフローシステムなどのテクノロジーを用いて適切な契約管理を行うインセンティブが相当程度高いといえます。

特に契約ライフサイクルマネジメントは、前述した10個の事務処理プロセスを事務処理フローとして効率的につなぐことが求められるため、ワークフローシステムと親和性が高く、実際にワークフローシステムをベースとしたサービスが開発され、活用されています。

(ウ) テクノロジーの導入

現在の状況を考えると、企業としては、契約ライフサイクルマネジメントを意識した契約実務を実施するにあたり、テクノロジーを導入することは必須であると考えられます。実際に導入するテクノロジーとしては、ワークフローシステムが有力な候補として考えられますが、契約書に特化した専用ワークフローシステムを導入するか、それとも他の社内申請と同じ汎用ワークフローシステムを導入するかという選択肢があります。

契約書に特化した専用ワークフローシステムは、法務部門としての目線で契約管理に最適な機能が装備されており、契約業務フローを管理する上で最適なシステムであるといえます。ただし、日系企業に特有の稟議申請との連携が難しく、稟議申請とうまく連携させるためには、汎用ワークフローシステムを導入する必要があります。また、専用ワークフローシステムは、使用者である社内各部門にとって全く新しいシステムであるため導入ハードルが高く、システムの運用コストも汎用ワークフローシステムと比較して高い傾向にあります。

一方で、汎用ワークフローシステムは、データベース機能が相対的に弱く、データ検索に難があるため、データベースについては、ワークフローと切り離して別のサービスを導入することを検討する必要があります。最近は、システムの API 連携が強化されており、複数の別サービスを連携して活用することが可能となっており、一部のベンダーは、汎用ワークフローシステムと自社で開発した専用ワークフローシステムの連携をカスタマイズサービスとして提供しています。

[4] 契約書管理規程── 企業における契約ライフサイクルマネジメントの導入

企業における契約ライフサイクルマネジメントは契約書管理規程がファーストステップとなります。まず、契約の管理に関するルールが決まらなければ、どのように契約を取り扱うかということが決まらないからです。

契約書管理規程とは、契約書に関連する業務フローと運用ルールをまとめた規程です。企業の日常業務では、様々な文書が証拠書類として活用されており、これらの文書を適切に管理するため、多くの企業では、保管部門や保管期限などを定めた文書管理規程を制定しています。

文書の中でも、契約書は会社と第三者の権利義務を定めた重要文書であることから、契約書管理規程を作成し、適正に管理する必要があります。ここからは、契約書管理規程で定められることの多い主要な内容について、条項例とともに解説します。

（ア） 主管部門の責務に関する条項

> 第〇条（主管部門の責務）
> 1．第三者と取引を行う場合、当該取引の主管部門は、その業務内容及び権利義務関係を文書化した契約書を作成しなければならない。ただし、一時的な消耗品の購入又はサービスの利用、少額な取引等、事業への影響が軽微なものについては、主管部門長の判断で契約書作成を不要とする。
> 2．主管部門は、契約書の内容について相手方と交渉し、公正な内容となるよう努めなければならない。

契約書管理規程では、条項例のように、「主管部門の責務」を定める必要があります。企業では、日々様々な取引が行われますが、企業が関与する全ての取引で契約書を作成することは現実的ではありません。たとえば、消耗品であるボールペンやマーカーペンを文房具店にて、従業員が購入する際にわざわざ購入者側企業が契約書を作成する必要性はありません。また、取引に契約書が必要かどうかについては、事業への影響を考慮して判断すべきであり、その判断は、その取引内容、相手方、リスクを熟知する取引の主管部門に委ねるべきです（この場合、注文書などのやりとりのみとなることが想定されます。）。そのため、契約書管理規程において、第1項のような内容を定めておく必要があります。

さらに、第2項のように、契約を締結する際、取引の主管部門がしっかり相手方と交渉を行うことについても、努力義務として規程に定めておく必要があります。特に契約書の内容は、取引における力関係に大きな影響を受けます。一般的には、汎用品の売買であれば、買い手が有利な立場となります。

ただし、一方的に売り手が買い手の要求を受け入れるだけでは、契約リスクを管理している状態とはいえません。力関係上どうしても交渉が難しい場合もありますが、契約リスクを管理する上では、契約書が公正な内容となるよう主管部門に努力を求める必要があります。

（イ） 契約書の作成および審査に関する条項

> 第○条（契約書の作成及び審査）
> 1．契約書を作成する場合、主管部門は、法務部門に対して契約書の作成を依頼しなければならない。また、相手方から提示された契約書を使用する場合は、法務部門に対して契約書の審査を依頼しなければならない。
> 2．法務部門に対して契約書の作成又は審査を依頼する場合、主管部門は、所定の手続を経て、関連する情報と資料を法務部門へ提出しなければならない。
> 3．別紙1に定める契約書については、主管部門長の判断により、法務部門に対する契約書の作成又は審査依頼を不要とする。

契約書管理規程には、契約審査受付、契約審査に関する条項が定められることが一般的です。このように契約審査受付、契約審査のフローを明確にすることで、契約ライフサイクルマネジメントのプロセスの明確化に寄与する内容となっています。

契約審査については、企業によって、法務部門が契約書全件を審査する企業（全件審査方式）、ある一定の基準に基づいて法務部門による審査の要否を判断し、法務部門が一定の範囲の契約書を審査する企業（一部審査方式）に分かれるため、自社に応じた条項を入れる必要があります。実際のところ多くの企業では、全件審査方式ではなく一部審査方式を選択しています。上記の条項例も一部審査方式の例となります。これは、法務部門の人員を含むリソースには限りがあり、リスクの低い一定の契約類型については、契約書を審査しないという判断が行われているからです。

一部審査方式をとる企業は、第3項のように、審査不要の契約書を明確化する必要があります。たとえば、契約審査を行わない契約類型としては、以下が挙げられます。

【契約審査を不要とする契約書】

- 法務部門が作成した契約モデルどおりに締結する契約書
- 過去に締結した契約書を同じ内容で更新する契約書
- 基本契約書に基づく個別契約書
- 銀行取引約款
- 保険約款

・電気やガスの供給約款

これらの契約類型は、そもそも契約リスクが非常に低かったり、また修正が不可能な契約であるなど、コストをかけて契約審査をする意味がありません。

なお、契約書の数が多い企業では、一定の金額基準を設定して、この金額以下の取引については、契約審査を不要としている企業もあります。費用対効果を考えると、上記の例に該当しなくともリスクの低い一定の契約については、契約審査対象から除外することが望ましいと考えます。

（ウ） 契約書の締結に関する条項

> 第○条（契約書の締結）
> 1. 主管部門と相手方との間で契約内容について合意が行われた場合、主管部門は、契約書の正本を作成し、印章管理規程に従って捺印手続を行わなければならない。
> 2. 前項の規定にかかわらず、主管部門は、相手方が作成した契約書の正本を使用することができる。この場合、主管部門は、当該正本の内容が、合意された契約書の内容と相違ないことを確認しなければならない。

契約審査が終わると相手方との交渉が行われ、契約内容が確定すると、締結手続に進みます。締結手続については、企業によって、総務部門が担当している企業、法務部門が担当している企業などがあり、印章管理規程によって締結手続が定められている企業がほとんどです。

最近は電子署名を使った電子契約サービスを利用するケースが増加しているため、印章管理規程の中で電子契約サービスの処理手順を定める必要があります。ただし、承認フローについては、電子署名の承認フローと捺印の承認フローを分けると手続が煩雑になってしまうため、それぞれ同じ承認フローを設定することが一般的となっています。

（エ） 契約書の名義人に関する条項

> 第○条（契約書の名義人）
> 1．契約書名義人は、原則として当該契約書に基づき実施される業務の執行権限を有する者とする。
> 2．契約書に関連する業務に複数の部門が関与する場合、契約書名義人は、当該業務の執行権限を有する者の協議により決定する。
> 3．相手方の契約書名義者は、契約の対象となる業務の執行権限を有していることが確認できる職位にある者を指定しなければならない。

契約書の作成にあたり、最初のステップとして、誰が契約書の名義人となるかについて検討する必要があります。そのため、契約書管理規程において、あらかじめ名義人の決め方も定めておく必要があります。

捺印権限の設定は、企業によって大きく異なりますが、社長印、執行役員印、部長印などの役職に合わせた印章や、社印、銀行印、認印などの用途に合わせた印章がそれぞれ準備されています。

近年、事業スピードを重視するため、執行権限移譲の観点から、社長印を捺印する契約書を減らす企業が多く、執行役員以下の役職員を契約書の名義人に設定するケースが増加しています。

実務で問題となるケースは、複数の部門が関連する契約を第三者と締結するケースで、この場合は、早い段階で関連する複数の部門間で名義人について調整を行う必要があります。また、相手方の名義人についても、捺印権限の有無を判断するため、事前に名義人と役職名を確認しておく必要があります。

（オ） 原本管理（保管）に関する条項

> 第○条（原本管理）
> 【主管部門】は、契約書の原本を管理しなければならない。

契約書の締結手続が終わると、最終的に契約書の原本を保管する必要があります。原本の保管については、法務部門や総務部門が全社の契約書をまとめて保管する集中管理方式と、取引の主管部門に保管を委ねる個別管理方式があります。

企業の規模が大きくなればなるほど、契約書の量が増加して集中管理方式を採用することが難しくなるため、企業規模が大きくなるほど個別管理方式を採用する傾向にあります。上記の条項例は、個別管理方式を採用しています。

主管部門が契約書を保管する場合は、仮に取引担当者のデスクの中で契約書の原本が眠っていると、原本紛失のリスクが高くなり、契約書に定められた権利義務の履行の管理もできていない可能性が高くなります。

このような状況を改善するため、契約書管理台帳を作成して部門ごとに保管スペースを指定する企業や、契約書管理システムの導入を検討する企業が増加しています。

(カ) 期限管理に関する条項

> 第○条 (期限管理)
> 【主管部門】は、契約書の有効期限を適切に管理し、保存期限を文書管理規程に従って管理しなければならない。

契約書に定められた契約条項の中で、最も大切な条項の一つが有効期限であるといえます。いくら有利な契約条項が定められた契約書であっても、有効期限が切れてしまえば全く意味がありません。

また、取引が終了した後で、自動更新条項をそのまま放置しておくと様々なリスクが発生します。たとえば、秘密保持条項がある契約書の自動更新を続けていると、何十年も秘密保持義務を負い続ける結果となってしまいます。

さらに実務で使われなくなったサービスのライセンスを継続していたり、過剰なスペックのサービスを継続していたりなど、契約書の期限管理をいい加減に行っていると様々な無駄が発生します。

このような状態を管理するために、契約の期限管理に関する規定を設けることが一般的です。

（キ） 秘密保持に関する条項

> 第○条（秘密保持）
> 契約条件等により契約内容の開示が制限される場合、主管部門は、契約書に記載された情報を秘密情報管理規程に従って管理しなければならない。

M&Aなどの高度な秘密保持義務が課せられる契約書については、契約書の存在自体が秘密であることが多いため、情報管理に注意が必要です。

多くの企業では、秘密情報管理規程が制定されているため、この規程で定められた秘密情報ランクにしたがって契約書を分類し、適切に情報管理を行う必要があります。

契約書の種類や内容によって、秘密情報ランクが異なることに注意が必要です。

[5] 本章における契約実務の検討

ここまで実際の企業における契約業務フローの流れを踏まえて、契約実務に、契約ライフサイクルマネジメントがどのように関わっており、各プロセスでどのような行動や規範が定められているのかをみてきました。

本章では、この契約実務を、契約審査受付、契約審査、契約締結、契約管理の4段階に分けて、各プロセスの意義、現状、問題点などを解説していきます。これらの検討から皆様の契約実務を再構成するヒントが一つでも得られるであろうことを期待しています。

2―― 契約審査受付

契約審査受付とは、ビジネスにおいて契約を締結することが必要となった事業部門の担当者が、法務部門などの契約審査部門に対して、契約書の作成や審査を依頼し、法務部門などの契約審査部門がそれを案件として受け付けることを指します。この契約審査受付のプロセスは、一見、単なる依頼の受付としてシンプルなものであると思われることが多いプロセスです。しかしながら、契約審査受付は企業ごとに対応が様々であり、それが故に様々な実務が生まれています。本節では、契約審査受付の意義や現状の実務に触れながら、その課題に対する解決方法について紹介します。

［1］契約審査受付とは

契約審査受付とは、冒頭で述べたように、法務部門などの契約審査部門が契約審査を案件として受け付けることを指します。一般的な企業においては、法務部門の担当者がビジネスの企画や検討の段階から関与することは少ないのが現状です。そのため、法務部門としては、契約審査受付（または後述する法務相談）という形で、事業部門の担当者から契約書の作成などを依頼された段階で、はじめて案件の存在と内容を知ることになるのが一般的です。また、その後のプロセスである取引内容を契約書に落とし込む作業や、事業部門担当者へのヒアリングも、契約審査受付を契機として開始されるのが通常です。

それゆえ、契約審査受付は、契約実務のプロセスの開始時点という大きな意味を持つものです。

しかしながら、**契約実務を考えるときに、契約内容自体を決定する契約審査が注目され、この契約審査受付は注目されにくいプロセスで、見直しがなされにくい傾向があります。**本節では審査受付の部分にのみ焦点を絞り、その整備の必要性と方向性についての一案を示したいと思います。なお、法務部門には、契約審査に限られない法務相談も寄せられます。契約審査と法務相談は、密接な関係にあり、案件処理の流れの中で両者が切り替わることもあります。たとえば、当初契約書が不要と思われたが後に必要と判断され、契約書の作成を行う場合などがあります。もっとも、法務相談受付についても、契約審査受付と同様の考えが当てはまりますので、以降では、便宜上、契約審査受付のみに絞った形で説明します。

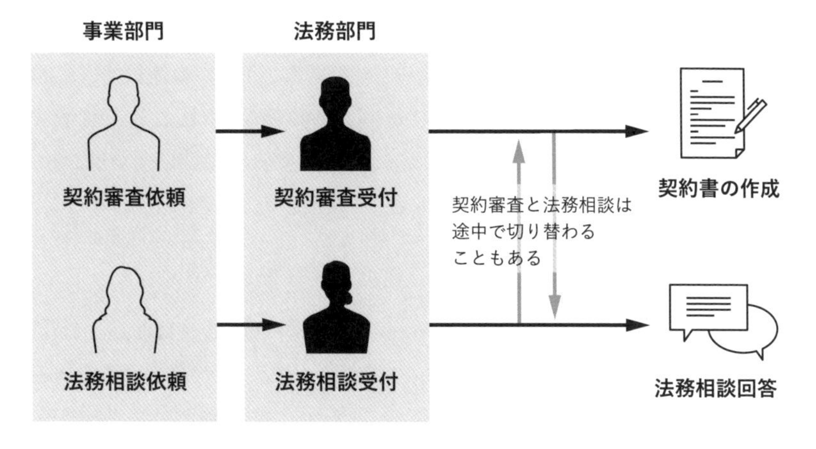

図表 2-1｜契約審査受付と法務相談受付

［2］契約審査受付を整備すべき理由

契約審査受付は、全ての法務部門において不可欠とされるプロセスであるにもかかわらず、これを社内体制として整備する必要性に関する意識は必ずしも高いとはいえないのが現状です。ここでは、その重要性と現状を踏まえ、契約審査受付を整備すべき理由をみていきます。

（ア） CLMの入口としての重要性

契約審査受付は、一言でいえば、本章1で紹介した「CLM」の入口に当たります。法務部員など契約審査担当者にとっては、まさに自己の業務のスタートラインとなりますし、ここで得た情報を基礎として、契約書の作成や審査が開始されることになります。また、当然ではありますが、一般的な企業であれば業務上必ず行われている重要なプロセスにも当たります。

この段階において事業部門から必要十分な情報を入手できる仕組みとなっているかどうかは、契約業務の質と効率性において非常に重要な意味を持ちます。極端ではありますが、仮に契約審査受付時に、契約書作成において必要十分な情報が共有されていれば、契約審査担当者はその後の追加ヒアリングを行うことなく契約書作成を行うことも、不可能ではありません（なお、この状態を目指すべきではないことについては後述します）。追加でヒアリングを行うとしても、契約審査受付時にある程度必要な情報が共有されることで、契約審査担当者の案件に対する解像度が高まり、適切なスキームの選択や、法的リスクの漏れのない検討ができるなどの大きなメリットが得られます。そのため、契約審査受付のフローを整備することは、CLMにおいて重要な意味を持つものなのです。

(イ)　契約審査受付の現状

以上のような重要性があるにもかかわらず、本書執筆時点においては、企業法務における契約審査受付のベストプラクティスは、未だ確立されているとは言い難い状況です。実際に、この部分に関して、法務部門は多くの課題を抱えています。たとえば、よく見聞きする契約審査受付における課題には、以下のようなものがあります。

①依頼方法がメール、口頭、チャットなどでばらばら
②審査に必要な資料、情報などが共有されない
③依頼案件と過去案件の関連性が分からない
④法務部門内で、誰がどの程度案件を持っているかが分からない

このうち、①については、企業において最もよく利用されているコミュニケーションツールであるメールでの契約審査受付が一般的であると思われます。しかし、近年のテレワークの普及も相まって、チャットツールやワークフローシステム、オンライン会議など、依頼方法は著しく多様化が進んでおり、契約審査受付にメールを利用する割合は今後低下することが予想されます。そのため、法務部門にとって、依頼方法の多様化による業務の複雑化のリスクは高まっているといえます。

また、②については、経営法友会の報告書によれば、「契約審査依頼書等について定型フォームがある」と回答している企業は、全体の約半数（48.6%）にとどまっています（米田憲市編『会社法務部 第12次実態調査の分析報告』187頁（商事法務、2022年））。契約審査受付時の定型フォームがなければ、契約審査受付時に共有される情報の質と量は事業部門担当者のスキルに大きく依存することとなりますので、必要十分な情報が共有されない可能性が飛

躍的に高まることは自明です。この点からも、残念ながら多くの企業で行われているプラクティスは十分ではないことがうかがえます。

③は、法務担当者にとっては特に重要な課題ではないでしょうか。関連する契約書の存在を知らずにその契約書と矛盾した内容の契約書を作成してしまったり、過去の契約変更などを見落として契約書を作成したりすると、取引相手とトラブルになり、信用を失うことにもなりかねないからです。また、過去の契約書と全く同じ契約書で済むはずの案件で、新たに契約書を作成するという無駄なコストをかけてしまう可能性もあります。

④は、主に法務部門側の問題ですが、契約審査受付の方法を整備せず、会議の場や廊下ですれ違った際に契約書作成の依頼を受けた場合なども案件として把握するような運用を行っていると、担当者がどのような案件をどの程度持っているのかが、誰にも分からないという状況になることがあります。このような状況では、案件の取りこぼしや滞留が発生する危険性が高まってしまいます。たしかに、法務部門が開かれていることや、スピードを意識することも重要です。しかし、法務部門は管理部門の一つですから、案件を漏れなく処理することが何よりも重要ではないでしょうか。

（ウ） 契約審査受付を整備すべきとき

このように、契約審査受付については、少し掘り下げるだけでも、課題が散見されるのが現状です。これは、このフローを改善することが費用対効果に見合わないと考えられてきたことや、これまでの企業法務における関心事が「法的リスクの管理」をコントロールする契約審査に集中しており、その前段階である契約審査受付に着目していなかったことが原因として挙げられます。このことは、法務部門の現在の課題の第1位は、2015年時点、2020年時点とも「法的リスクの管理」となっていることからもうかがえます（米田・前掲書385頁）。また、契約審査受付に関する課題を解決するためのツールが提供されてこなかったことも主たる要因として指摘することができます。

しかし近年、契約審査受付の重要性についての認識の高まりとともに、契約審査受付業務を効率化するツールも提供されるようになってきました。実際、契約審査受付を行う手法の統一や受付用の入力フォームの作成（メールやExcelでのフォーマット化）、リーガルテックサービスの導入など、契約審査受付フローの整備を進めている企業が増加しています。先に述べたコミュニケーションツールの多様化の流れもある中で、法務部門は契約審査受付のフローの整備をより強く求められることになりますが、逆にいまが契約審査受付フローを整備するベストタイミングであるともいえるでしょう。

［3］契約審査受付の整備方法

契約審査受付を整備するにあたっては、受付窓口をどのように設計するか、受付方法や受付内容はどうするかといった点について、各社の実情に応じた検討が必要になります。ここでは、契約審査受付の整備方法について、具体例を提示しつつ解説します。

（ア）分散型か集中化か

契約審査受付は、法務部門と事業部門やその他の部門の接点として位置付けられます。事業部門側からみると、法務部門や、個々の法務担当者への依頼や相談は、方法に制限なく自由にできる方が便利であるともいえます。一方で、**法務部門側からみると、このような制限のない方法では案件の把握や管理が困難となるため、窓口を統一するなど、一定の依頼方法に限定することが望ましいといえます。**

前者の自由な方式を「分散型オペレーション」、後者の窓口を統一する方式を「集中化オペレーション」と呼ぶこともあります（**図表2-2**）。先に述べた

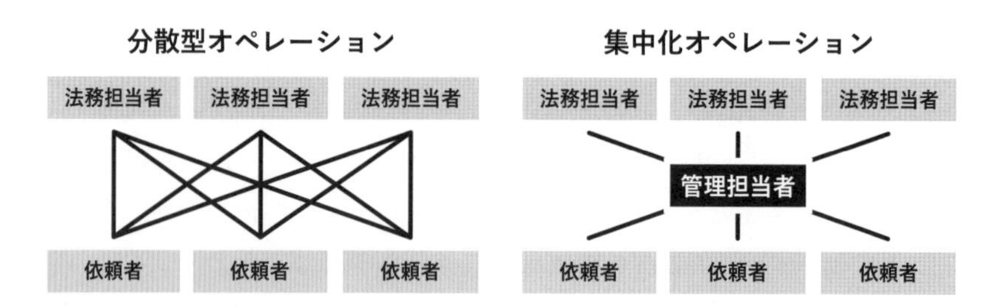

図表2-2｜分散型と集中化
佐々木毅尚『リーガルオペレーション革命――リーガルテック導入ガイドライン』29頁（商事法務、2021年）から引用

契約審査受付における諸課題に適切に対応するためには、契約審査受付の窓口は、原則として「集中化オペレーション」を志向すべきでしょう。そこで、以下では窓口（受付方法）を一つに統一した、「集中化オペレーション」を前提として議論を進めます。

(イ) 契約審査受付方法の整備

契約審査の受付方法としては、メール、チャットツール、独自の社内システムを構築するなどの方法が一般的です。それぞれのツールごとに、受付方法の整備のポイントをみていきましょう。

(ｉ) メールを利用する場合

現状では、多くの企業において、契約審査受付はメールにより行われています。メールを利用する場合でも、一定の工夫をすることで、契約審査受付のフローを整備することが可能です。その具体的手法としては、以下のようなものが例として挙げられます。

【メールを活用した審査受付の整備方法の例】

①依頼の宛先を法務担当のメーリングリストとする
　例：依頼時には「ml-legal-shinsa@xx.jp」のアドレスに送信
②メールのタイトルを一定のルールで統一する
　例：タイトルは「部署名 _ 契約類型 _ 相手方名 _ 依頼日付」で統一
③依頼時に記入する項目をフォーマット化する
　例：秘密保持契約の依頼時には以下の項目を記載
　・秘密保持契約の目的、概要
　・契約の開始日
　・秘密情報の開示者
　・秘密情報の内容
　・法務部門への確認事項、懸念事項
④法務担当者においてメールフォルダの振り分け機能で分類管理する
　例：営業部からの案件は「営業フォルダ」など部署ごとに分類

メールは多くの企業になじみのあるツールであるため、メールを活用して上記のような契約審査受付の整備を行うことは、作業として比較的容易であるといえます。また、これまでメールでの契約審査受付を行ってきている場合には、それらの経緯やナレッジを継承し活用することも、比較的容易に行うことができます。

しかし、メールによる契約審査受付のデメリットとして、契約に関するメールが、他の大量のメールの中に埋もれてしまうという点が指摘できます。いかにフォルダ分けを工夫したとしても、振り分けの設定ミスや、依頼者によるタイトルの記載や宛先のミスなどによって、見落としが発生する可能性は否定できません。また、フォルダ分けを行うのは、契約審査の担当者ごとになるため、新しい担当者が入った場合や、大規模な会社で自分の担当する事業部門が変わった場合などには、再度フォルダ分けの設定をする手間が発生します。このような「人力」の介在を排除しきれない点は、メールを利用して契約審査受付を整備するかどうかを判断する際に十分検討すべきポイントとなります。

なお、メールによる契約審査受付を効率化するサービスも存在しています。たとえば、専用のメールアドレスを宛先に入れて、契約書の作成または審査を依頼するメールを送るだけで、その情報がシステム上に反映され、担当者や進捗状況が一覧化される機能です。メールを継続して利用することを想定する場合には、こういったメール受付を前提としたサービスを利用することで、「人力」の部分を大幅に削減できるほか、案件全体を一元的に管理できるので、担当者ごとの業務量なども把握しやすくなります。また、契約審査受付からの一連のやりとりをナレッジとして蓄積し、フリーワード検索機能で契約締結の経緯や背景情報に簡単にアクセスすることも可能です。これにより、法務担当者や部門内での暗黙知などの情報も共有が可能となり、ナレッジ活用が促進されます。メールでのフロー整備を検討する際には、このようなメールのデメリットをカバーできるリーガルテックの導入も視野に入れた検討を行うことをおすすめします。

（ii） チャットツールを利用する場合

最近では、Microsoft Teams、Line WORKS、Slack といったチャットツールがビジネスコミュニケーションの主流となりつつあります。同時に、これらを契約審査受付に活用する事例も多くみられます。たとえば、Slackを利用している企業では、以下のような手法で審査受付のフローを整備することが可能です。

【Slackを活用した審査受付の整備方法の例】

・契約審査用のチャンネルを設ける

　例：依頼は「#keiyaku-shinsa」のチャンネルに一元化する

・Slackのワークフロー機能で「契約審査依頼」のフォームを作る

　例：**図表2-3**

・やりとりは原則として依頼時のslackのスレッド上で行う

Slackでは、話題やメンバーごとに、チャンネルと呼ばれる専用の会話スペースを設けることができます。契約審査全般を受け付けるチャンネルを作ることもできますし、営業と管理系など部門ごとに分けた契約審査依頼のチャンネルを作ることも、閲覧者を制限したプライベートチャンネルを作ることもできます。また、ワークフロー機能により、定型的な手続やアクションを簡単に自動化することが可能であり、これは契約審査受付のフォーマット化に利用するこ

契約審査・作成依頼ワークフロー

依頼者名

オプションを選択する

所属部署

オプションを選択する

契約書名、契約類型

オプションを選択する

取引概要

内容を入力する

希望納期（初回回答希望日）

内容を入力する

閉じる　Submit

図表2-3｜Slackのワークフロー機能で作成した依頼フォーム例

とができます。たとえば、ワークフローに「依頼者名」「所属部署」「契約書名、契約類型」「取引概要」「希望納期（初回回答希望日）」といった項目を設定しておけば、依頼者がワークフローのボタンを押した際に、これらの入力画面を表示させることができます（**図表2-3**）。なお、これらは、あらかじめ回答の選択肢を設定（**図表2-3**の「オプションを選択する」）することも、自由記載とすることも可能です。さらに、Slackにはスレッド機能があるため、ワークフローで受け付けた案件ごとに、その後のやりとりを集約することも容易です。

Slackに限らず、チャットツールの多くでは、このように契約審査受付にも応用可能な機能が搭載されており、これらは日々機能改善がなされていますので、今後、より便利になっていくことが予想されます。また、メールと異なる利点として大きいのは、情報がメールのアカウントごとではなく、チャンネルという「場」に蓄積される点です。これにより、誰もが情報にアクセスしやすくなりますし、担当者が退職した場合などにも情報が残されるため、引き継ぎの作業も容易となります。

このように多くの利点があることから、これらのチャットツールを契約審査受付の整備に活用することは実務上有力な選択肢となっており、既に多くの企業で様々な工夫を凝らした整備がなされてきています。今後契約審査受付を整備しようと考える企業にとっては、チャットツールの活用が最も簡易かつ有力な選択肢となると思われます。ただし、これまでメールで受付を行っていた場合は、過去案件やナレッジをどのように引き継ぐかについて、慎重な検討が必要となるでしょう。

（iii） 独自の社内システムを構築する場合

主に規模の大きい企業が対象となりますが、自社のこれまでの運用や組織体制に合わせた独自のシステムを構築するという手法もあります。当然ですが、これには、上記2つの手法とは比較にならないほどのコストがかかります。システム開発系の企業であれば、自社で開発することも可能ではありますが、多くの場合は、外注してシステム構築を行うことになると思われます。外注の場合、現在の契約審査受付フローを踏まえ、どのように改善したいか、どのようなシステムが必要かといった点を、専門的なコンサルタントを交えて検討する例もあります。先に述べたとおり、契約審査受付のベストプラクティスが確立されていない現在においては、業務プロセスの理解と改善後のビジョンが曖昧なままでは、せっかく作ったシステムが運用に乗らないという可能性もあります。そのため、どのようなシステムを構築したいのかについては、法務部門の独断ではなく、専門家の知見や、案件を依頼する事業部門などの他部署も交えた慎重な検討が必要となります。

このように、作るのが難しい独自のシステムですが、そのメリットは大きいものがあります。まず、これまでの契約関連の情報やナレッジを、必要に応じてシステムに移管することができる点です。たとえば、メールで行っていたフローをチャットに移行する場合、これまで蓄積された情報をそのまま移管することは通常できません。しかし、独自にシステム開発を行う場合には、これらの情報を必要な範囲で移管することも可能となることもあると思われます。また、契約審査に限られない他の社内手続との連携なども柔軟に設計可能です。たとえば、契約管理システムと稟議システムを連携させたり、経理システムと連携させたりすることで、部門間の情報のやりとりがスムーズとなり、意思決定の適正さやコンプライアンス遵守体制の向上を図ることも可能となります。契約審査受付から、契約締結後の保管、さらにはその後のモニタリングや運用までを一気通貫で管理するシステムを構築する例もあります。法務部門が経営に主体的に関与するような企業においては、経営戦略の観点からも、独自のシステムを構築するメリットはより大きなものとなり得ます。

(ウ) 契約審査受付内容の整備

契約審査の受付方法を整備したとしても、実際に依頼する事業部門担当者ごとに共有される情報がばらばらであったり、そもそも必要な情報が共有されなかったりする状態のままでは不十分です。そこで次に、契約審査受付時に法務部門が欲しい情報が必要十分に得られるよう、契約審査受付内容（ヒアリング項目）を統一化するための整備が必要になります。

（i） 契約審査受付の内容を整備する際の視点

契約審査受付の時点で、事業部門担当者にどの程度の情報共有を求めるかは、単に法務部門側のニーズだけで決定できるものではありません。なぜなら、依頼する側の事業部門担当者にとっては、不慣れな契約に関する情報の理解、整理、入力などを行うため、相当の時間と労力が発生するためです。

冒頭で述べたとおり、契約審査受付時に契約書作成に必要な情報が全て共有されていれば、追加のヒアリング工数などが発生せず、法務部門の業務は一見効率化するようにも思えます。しかしながら、そのような状態を目指してしまうと、必然的に契約審査受付時の入力項目が多くなってしまいます。これを企業全体でみたときには、依頼する事業部門担当者の時間と労力が過大となり、営業指標に影響が出たり、案件が固まるまで法務に依頼することができずリスク対応の遅れにつながったりするデメリットが生じる可能性があります。さらに深刻な問題として想定されることが、事業部門側が、法務への契約審査や相談を回避するようになってしまうことです。このような状況が生じてしまうと、法務部門の信頼どころか、その存在意義が問われる事態となり、企業のコンプライアンスにとっても重大な悪影響を及ぼすことになってしまいます。

そのため、**契約審査受付内容を整備するにあたっては、企業の業務内容や担当者のレベルを考慮した上で、誰もが利用しやすいよう、「完璧を目指さない」視点が重要となります。**この視点を念頭に置きながら、以下では、契約審査受付の一般的な入力フォームと、契約類型ごとの入力フォームに分けて、その例を示したいと思います。

（ii） 一般的な契約審査受付の入力フォーム例

契約書作成に必要な情報は、契約類型や案件ごとに異なります。しかし、どの類型、案件にも共通して必要な情報も存在します。たとえば、相手方の名称や契約締結の目的、取引金額などがこれに当たります。これらの情報は、契約書の作成だけでなく、多くの場合、その契約書の管理のための分類（フォルダ分けや台帳登録など）にも必要なものですので、必ず契約審査受付段階で共有を求めるべき情報といえます。

図表2-4は、一般的な契約審査受付時の入力フォーム例と、事業部門の入力例です。法務としては、契約審査受付時に、このような情報が共有されていると、その後の担当者の割り当てや、追加ヒアリングを行うか、どの点をヒアリングするかなどの判定にも役立つと思われます。

大項目	入力フォーム例	事業部門回答例
取引相手に関する事項	相手の正式名称を記載してください。	●●株式会社
	相手の会社概要が分かるURLや法人番号を記載してください。	https://xxxxxxx.com/
取引概要に関する事項	取引に至る経緯、取引概要、取引のメリットなどを記載してください。	相手に●●に関するシステム開発業務を委託します。当社で開発するよりもコストが抑えられ、性能の高いシステムの開発が見込めます。…
	取引開始日（予定日）を記載してください。	2022/4/1
	取引終了日（予定日）を記載してください。	2023/3/31
	関連する取引があれば、その概要や参照URLなどを記載してください。	2021年4月1日付けソフトウェア開発委託契約書にて本開発の前提となるソフトウェアの開発業務を委託しています。…
権利義務に関する事項	当社が負担する義務の内容を、簡潔に記載してください。	対価の支払い
	相手が負担する義務の内容を、簡潔に記載してください。	●●に関するソフトウェア開発と納品
	当社が支払う/支払いを受ける金額（税込/税別）を記載してください。	1,000万円（税別）
	どのタイミングの支払いとするかを記載してください。	納品後または契約終了日の翌月末日
ドラフトに関する事項	どちらのひな形（契約書ドラフト）で締結するか記載してください。	相手作成のドラフトを添付します。
その他	懸念されるリスクや、法務に共有したい事項などを記載してください。	知的財産に関する権利が相手に帰属するとされる部分については、当社に有利となる修正を行いたいです。

図表 2-4 | 一般的な入力フォームとその回答例

（iii） 契約類型ごとの審査受付の入力フォーム例

図表2-4 の一般的な入力フォームのみでは、案件ごとの特性が拾いきれず、追加ヒアリングすべき事項が多く残されることが想定されます。その分、法務部門にとっても、ヒアリングを受ける事業部門にとっても工数が発生することになります。そこで、よく使う契約類型については、類型ごとにカスタマイズした入力フォームを用意することが有用です。

以下、参考までに、よく利用される類型である秘密保持契約、業務委託契

秘密保持契約の入力フォーム（項目）例	事業部門回答例
何のために情報を開示/受領するのか	相手製品の○○システムを導入するか否かの検討のため、秘密保持契約を締結します。
どちらの当事者が情報を開示するか	相手のみ
秘密情報の内容	○○システムの仕様に関する資料、ソースコード
秘密情報の開示方法	書面、電子メール、口頭
秘密情報の利用、共有範囲（※当社が開示する場合は、相手方の開示先として許容できる範囲）	当社のグループ会社（X社、Y社）

業務委託契約の入力フォーム（項目）例	事業部門回答例
業務を委託するのは当社か相手方か	当社が先方に業務を委託します。
委託業務の内容	当社のオウンドメディアで公開する記事の執筆です。
成果物の内容	委託業務によって制作した記事5本（1本2万字。記事中に掲載する画像も先方にて作成）
成果物の納入場所・納入方法	電子メールにファイルを添付する方法で納品
成果物の納入時期	2022年11月3日まで
成果物の権利の帰属	成果物の一切の権利は当社に帰属させたいです。
委託料の金額（税込/税別）	25万円（税別）※記事1本5万円
委託料の支払期日	当社の検収完了日の翌月末日
再委託（下請け）の可否	当社が事前に承諾した場合は可能とします。

売買契約の入力フォーム（項目）例	事業部門回答例
当社の立場（売主/買主）	買主
目的物の名称、価格、数量	製品X　@1,000円（税別）100個 製品Y　@1,500円（税別）100個
代金額（税込/税別）	25万円（税別）
目的物の納入方法、納入場所、引渡しに係る費用負担	当社倉庫（住所：××）への搬入です。 搬入費用は先方負担です。
目的物の検査に通常必要な期間	2週間
代金支払時期、支払期限	検査完了日の翌月末日

条件変更の覚書の入力フォーム（項目）例	事業部門回答例
変更対象の契約書（タイトル・日付・管理番号）	2019年9月23日付けシステム保守契約書（契約書No:○○）
変更する理由、背景	システムが陳腐化しており、仕様変更などが必要となっています。
変更する条項、変更したい内容	第2条（業務内容）に以下を追加したいです。 ①システムの仕様変更その他開発作業 ②操作方法や運用方法についての問い合わせに対する回答
変更の適用開始時期	2022年7月7日
相手方との交渉状況	既に相手と上記業務の追加について大枠で合意済みです。当社にて変更覚書ドラフトを提示することを想定しています。

図表 2-5｜各類型ごとの入力フォームとその回答例

約、売買契約および条件変更の覚書における入力フォームの質問項目例と想定回答例を記載します。実際に入力フォームを作成する際には、各社ごとの事情に応じ、質問項目の追加や、質問の具体化により、使い勝手のよい入力フォームを整備することが必要です。なお、**図表2-5**の類型別の入力フォーム例においては、**図表2-4**の一般的な入力フォームの質問項目については記載を省略しています。

（iv） その他の整備のポイント

入力フォームを作成するにあたっては、事業部門が適切な情報を入力することができるよう、質問にはなるべく専門用語を用いず平易な表現とすることが重要なポイントとなります。また、入力例をマニュアルなどであらかじめ提示しておくなどの工夫をすることで、依頼時により適切な情報を入力してもらうことが可能になります。さらに、過去の依頼事例について、事業部門担当者が必要に応じて閲覧できるようにし、依頼ノウハウの蓄積と共有を図ることも、法務部門、事業部門双方のコミュニケーションの円滑化に資する取り組みと思われます。契約審査受付の入力フォームを整備するにあたっては、このように関連する仕組み、マニュアルなども合わせて整備することが重要です。

なお、上記整備と合わせて案件の点数化を行い、法務部門のメンバーの評価や管理に用いることも可能です。すなわち、契約審査受付時に得た情報をもとに、契約類型や内容から契約審査の難易度を点数化し、適切な法務担当者にアサインする仕組みをあわせて構築します。これにより、難易度に応じてメンバーをアサインしたり、一定のメンバーのみに負荷がかかってしまうような状況を回避したりと、法務部門の業務効率が向上するだけでなく、各担当者の生産性などを定量的に分析することも可能になります。契約審査受付の内容を整備する際には、その後のプロセスにおいて必要な情報は何かという点について、自社の課題に照らし深掘りすることが望ましいでしょう。

［4］ 契約審査受付の将来とリーガルテック

これまで、契約審査受付の意義、整備の必要性、整備の方法などについて述べてきましたが、これらは、あくまで現在における考え方と対応の一例を示したにすぎません。近年、管理部門の中でもシステム化や効率化が遅れていると指摘されてきた法務部門にも、DX化の波が押し寄せています。それを象徴するかのように、契約審査受付を効率化することができるリーガルテックサービスも、多く登場しています。

これらのサービスの中には、メールやチャットとも連携可能な機能を持つものもあります。また、本節［3］（イ）（iii）「独自の社内システムを構築する場合」においてメリットとして紹介した、他の社内システムとの連携や、CLMを一気通貫で管理するような機能を持つものもあります。そして、いずれのサービスも、チャットツールと同様かそれ以上のスピードで機能開発が進められており、法務業務を日々アップデートしています。

本節では、敢えてリーガルテックサービスの詳細についての紹介は割愛しました。これは、機能改善のスピードがあまりに速く、内容がすぐに陳腐化してしまうためです。しかし、遅かれ早かれ、企業の契約審査受付においては、何らかのリーガルテックサービスを利用することが主流になるでしょう。これから契約審査受付フローを整備する法務部門の方には、こうしたサービスについても積極的に調査をした上で、各社にあったリーガルテックの導入を前向きに検討いただくことも必要となってくるでしょう。

3――契約審査

ここからは、契約実務の中でも中核的な意義を持つ契約審査について、その概要や重要性、一連の手続の流れ、手続の各過程におけるポイント、契約審査の課題、契約審査の業務フロー、各契約類型における審査のポイントを説明します。

［1］契約審査とは

契約の当事者は、ひとたび契約を締結すれば、その契約の内容に従い権利を取得し、かつ、義務を負い、これに拘束されることになります。そこで、契約を締結する前の段階で、取引の相手方との契約条件を十分に吟味し、契約リスクを制御することが、契約実務にとって極めて重要な意味を持つことになります。それを可能とする手段が、契約審査です。契約審査を適切に行うことができれば、その取引において手に入れるべき権利を確保し、負担するべきではない義務を回避したうえで取引関係に入ることができます。また、審査によって認識したリスクを受け入れるという管理の選択肢もとることができますし、契約条件によっては、契約を締結しないという意思決定もあり得ます。**契約審査は、このように契約リスクに直接アプローチできる点で、契約実務のプロセスの中でも中核的な意義を有します。**

契約審査は、審査の依頼部門と法務部門との間における①契約審査受付、②審査に必要な情報の確認（ヒアリング）、③書面の精査や作成、④依頼部門への回答、⑤取引の相手方との交渉、⑥最終案の確認という、契約当事者双方が合意した条件による契約の締結に向けた、一連のプロセスで構成されます。契約審査と聞くと、契約書を精読して確認していく作業のみをイメージしがちです。確かに、書面の精査が契約審査の中で重要な位置付けではあることに疑いはありません。しかし、それはあくまで一つの工程であるという点は理解しておきたいポイントです。このような契約審査の手続の全体像を踏まえると、契約審査とは、対象となる取引において、依頼部門と法務部門が協力し、取得すべき権利や負担すべきではない義務などの契約条件を吟味して取引の相手方と交渉を行い、合意に至るまでの一連のプロセスのこと、ということができます（契約審査を依頼部門や法務部門によるプロセスと捉えるものとして、愛知県弁護士会 研修センター運営委員会 法律研究部 契約審査チーム『新民法対応 契約審査手続マニュアル』5頁（新日本法規、2018年））。法務部門の視点からみると、契約審査は、取引の実態を的確に把握し、その取引に潜むリスクの検討や抽出を行った上で契約条件を精査し、依頼部門による利害の対立する取引の相手方との交渉をサポートしながら、自社の権利や義務を確定させていくという、複雑でときに困難な営みといえます。

（ア） 契約審査の重要性

繰り返しにはなりますが、契約審査においては、自社の権利や義務について、契約書の条項を具体的に吟味し、追加、修正、削除などを行いますので、自社のリスクをコントロールする上で、非常に有効な手段となります。また、契約審査は、契約書を作成した上で契約を締結するメリットを最大化することにもつながります。すなわち、契約書を作成した上で契約を締結することには、①契約条件が明確となることにより後の紛争の予防につながり、②実際に紛争になった場合には、契約当事者間の合意内容を証明する証拠となるというメリットがあります。そして、契約審査の過程では、契約条件が一義的に明確となっているか、取引の実態ルールを適切に反映できているかが審査の対象となりますので、契約審査を適切に行うことで、紛争の予防と合意内容の証明の双方の観点から、契約書を作成することの恩恵を確保することができます。しかし、契約審査が不適切だと、契約書を作成するメリットを受けるどころか、むしろ契約書を作成しない方がよかったという事態すら生じることがあり、審査は慎重に行う必要があります。

このように、契約審査は、契約書を用いて契約を締結するメリットを最大化しつつ、自社のリスクを管理できる手段として、契約実務の中で重要な意義を有します。

(イ) 契約審査受付との関係性

本章2で説明したように、契約審査と契約審査受付には密接な関係があり、的確なリスクの管理にとって両者は車の両輪を構成します。契約審査にあたって、これを担当する法務部門は、その契約における取引の具体的な内容、契約の背景、依頼部門の契約条件に関する意向の確認など、法務部門が必ずしも知り得ない情報を正確に把握する必要があります。また、事業を円滑に進行していくため、契約審査に使うことができる時間は限られていることも多いです。そこで、**契約審査受付の段階で、このような契約審査に必要な情報を効率よく取得する仕組みを適切に構築できるかは、契約審査との関係においても重要です。**

契約審査受付は、その後の契約審査に必要な情報を正確かつ効率的に把握できる形で運用される必要があり、また、契約審査は、契約審査受付で得た情報や資料を最大限活かして進めていくことが求められます。両者が相互にかみ合うことで、はじめて契約審査はリスクの管理に向けた効用を発揮できます。

（ウ） 法務部門と依頼部門との役割分担

契約審査のプロセスを適切に進めていくにあたっては、法務部門と依頼部門とがそれぞれ自らの役割を認識するとともに、お互いの立場や考え方を尊重しつつ、協力して手続を進めていくことが重要となります。依頼部門と法務部門の役割分担ですが、基本となる考え方としては、契約を締結しようとする案件について、誰とどのような条件で契約を締結するのか、あるいは契約を締結しないかについては、依頼部門が最終的な意思決定を行い、その案件の所管部門としての責任を担います。そして、法務部門は、依頼部門からの依頼に対応する形で、主として法的な側面から援助や助言を行い、また、依頼部門が希望する契約条件を、契約書に具体的な文言として落とし込むといった、専門的な技能を発揮することが求められます。これは、法務部門は、誰とどのような契約条件で契約を締結するかを主体的に決定する立場になく（また、決めようもなく）、法的な知見から依頼部門をサポートする立ち位置にいるという、依頼部門と法務部門の組織の構造から導かれる結論です。

また、ビジネス上のリスクと法的なリスクを明確に区別することは困難であり、法的リスクだけを取り出して法務部門で判断することが現実的ではないことも指摘されているところです（芦原一郎『法務の技法〔第2版〕』118、119頁（中央経済社、2019年））。たとえば、自社が取引の相手方にサービスの提供を行う契約を締結する際に、サービスの提供前に相手方から代金の支払いを受けるか、それともサービスの提供後に受けるかは、依頼部門における事業上の判断事項であるのと同時に、法的なリスクとも密接な関係があります。依頼部門としては、後払いの契約とした方が顧客を獲得または維持しやすいといった見通しが持てる一方で、法的なリスクの面からみると、後払いとすると代金の未回収のリスクを背負うことになります。このような場合に、やはり法務部門の判断だけで意思決定を行うことは困難です。これらのことから、法務部門は、事業上の判断を尊重しつつ、法的な側面から確認や助言を行う立ち位置にいることが導かれます。最近では、事業を巡る競争関係が複雑かつ多様となっている中で、法務部門がより主体的、積極的に依頼部門の意思決定に貢献していく必要性も議論されています。

契約審査のプロセスは依頼部門と法務部門が協力しながら進めていきますので、**依頼部門と法務部門とは、相互の意見を尊重しながら、自社の事業**

機会や利益を最大化できる意思決定を目指していくことが求められます。そのために、依頼部門においては、最終的な意思決定に責任を負う所管部門として、自部門が契約書の内容を十分に理解して交渉を行い、法務部門の意見を活用しながら、契約審査の手続を主体的に進めていくことが重要です。そして、法務部門には、依頼部門の意思決定が適切に行われるよう、専門知識を駆使して、適時適切にサポートを行うことが求められます。この役割分担の体制は、依頼部門において契約審査や契約書への習熟が十分ではなく、また、法務部門においても事業への理解や協力体制に課題を持っているといった事情から、構築が容易ではないことがあります。残念なことに、依頼部門が契約審査を法務部門に丸投げする、逆に、法務部門が事業にとって必ずしも重要ではない契約条項に固執するといった事態が生じることも聞かれるところです。しかし、相互の役割分担と契約審査のプロセスをお互いが理解し、それぞれの意見を尊重して意思決定を行うことができなければ、自社の権利や義務を適切な形で確定することは難しいといえます。

(エ)　契約審査手続の流れ

企業における契約審査は、その企業と取引の相手方の協議によって案件(契約審査の必要性)が発生した後、**図表2-6**のような流れで進んでいきます。

ここでは、契約審査手続の各プロセスにおけるポイントについて説明していきます。

①　契約審査受付
②　審査に必要な情報の確認(ヒアリング)
③　書面の審査や作成
④　依頼部門への回答
⑤　取引の相手方との交渉
⑥　最終案の確認

図表2-6｜契約審査の手続の流れ

(i)　契約審査受付

契約審査受付の段階では、契約審査の必要が生じた案件を担当する依頼部門が、法務部門に対して契約審査の依頼を行い、法務部門はこの依頼を受け付けます。この案件の受付が、契約審査の入り口となります。

この段階で重要なのは、契約審査に必要となる情報を正確かつ迅速に取得することです。契約の種類ごとに審査に必要な情報が変わるため、依頼部門とも調整を行いながら、契約審査受付の際に依頼部門から法務部門に共有する項目のフォーマットを事前に決めておき、依頼部門は、法務部門に対し、そのフォーマットに従って契約審査の依頼を行うルールとしておくと、依頼部門と法務部門の双方の負担を小さくしつつ、円滑に手続を進めることができます。契約審査受付に関する詳細は、本章**2**も参照してください。

(ii) 審査に必要な情報の確認(ヒアリング)

審査に必要な情報の確認(ヒアリング)のプロセスでは、契約審査受付の後、法務部門において案件の初期的な確認や分析を行い、書面の審査や作成に必要な情報が十分かを確認した上で、必要があれば依頼部門からヒアリングを行います。

依頼部門の担当者は自らが担当する案件や事業には明るいことが多いですが、契約審査については理解が十分でないことも珍しくありません。契約審査受付の段階で、依頼部門の担当者が、法務部門のサポートなく契約審査に必要となる情報を、必要十分な形で的確に提供することは困難といえます。そこで、法務部門の担当者は、契約審査受付の後、その案件に着手するタイミングで、審査に必要な情報に漏れがないかを確認し、簡易な確認事項であれば電子メールやチャットを通じたメッセージベースで、込み入った内容であれば依頼部門の担当者と打ち合わせを行うことで、依頼部門との目線を合わせながら、契約審査を適切に行うための情報を収集します。

(iii) 書面の審査や作成

(i) 契約審査受付と (ii) 審査に必要な情報の確認(ヒアリング)のプロセスを踏まえた上で、書面の審査や作成に進みます。ここでは、法務部門において、文字どおり契約条件が記載された書面の審査や作成が行われます。

契約審査の実際の進め方は、①自社のひな形や取引の相手方が提示した書面を審査の対象とするケースと②当該案件に適した既存の書面の用意がなく、一から書面を作成するケースに分かれます。

どちらの方式で審査を進めていく際にも、これから説明する内容が当てはまります。

書面の審査や作成にあたっての進め方や視点は、**図表2-7**のとおりです。

ステップ1

最初のステップとして、(i) 契約審査受付や (ii) 審査に必要な情報の確認(ヒアリング) の手続で収集した情報を手掛かりにして、取引の実態を改めて確認していきます。具体的には、①取引の具体的な内容、契約の背景、依頼部門の意向、②自社のビジネスモデル全体における位置付け、③取引の重要性、求められる対応スピード、取引の相手方とのパワーバランスといった項目を確認します。ここで確認した事項を、後にリスクの分析や抽出を行う際や、契約条項の検討の際に活用します。

取引の具体的な内容について、ある商材の売買契約の審査を行うのであれば、「ある商材を自社がA社から商材1個につき100,000円 (税別) で購

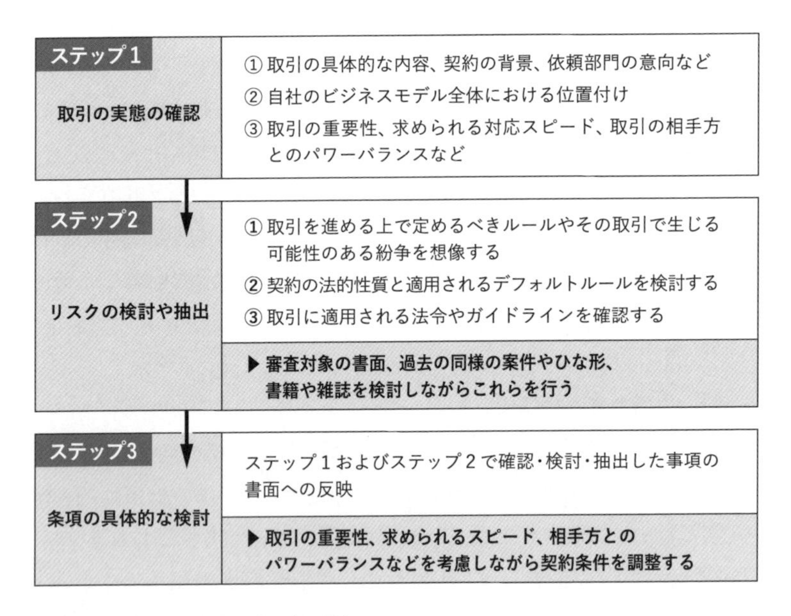

図表 2-7 | 書面の審査や作成の進め方と視点

入する」、「商材は全部で500個を一度に購入する」、「納期は2023年4月1日で、自社が指定する倉庫に納品する」、「自社は、代金を、検査合格日の翌月末日までに支払う」といったその取引の詳細を確認することが考えられます。

自社のビジネスモデル全体における位置付けは、その取引のリスクや契約書での手当ての必要性の程度とも関係するため、必ず確認が必要です。たとえば、自社がソフトウェアベンダに対してソフトウェアの開発を委託し、納品のあったソフトウェアを顧客に対してライセンスするようなビジネスを想定した場合、自社は、ソフトウェアベンダとの契約において、ソフトウェアのライセンスが可能となるよう、そのソフトウェアの著作権の譲渡を受けることや、ビジネスに必要なライセンスを受けることを契約書に明記することが考えられます。この場合、自社とソフトウェアベンダとのソフトウェアの開発委託契約それ自体を単体として捉えると、適切ではない契約条件で契約を締結してしまうおそれがあります。このように、自社のビジネスモデル全体の中での審査対象の契約の位置付けを把握し、自社が締結する他の契約との整合性などを検討することが重要です。

また、その取引がどの程度重要なものか、審査にどの程度時間をかけられるか、取引の相手方とのパワーバランスはどうかといった事情は、法務部門がその案件の契約審査にかけるべき労力や、書面の審査や作成の方針に関わってくるため、確認をしておきたい事項です。たとえば、社運をかけて取引金額が巨額となる契約を締結するのであれば、契約審査は極めて慎重に、労力をかけて行うのが適切です。また、取引の相手方の交渉力が自社よりも強い場合には、自社としては契約条件の審査によるリスクの把握を中心に行い、自社からの修正案の提示は最小限の範囲で行う方針をとることが考えられます。以上が、取引の実態の確認のステップです。

ステップ2

次に、認定した取引の実態を踏まえて、その契約のリスクの検討や抽出のステップに入ります。その際には、①取引を進める上で定めるべきルールやその取引で生じる可能性のある紛争を想像すること、②契約の法的性質とデフォルトルールを検討すること、③適用される各種法令やガイドラインを確認することがポイントとなります。

書面を精査する際には、まず、最初のステップで確認した取引の実態が正確かつ適切に書面に反映されているかを確認します。ここでは、取引の具体的な内容、特に当事者の主要な権利義務が明記されているか、自社のビジネスモデル全体における位置付けを踏まえた手当てがなされているかという点が確認の対象となります。取引の相手方から提示された契約書の契約条件と取引の実態に齟齬があるような場合には、これが合致するように文言を調整します。依頼部門の意向についても、契約書に反映すべきか、反映する場合はどのような文言が適切かを検討し、書面に落とし込みます。

次に、リスクの検討や抽出のステップで分析した内容を、契約条件に反映させていきます。具体的には、実際の取引の流れや取引の特徴を踏まえて契約書で明確にすべきルールや紛争が発生した場合の責任や対応に関する条項を定めること、民法や商法などのデフォルトルールを踏まえて自社に有利に変更すべき点や自社に不利な条件となっている点について意図した契約条件となるよう契約書の条項を具体化すること、取引の実態や契約の法的性質を踏まえて各種法令やガイドラインに沿った契約条件を設定することに留意し、契約条件の追加、修正、削除を行っていきます。

書面の審査や作成の視点として、契約書を作成する意味や効能も意識をしておきたいポイントです。文言の意味内容が不明確だったり、条項間の関係性が矛盾していたり不明瞭だったりすると、後に紛争が生じるおそれが高まります。そこで、契約書全体の整合性を確認しつつ、一義的に明確な条項となるよう審査を進めていきます。

軽視できないのが、誤字や形式面のチェックです。誤字により条項の意味合いが不明瞭となることもあり得ますし、また、形式面が整った書面は自社内、契約の相手方ともに読みやすく、交渉を円滑に進める働きがあります。そこで、契約書の誤字の有無や形式面も時間が許す限り丁寧に検討すべきです。

以上が書面の審査や作成を行う際のポイントです。これらの契約条件の精査を行う際には、取引の重要性、対応に求められるスピード、取引の相手方とのパワーバランスを踏まえて、時間や労力のかけ具合や、条項案の調整をバランスよく行っていきます。

(iv) 依頼部門への回答

書面の審査や作成が完了した後、法務部門は、その案件の依頼部門に対して、審査が完了した旨を伝え、審査や作成が完了した契約条件の確認を促します。その際、契約書のデータも共有し、依頼部門への回答を行います。ここでの回答において、法務部門は、審査や作成の過程で特に気にかかった事項については、その条項を特定しながらコメントを行います。一般的には、「法務部門側で修正や作成を行った契約条件について、依頼部門としても異存はないか、依頼部門の意向に沿った条件となっているか」、「修正案として複数の選択肢がある場合に、そのいずれの案を依頼部門が選択するか」、「契約条件について、取引の実態と合っているか」といった点について確認を求めます。

法務部門がこの回答の際に意識したいのは、依頼部門の担当者は、自らが担当する案件やビジネスには明るい一方で、契約審査については習熟していないことも珍しくはなく、担当者によっても理解度に差があるという点です。法務部門としては、担当者の理解度に応じて、依頼部門が回答内容を容易に理解できるよう、平易な表現を用いる、説明するポイントを絞るといった工夫を行うことが求められます。文章では伝わりづらい内容の場合には口頭で補足することも一案です。ここでの回答ややり取りは、依頼部門側との協力関係を築き、リスクを適切に管理するために非常に重要なプロセスとなります。

(v) 取引の相手方との交渉

法務部門と依頼部門との間で契約条件に関する認識合わせが終了し、自社が希望する契約条件が定まったら、依頼部門は、法務部門での審査後の書面を取引の相手方に共有し、交渉を行います。この際、契約条件に関して特に自社が希望する点や、懸念事項を伝えることもあります。その後、取引の相手方においても、自社内のルールに従って契約審査のプロセスを進めます。取引の相手方による契約審査の結果、自社の場合と同様、契約条件について追加、修正、削除などを希望した上で、審査後の契約条件を記載した書面の共有がなされることも頻繁にあります。この場合、取引の相手方の交渉担当者から自社の依頼部門の担当者に連絡があり、法務部門は依頼部門から再度審査の依頼を受けることになります。その後、全ての契約当事者が契約条件に合意するまで、上記で説明した契約審査の（ii）から（v）の手続を繰り返します。

（vi） 最終案の確認

取引の相手方との交渉を経て、全ての契約当事者が主要な契約条件に合意したタイミングで、いよいよ最終案の確認に入ります。この段階では、これまでの契約審査のプロセスを振り返りつつ、検討漏れや対応漏れがないかを確認します。特に、これまでの書面の精査や交渉の過程で契約書データの最終案にハイライト、修正履歴、コメントなどが付いている場合には、契約書の条項が判読しづらいため、これらの情報がないクリーン版のデータを用いて改めて契約条件を確認することが望ましいです。留意が必要なのは、このタイミングにおいては、当事者間で既に交渉が実施された上で最終的な確認をする段階に至っているという点です。ここで新たな議論を行い、問題点を指摘することは、いままでの交渉プロセスを反故にすることになり得るため、最終案の確認のプロセスは、あくまでこれまでの交渉の結果が適切に反映されているかを最終的に確認することに主眼があります。

また、契約書の種類によっては、契約書を作成すると印紙税法に基づく課税文書となりえますので、そもそも課税の対象となるか、なるとして金額はいくらかを判断する必要があります。この判断は契約書の記載に基づいて行いますので、最終案の確認のタイミングで検討しておくと効率がよいでしょう。印紙税の詳細については、本章**4**を参照してください。

［2］契約審査の課題

これまでみてきたように、契約審査は、法務部門にかかる負荷が大きいプロセスです。そもそも、契約書に限らず、長文の文章を読み、内容を理解するだけでも、相当な時間と労力を要します。その上、契約審査の場合には、ただ書面を精読するだけではなく、その取引の具体的な内容、契約の背景、依頼部門の意向などを確認した上で、リスクの検討や抽出をしながら契約条件に手を加え、交渉するという複雑なステップを経ます。また、事業機会を確保するため、法務部門の対応にはスピードが求められる傾向があり、法務部門では常時複数の審査を同時並行的に進めていることも多く、一つの案件にかけられる時間にも限りがあります。法務部門では、日々このような負担にさらされており、契約審査の品質および効率性の双方で課題を抱えています。

（ア） 審査の品質の問題

契約審査を担当する法務部門の担当者には、取引の内容を的確に把握する事実認定能力、取引の内容を踏まえて生じるリスクをイメージする想像力、契約を法的な視点で分析する法的知見、分析の結果を書面に落とし込む起案能力、そして分析した内容を依頼部門に分かり易く説明するコミュニケーション能力といった、単体でも高度なスキルが総合的に求められます。このような背景から、**契約審査の品質は、法務部門の担当者の知見や経験、そして審査にかけられる労力や時間に大きく左右され、いわば職人の技能の世界に近しい状況にあるといえます。**そうすると、同じ法務担当者であっても、契約審査にかけられる時間によって類似の契約審査において品質にばらつきが生じることがありますし、同じ法務部門内における別の担当者との間では、さらにこのばらつきが生じやすくなります。実際に、依頼部門がこのばらつきを指摘し、疑問を呈することもあります。法務部門としては、いかに高い品質の契約審査を標準化しつつ日々の案件に対応していくかが、一つの大きな課題となります。

（イ） 審査の効率性の問題

品質の問題もさることながら、審査の効率性も大きな課題です。**事業機会を確保するため、事業活動ではスピードが重視されることも多く、法務部門も依頼部門からスピードを求められ、契約審査を効率よく処理していく必要があります。**また、法務部門では、常時複数の契約審査を行うことが通常で、かつ、それ以外にも所管業務を抱えていることが一般的です。このような状況の中、いかに効率的に審査を行うかは、日々法務部門を悩ませる大きな課題といえます。

［3］契約審査業務フローの整備

法務部門内において、誰がどのような手順で契約審査を進めるかには、様々なやり方があります。ここでは、そのような法務部門内における案件の進め方を契約審査業務フローと呼んだ上で、その概要やポイントを説明します。

（ア） 契約審査業務フローの概要

法務部門における契約審査の進め方は、以下の４つに大別されます。

①一人の法務担当者が単独で審査に対応するフロー

②複数の担当者で協力して対応するフロー

③一人または複数の担当者が一次的な対応を行った後、上長の確認を経るフロー

④外部の法律事務所に依頼を行うフロー

（イ） 各フローにおけるポイント

まず、①一人の法務担当者が単独で審査に対応するフローは、そもそも法務担当者が一名しか社内にいない場合、担当者は複数名所属しているが、審査の対象となる契約のリスクが相対的に小さいと見込まれる場合、そしてリスクは小さいとはいえないが熟練した法務担当者が対応する場合などに、この進め方がとられます。担当者が一名で審査に対応していきますので、品質面での抜け漏れがないよう、慎重に対応することが求められます。特に、企業に法務担当者が一人しか在籍していない場合（いわゆる一人法務）には、社内に相談できる者がいないため、品質をどのように担保するかがポイントとなります。

次に、②複数の担当者で協力して対応するフローは、複数の契約を同時に審査する必要があり、一人の担当者だけでは負荷が大きい場合、ある法務担当者が知見のない分野の案件に対応する際に、その分野に明るい担当者と協働して審査に対応する場合などにこの進め方がとられます。この場合、複数の担当者が相互に協力しながら審査に対応していきますので、審査の品質を担保しやすいというメリットがあります。しかし、複数のメンバーの時間と労力

を割く必要があるというデメリットも同時に存在しています。また、先輩担当者が後輩担当者を指導するといったケースもこのフローの一つとして整理できます。このケースでは、先輩社員が後輩社員を教育しつつ、審査の品質を担保できるというメリットがある一方で、先輩社員が業務を教える時間と労力が必要となるというデメリットが生じます。

③一人または複数の担当者が一時的な対応を行った後、上長の確認を経るフローは、法務部門において一定の基準を設けた上で、その基準に該当する案件については上長による確認を経ることを部門のルールとして設定している場合にこの進め方がとられます。一定以上のリスクが見込まれる、あるいは難易度の高い案件については、慎重に対応をする必要があることから、その部門において責任を担っている上長の確認を個別に経るという法務部門の体制の仕組みです。この仕組みは、上長が確認する案件の基準設定を適切に行うことができれば、案件の性質に応じてリソースの配分を効率よく行うことができるメリットがある一方で、この設定を誤ると案件の性質とリソース配分のバランスが崩れるというデメリットがあります。

④外部の法律事務所に依頼を行う方法は、上記の①から③の各フローのいずれにおいても活用できる選択肢です。たとえば、①のフローでは、案件の難易度が高く、法務担当者が一人で対応することが困難な場合、あるいは一人ではリソース上対応しきれないような場合に、外部の法律事務所へ依頼し、弁護士による契約審査のサービスを受けることが考えられます。法律事務所への依頼を行う場合、その分野を熟知した弁護士を選定できれば、高度なリーガルサービスを受けられるため、審査の品質向上が期待できます。しかし、その分、費用が必要となり、依頼を行った分、審査に時間がかかるというデメリットもあります。注意が必要なのは、依頼を行う弁護士の選定と、弁護士による審査の過程および結果の確認は、社内の法務担当者がしっかりと行うべきという点です。企業法務に限定したとしても、弁護士の職域は広く、ある分野には知見のある弁護士であっても、別の分野は経験が乏しいというケースも珍しくはありません。そこで、案件の種類に応じて依頼する弁護士を見極める必要があります。また、リスクを管理することが契約審査の目的ですので、法務担当者としても、その目的が達成できるよう、外部の弁護士に依頼を行った案件について、リスクの管理を担う部門として、責任をもって適切な契約内容と

なっているのかを確認する必要があります。なお、依頼部門が直接外部の法律事務所へ依頼を行うといったフローも選択肢としてはありますが、外部の弁護士は自社の事業や依頼部門の担当者の契約審査への理解度に必ずしも精通していないケースもあります。仮にそのようなフローを構築する場合には、依頼部門による依頼が適切に行われているか、弁護士による契約審査が取引の実態に合っているかなどは、社内の法務部門において慎重に確認する必要があります。

上記の①から④は、いずれが優れているという関係にあるのではなく、各企業における契約審査の状況、案件の難易度、法務担当者の人数やバックグラウンドに応じて、一つあるいは複数を使い分けて対応することが求められます。契約審査業務フローの構築の際には、各フローのメリットとデメリットを踏まえた上で、バランスよく業務フローを構築することが望ましいです。

(ウ) ナレッジシェア

契約審査業務フローを構築する際に意識しておきたいのが、ナレッジシェアです。本節［**2**］で説明したように、契約審査は、審査の品質および効率性のどちらにおいても課題を抱えています。これらの課題を解決する一つの方策として、法務担当者自身の過去の契約審査で得られた知識と情報、法務部門内の他のメンバーのこれまでの経験とノウハウを財産として活用または共有できるよう、ナレッジシェアの体制を構築することがあります。

まず、**法務担当者個人でもできるナレッジシェアのポイントとしては、①過去の案件や経緯と、その際に用いた契約書の書面、②過去に使用した、またはよく使用する契約書の条項などをナレッジとして記録して蓄積し、自身で活用することが挙げられます。**これは、法務担当者自身の必要に応じて、日ごろの業務に支障が生じない範囲から始められる取り組みです。

また、法務部門に複数のメンバーが所属している場合には、メンバー間において、上記①および②のナレッジを共有することが考えられます。これは、単に他のメンバーのナレッジを活用できるというだけではなく、現在対応している案件について、過去に参考となる案件に対応した経験を持つメンバーに対して相談を行う契機を作ることもできるため、審査の品質、効率性だけではなく、部門内の活性化にも一役買う効果のある施策です。メンバー間におけるナレッジシェアは、一人のナレッジを複数のメンバーが活用できる点で大きな効果が見込めますが、その仕組みをどのように構築するかを決定し、各メンバーもこれに沿った運用を行う必要がありますので、法務担当者個人が自己のノウハウを活用するよりも実現と運用のハードルが上がります。実際にも、日々の案件の対応に追われ、ナレッジシェアを構築する体制を確保できないという声も聞かれるところです。しかし、契約審査の品質向上や標準化、そして効率化の双方に効果が見込めますので、積極的に検討すべき施策といえます。

［4］契約審査実務

ここからは、具体的な条項例を紹介しながら、各契約、条項の審査と作成において押さえておきたい基本的な知識、審査のポイントなどについて説明していきます。まずは、どの契約類型においても共通して定められることの多い、いわゆる一般条項の説明を行い、続いて実務的にも頻繁に締結される秘密保持契約、売買取引基本契約、業務委託契約について取り上げます。

（ア） 一般条項

契約の条項の中には、どのような類型の契約においても、実務的に定められることが多い条項があり、これらの条項は一般条項と呼ばれています。一般条項といっても、ただ盲目的にこれを定めればよいわけではなく、これらの条項を置く法的、実務的な意味合いを理解した上で、案件に応じて条項の必要性や具体的な文言を十分に吟味する必要があります。

以下では、秘密保持、個人情報の取扱い、遅延損害金、地位の譲渡禁止、通知義務、契約期間、存続規定、中途解約、解除、損害賠償、不可抗力、期限の利益喪失、反社会的勢力の排除、完全合意、合意管轄、準拠法、誠実協議を取り上げていきます。

（ｉ） 秘密保持

〈秘密保持の条項例〉

（秘密保持）
1．本契約の当事者は、本契約により知り得た相手方の営業上又は技術上その他業務上の一切の情報（以下「秘密情報」という。）を、相手方の事前の書面による承諾を得ないで、第三者に開示又は漏えいしてはならず、また、本契約の目的以外の目的に使用してはならない。
2．次の各号のいずれかに該当する情報は、秘密情報に該当しない。
（1） 開示を受けた際、既に自己が保有していた情報
（2） 開示を受けた際、既に公知となっている情報
（3） 開示を受けた後、自己の責によらずに公知となった情報
（4） 正当な権限を有する第三者より秘密保持義務を負うことなく適法に取得した情報
（5） 相手方から開示された情報によることなく独自に開発した情報
3．第1項の規定にかかわらず、以下の各号のいずれかに該当する場合には、相手方の書面による承諾なしに、秘密情報を第三者に開示することができる。
（1） 本契約の目的の範囲内で、親会社、子会社、関連会社（以下総称して「関係会社」という。）、自己及び関係会社の役員及び従業員、並びに自己及び関係会社が依頼する弁護士、公認会計士、税理士、その他のアドバイザーに開示する場合。ただし、開示を受ける者が少なくとも本条に定める秘密保持義務と同等の秘密保持義務を法令又は契約に基づき負担する場合に限る。
（2） 法令、裁判所、行政庁又は規制権限を有する公的機関の規則、裁判、命令、指示等により秘密情報の開示を要求又は要請される場合に、合理的に必要な範囲で当該秘密情報を開示するとき。なお、この場合に開示を行う者は、相手方に対して、かかる開示の内容を事前に（それが困難である場合は、開示後可能な限り速やかに）通知しなければならない。
4．本契約の当事者は、相手方から提供を受けた秘密情報について、本契約の目的の範囲内で複製又は改変することができる。この場合において、秘密情報を複製又は改変して得られた情報も秘密情報に含まれる。
5．本契約の当事者は、本契約が終了した場合又は相手方が求めた場合、その指示に従い、秘密情報を相手方に返還又は破棄のうえ、その旨を証する書面を提出しなければならない。

契約の締結後、取引を進めていく上で、取引の相手方に自社の秘密に当たる情報を開示することがあります。たとえば、業務委託契約の締結に際して、

当該業務を遂行するのに有益なノウハウを提供する場合がこれに当たり得ます。このような場合、取引の相手方が自社の秘密情報を第三者に開示または漏えいする、あるいは想定外の目的でその情報を利用することは、それ自体が避けたい事態であるとともに、場合によってそれにより金銭的な損害が発生することもあります。このようなリスクに備えるため、秘密情報の開示が想定される契約では、秘密情報の取扱いに関する条項を定めるのが一般的です。

秘密保持の条項として定める具体的な項目としては、**どのような情報を秘密情報として取り扱うか、第三者への開示または漏えいの禁止、目的外での利用の禁止、第三者に秘密情報を開示できる場合、法令などに基づく開示、秘密情報の返還や破棄などが一般的です。**

契約審査のポイントについてもみていきましょう。条項例では、契約当事者の双方が相互に秘密情報を開示することを想定した規定となっていますが、取引の実態として秘密情報を開示するのが一方の当事者のみであることが契約の締結時に明らかな場合には、秘密情報の開示を受ける当事者のみが秘密保持に関する義務を負う内容とすることが考えられます。もっとも、当事者の一方のみが秘密情報を開示することが想定される場合に、条項例のように契約当事者双方が秘密保持に関する義務を負う条件としても、実際には秘密情報の開示を受けることがないのであれば、理論的には不要な義務を負うものの、秘密情報を受領しない当事者に実害は生じないため、あえて当事者の一方のみが義務を負う内容に修正しないという選択肢をとることも一般的です。また、契約の締結時には当事者の一方のみが秘密情報の開示を行う想定しかしていなかったとしても、取引を進める中で状況が変わる可能性もある場合は、契約当事者の双方が秘密保持の義務を負う内容としておくことが無難です。

秘密保持の条項では、契約当事者の一方しか義務を負わない一方的な内容のドラフトが送られてくることも多いです。そこで、自社が秘密情報を開示する予定がある、または開示する可能性がある場合には、自社のみが秘密保持の義務を負う内容となっていると、自社の秘密情報を契約で保護することができません。そこで、このような場合には、相手方にも義務を負わせる内容に修正することが重要なポイントとなります。

秘密情報を受領する当事者としては、第三者に秘密情報を開示することが想定されるのであれば、情報を開示する可能性のある第三者への開示が可能である旨が記載されているかを確認する必要があります。

（ⅱ） 個人情報の取扱い

〈個人情報の取扱いの条項例〉

（個人情報）
1. 本契約における個人情報とは、本契約の当事者が本契約に関して相手方に預託した一切の情報のうち、「個人情報の保護に関する法律」（以下「個人情報保護法」という。）第2条第1項に定める「個人情報」に該当する情報をいう。
2. 本契約の当事者は、本契約の遂行に際して個人情報を取り扱う場合には、個人情報保護法及び本契約の定めを遵守のうえ、本契約の目的以外の目的に使用、加工、複製等してはならない。
3. 本契約の当事者は、個人情報への不当なアクセス又は個人情報の紛失、盗難、改ざん、漏えい等（以下「漏えい等」という。）の危険に対し、合理的な安全管理措置を講じなければならない。
4. 本契約の当事者は、相手方による個人情報の取扱状況を調査するために必要がある場合、相手方に対して報告若しくは資料提出を求め、又は相手方に事前に通知したうえで、相手方が管理する施設等に立ち入ることができる。
5. 契約の当事者において、個人情報の漏えい等の事故が発生した場合には、漏えい等をした者は、相手方に対し、速やかに当該事故の発生日時・内容その他詳細事項について通知する。また、漏えい等をした者は、自己の費用において、直ちに漏えい等の原因の調査に着手し、個人情報保護法等の法令及びガイドラインに従い必要な措置を実施するとともに、速やかに相手方に対し調査の結果を通知し、再発防止策を講じなければならない。

取引を行うに際して、契約当事者間で個人情報のやり取りがなされる場合、契約書で個人情報の取扱いに関するルールを定めるのが一般的です。

個人情報の保護に関する法律25条は、「個人情報取扱事業者は、個人データの取扱いの全部又は一部を委託する場合は、その取扱いを委託された個人データの安全管理が図られるよう、委託を受けた者に対する必要かつ適切な監督を行わなければならない。」と規定し、個人データの取扱いを委託する場合の委託先の監督について定めています。これを受けて、個人情報保護委員会「個人情報の保護に関する法律についてのガイドライン（通則編）」53、54頁（2016年11月（2022年9月一部改正））では、求められる措置について、より具体的に、①適切な委託先の選定、②委託契約の締結、③委託先における個人データ取扱状況の把握の措置を講じなければならないとし、②の委託契約には、「当該個人データの取扱いに関する、必要かつ適切な安全管理措置として、委託元、委託先双方が同意した内容とともに、委託先における委託された個人データの取扱状況を委託元が合理的に把握することを盛り込むことが望ましい」としています。そのため、たとえば、自社が個人情報取扱事業者である場合に、**個人データの入力、編集、出力などに関する業務を委託するのであれば、ガイドラインの内容を踏まえて個人情報の取扱いについて契約書に定めることが考えられます。**

個人情報の取扱いの条項における具体的な項目としては、個人情報の定義、個人情報の取扱いのルール、個人情報の取扱い状況の報告、事故発生時の措置などについて定められることが多いです。

契約審査の際のポイントですが、個人情報を提供する側の立場からは、個人情報の性質や使用態様に応じて、適切な義務を取引の相手方に課すことができているかを確認することが重要です。逆に、個人情報を受領する側の立場からは、個人情報を取り扱うにあたり、取引や事業を進める上で支障となるような過大な義務を負担していないかを確認することが望ましいです。

(iii) 遅延損害金

〈遅延損害金の条項例〉

> (遅延損害金)
> 本契約の当事者が本契約に基づき相手方に対して負担する金銭債務の弁済を遅延したときは、弁済期の翌日から支払済みに至るまで、年14.6%の割合による遅延損害金を支払わなければならない。

遅延損害金とは、債務者による金銭債務の弁済が遅れたときに、債務者が債権者に対して、弁済が遅延した期間に応じて支払う金銭のことです。契約書において、弁済が遅延した際のルールを明確にするため、遅延損害金の規定を定めることがあります。

民法では、金銭の給付を目的とする債務の不履行について、契約で合意がなければ、損害賠償の額を法定利率によって定めるとしています(民法419条

1項)。そのため、契約書で遅延損害金に関する定めを置かなかった場合には、遅延損害金は法定利率に従って決まることになります。そして、法定利率は3%からの変動利率となっており、3年ごとに短期貸付金利の過去5年間の平均が1%以上変動すれば1%刻みで変動します（民法404条）。

契約審査の視点としては、まず、**民法の定めに従うと将来的には利率が変動する可能性があるため、契約書で遅延損害金の規定と具体的な利率を定めることで、遅延損害金の利率を固定するべきではないかを検討することが考えられます。**遅延損害金の利率の予測可能性や計算の簡便さを重視するのであれば、契約書で具体的な利率を定めることは有益です。

また、自社に金銭債権が発生する取引を行うのであれば、法定利率よりも高い利率を契約書で定めることにより、相手方に金銭債務の弁済を心理的に促すということも考えられます。遅延損害金の利率については、消費者契約法、特定商取引に関する法律、利息制限法などの法令で上限が定められていることがあります。そのため、これらの法令による規制対象となる取引で具体的な利率を定めるのであれば、法令上の上限の範囲内とする必要があります。実務上、取引の種類にかかわらず、利率を年14.6%と設定している契約書をよくみかけます。これは、消費者契約法が定める遅延損害金の上限制限（消費者契約法9条2号）を基準として参照しているものと思われます。このような法令上の制限のない取引においては、公序良俗（民法90条）に反しない範囲において、これより高い利率を契約書で設定することも理論的には可能です。

（iv） 地位の譲渡禁止

〈地位の譲渡禁止の条項例〉

（地位の譲渡禁止）
本契約の当事者は、相手方の事前の書面による承諾なしに、本契約に基づく地位を移転し、又は本契約に基づく権利義務の全部若しくは一部について、第三者に譲渡若しくは承継させ、又は担保権を設定する等一切の処分をすることができない。

契約書では、契約の当事者としての地位や契約から生じる権利義務の第三者への移転や譲渡を禁止する条項が定められることがよくあります。これは、契約の相手方、債権者そして債務者が自らの知らない間に変更されると、①相手方を信頼して契約したにもかかわらず後に契約の相手方が変更されてしまう、②債権者が変更されることにより、過誤払いのおそれや煩雑な事務手続が生じてしまう、③債務者が変更され、変更後の債務者に資力がない場合には、債権の回収が困難となるといった不利益を被る可能性があることから、契約書でこれを禁止することを明確にするための条項です。このような背景から、この条項では、契約上の地位の移転、債権譲渡、債務引受の全てを禁止することが一般的です。

まず、契約上の地位の移転とは、契約当事者間に発生する全ての権利義務関係を、包括的に第三者に移転させることをいいます。民法では、①契約上の地位の移転について、契約の当事者の一方が、第三者との間で合意すること、②その契約の相手方が、譲渡を承諾することの要件をみたすと、契約上の地位が移転すると定められています（民法539条の2）。つまり、自社が知らないうちに契約上の地位が第三者に移転されることはありませんので、契約書にこれを禁止する規定を置かなくても、自社の承諾がない限り、契約上の地位は移転できないことになります。しかし、このことを契約書で明記することによってルールを明確にし、かつ、違反があった場合には契約違反の責任を追及できるようにするため、実務上は契約上の地位を禁止する旨が定められることが多いです。

次に、債権譲渡とは、ある債権を、その同一性を保持したまま、第三者に移転させることをいいます。債権譲渡を行った結果、債権者が交代することになります。民法では、債権譲渡は自由に行うことができることが原則とされています（民法466条1項）ので、債権譲渡を禁止したい場合には、契約で債権の譲渡を禁止する旨（譲渡禁止特約）を定める必要があります。契約で債権の譲渡禁止を定めたときであっても、これに違反してなされた債権譲渡は有効です（民法466条2項）が、譲渡禁止特約に違反して債権譲渡をした譲渡人は、契約の相手方に対して債務不履行の責任を負うことになりますので、債権譲渡を禁止したい当事者としては、契約書で債権譲渡を禁止することにメリットがあります。

最後に、債務引受とは、債権譲渡とは逆の発想で、ある債務者が負担する債務と同一内容の債務を第三者が負担することをいいます。債務引受には、併存的債務引受と免責的債務引受があります。併存的債務引受とは、第三者である引受人が債務者と同一の債務を連帯して負担することをいいます。この場合、債務者も従前どおり債務を履行する責任があります。免責的債務引受とは、第三者である引受人が債務者と同一の債務を負担し、債務者が債務を免れることをいいます。これにより、債務者は債務を免除されて、履行義務から解放されます。民法では、併存的債務引受と免責的債務引受のそれぞれについて明文で定めがあり（民法470条から472条の4）、債権者と引受人となる者との契約によってなされる併存的債務引受（民法470条2項）を除き、契約上の地位の移転の場合と同様、自社が知らないうちに契約の相手方と第三者との間で債務引受が有効になされることはありません。契約書でこれを禁止することを明記する意義も、契約上の地位の移転の場合と同様です。ただし、併存的債務引受については、引受人が新たに債務を負担しているに過ぎず、厳密には引受人が債務者の債務を承継しているとはいえない点を重視すると、条項例のような「承継……等一切の処分」を禁止する典型的な地位の譲渡禁止の条項によって、併存的債務引受についても禁止の対象となるかには疑問が残ります。併存的債務引受についてまで一切禁止したい場合には、その旨を明確にしておくことも考えられるところです。

契約審査のポイントとしては、**まず、契約上の地位の移転などを禁止する立場からは、禁止する行為が漏れなく列挙されているかを確認することが有益です。**また、禁止される立場からすると、譲渡を禁止されることにより、今後予定している事業遂行に支障が生じないかを確認する必要があります。

実務では、地位の譲渡禁止の条項自体は契約書に定められていたとしても、一方の当事者のみが譲渡を禁止されているケースをよくみかけます。そこで、自社のみが譲渡を禁止されていないかを確認することも重要です。自社のみが譲渡を禁止されている場合には、契約当事者双方が譲渡を禁止される内容に修正することが考えられます。

(v) 通知義務

〈通知義務の条項例〉

> (通知義務)
> 本契約の当事者は、次の各号のいずれかに該当する事由が生じる場合、事前に書面により相手方にその旨を通知しなければならない。
> (1) 法人の名称又は商号の変更
> (2) 代表者の変更
> (3) 本店、主たる事業所の所在地又は住所の変更
> (4) 指定金融機関口座の変更
> (5) 合併、会社分割、株式交換、株式移転、事業譲渡等の組織に関する重大な変更
> (6) 議決権の3分の1以上の株主の変動

契約当事者の商号、代表者、所在地、金融機関口座の情報、組織や資本構成に関する情報など、取引を行う上での基本的な情報や契約当事者の信用状態を基礎付ける情報は、取引先の管理、債権の保全、契約上の義務の履行などに必要です。場合によっては、契約を継続するかどうかの判断材料になることもあります。特に、継続的な契約関係を築く場合には、取引の過程でこれらの情報が変更されることが多く、変更があった場合にはすぐに把握しておきたいところです。そこで、取引の相手方に関する一定の情報が変わったときに、その変更を把握することができるよう、条項例のような通知義務の規定を定めることがあります。

契約審査のポイントとしては、**まず、取引を行うにあたり自社が必要と考える事項が通知の対象として明記されているかを確認する必要があります。**また、自社が通知義務を負う場合、通知の対象となった事項が生じた際には契約で定めた方法に従って通知を行う負担が生じることから、通知の必要性が乏しい事項が通知の対象となっていないか、通知の方法が自社における運用上容易に対応可能なものかといった点を確認することが有益です。

さらに、自社のみが一方的に通知義務を負う条件となっていないかにも注意が必要です。自社のみが通知義務を負う内容となっている場合には、契約当事者双方が通知義務を負う内容に修正を行うことが公平です。

なお、契約審査の時点では問題とはなりませんが、通知の対象となった事

項が生じた際には、当然のことながら実際に通知を行うという実務的な対応を行う必要も生じるため、契約締結後における契約の履行管理について、事前に社内における対応方法を決定または確認しておくことも課題となります。

（vi） 契約期間

〈契約期間の条項例〉

> （契約期間）
> 条項例①：具体的な日付を記載する場合
> 本契約の有効期間は、20○○年○月○日から20○○年○月○日までとする。
>
> 条項例②：一定の期間を記載する場合
> 本契約の有効期間は、本契約締結日から3年間する。

契約上の権利と義務が発生する期間を明らかにするために、契約書には契約期間の条項を定めるのが一般的です。**期間を定める際には、始期と終期について契約の当事者間で齟齬が生じないよう、始期や終期の日付（条項例①）や、契約の期間（条項例②）を具体的に定めることで明確にします。**単発の売買契約など、1回きりの取引を想定した契約においては、契約期間が定められないこともあります。

契約審査の実務においては、条項例②のように、契約期間の始期の定め方として「本契約締結日から○年間」とし、始期を契約締結日にかからせる記載をよくみかけます。これは、契約期間の始期を入力する手間を省略することができるメリットがありますが、実務上は契約書を用いて契約を締結するよりも前に実際の取引が進行し、契約の締結日が契約の効力を発生させるべき日よりも後になることも珍しくありません。そのため、契約期間の始期を契約の締結日にかからせてもよいかは、慎重に確認をしながら審査を進める必要があります。

上記の条項例①や②は、契約の期間が満了することで、契約が確定的に終了することを想定したものです。ただ、取引を継続的に続けることを想定している場合、このような定め方をすると、契約を継続する場合に改めて契約当事者間で契約を締結する必要性が生じ、交渉や事務手続上の負担が生じます。そこで、継続的な契約の場合、契約期間の定め方として、以下の条項例のように、当初の契約期間を明確に定めた上で、当事者が更新しない意思を通知しない場合には、従前と同様の条件で契約が更新される旨の規定（自動更新の規定）を定める対応を取ることも多いです。

〈自動更新が定められている場合の条項例〉

（契約期間）
本契約の有効期間は、20〇〇年〇月〇日から20〇〇年〇月〇日までとする。ただし、有効期間満了日の〇か月前までに本契約を更新しない旨の書面又は電磁的方法による通知がなされない場合、本契約は、同一条件にてさらに〇年間自動更新されるものとし、以後も同様とする。

自動更新の規定は、契約期間の満了時に改めて契約を締結する負担を省略できるというメリットがある一方で、もし契約の相手方に対して更新しない旨の通知を行うことを失念すると、契約が更新され、継続してその契約に拘束されてしまうというデメリットがあります。そこで、契約審査の際には、自社として自動更新を定めるべき契約か、規定自体は定めるべきとして更新拒絶の期間は実務上対応可能な期間であるかに注意する必要があります。また、自社において契約の更新を希望しない場合は、契約で定めた期間内に更新をしない旨の通知を行う必要があることから、失念することなくこの通知を行うという実務的な対応も求められます。そこで、締結後における契約期間の管理について、社内における対応方法を決定または確認しておくことも重要です。

（vii） 存続規定

〈存続規定の条項例〉

（存続規定）
本契約の終了後にかかわらず、本条、第〇条（秘密保持）、第〇条（損害賠償）、第〇条（合意管轄）及び第〇条（準拠法）の規定は、引き続きその効力を有する。ただし、第〇条（秘密保持）については、本契約の終了後〇年間に限り、その効力を有する。

契約の各条項は、契約期間中に限って効力を有するのが原則です。しかし、契約書に定める条項の中には、その性質上契約の終了後においても効力を有すると考えるのが自然なものや、契約当事者が契約の終了後も有効とすることを希望するものもあります。そこで、契約実務では、このような条項について、契約終了後であっても効力が存続することを契約書に定めるという取扱いがよくなされます。たとえば、以下の条項は存続規定として定めることが一般的です。

・秘密保持に関する条項
・知的財産権の取扱いに関する条項
・契約不適合責任や損害賠償に関する条項
・準拠法、合意管轄に関する条項

契約審査の視点としては、存続規定として定められている条項について、契約終了後も存続させるべき規定か、存続させるとしてその期間は適切な設定かを検討することが重要です。条項例における秘密保持の規定のように、規定によって存続する期間を変えることもあります。**存続規定として各条項を列挙する場合には、列挙しなかった条項について、契約の当事者は契約終了後には存続させる意思ではなかったとの反対解釈がなされる可能性がありますので、列挙する条項に漏れがないかには注意が必要です。**

また、形式的な確認事項にはなりますが、存続規定は列挙や交渉の過程で条項番号の誤記載やずれが生じやすいため、この点も慎重に確認することが重要です。誤記載を防ぐ工夫としては、条項例のように、条項番号の後にその条項のタイトルも記載し、どの条項が存続規定の対象となっているかを確認しやすくすることが考えられます。

(viii) 中途解約

〈中途解約の条項例〉

> （中途解約）
> 本契約の当事者は、本契約の有効期間中であっても、解約日の○か月前までの相手方に対する書面又は電磁的方法による通知により、本契約の全部又は一部を解約することができる。

当事者がひとたび契約を締結すると、当事者間による合意や解除事由に基づく解除がなされない限り、契約期間が満了するまではその契約に拘束されるのが原則です。そのため、当事者が取引を進める中で契約関係を解消したいと考えるに至ったとしても、契約期間の満了までの間は契約に拘束されることになり、事業を進めるうえでの支障となることがあります。そこで、契約期間中であっても取引を終了できるようにするため、中途解約の規定を契約書に定めることがあります。

中途解約の規定の審査においては、中途解約の主体と、中途解約の手続を確認することが重要です。

まず、自社において中途解約の規定を定めたいと考えた場合、公平の観点から、取引の相手方も同様に中途解約の権利を希望することが想定されますので、取引の相手方に中途解約の権利を認めてもよいかを慎重に検討してから規定を置く必要があります。また、実務においては、取引の相手方にのみ中途解約の権利が定められているケースがありますので、このような場合には、そもそも中途解約の規定自体を削除するか、自社も中途解約が可能となるよう修正することが考えられます。

中途解約の手続については、中途解約をしようとする当事者が解約の意思表示をすれば直ちに契約が終了するという契約内容だと、取引の相手方が解約の意思表示をすると、自社の事業遂行に支障が生じることが想定されます。そこで、このような事態を避けるため、条項例のように、中途解約の手続として解約日の一定期間前までに通知を行うことで解約が可能となる旨を定めることが考えられます。

（ix） 解除

〈解除の条項例〉

> （解除）
> 1．本契約の当事者は、相手方が次の各号のいずれかに該当する場合、何らの通知又は催告をすることなく、直ちに本契約の全部又は一部を解除することができる。
> 　（1） 相手方が本契約の全部又は一部に違反し、相当な期間を定めて催告したにもかかわらず当該期間内に当該違反が是正されないとき

(2) 監督官庁により事業停止処分、又は事業免許若しくは事業登録の取消処分を受けたとき
(3) 手形又は小切手が不渡となったとき、又は支払停止若しくは支払不能状態に至ったとき
(4) 破産手続、特別清算手続、会社更生手続、民事再生手続、その他法的倒産手続（本契約締結後に制定されたものを含む。）開始の申立てがあったとき、若しくは私的整理が開始されたとき、又はそれらのおそれがあるとき
(5) 差押え、仮差押え、仮処分、競売の申立て、租税滞納処分、その他公権力の処分を受けたとき、又はそれらのおそれがあるとき
(6) 資本減少、事業の全部若しくは重要な一部の譲渡、廃止若しくは変更、会社分割、合併、又は解散したとき
(7) 法令に違反したとき、又は違反するおそれがある行為を行ったとき
(8) その他本契約を継続しがたい重大な事由が発生したとき
2. 前項に定める解除は、相手方に対する損害賠償の請求を妨げない。

契約が有効に締結された後であっても、相手方に信頼関係を揺るがす一定の事由が生じた場合には、契約関係を解消し、契約の拘束力から免れる必要性が生じることがあります。このような場合に備えて、**どのような事由が生じた場合に、どのような手続で契約を解除できるのかを明確にするために、契約書に解除の条項を定めることが一般的です。**

民法では、契約の解除について、催告による解除（民法541条）および催告によらない解除（民法542条）の規定を置いています。具体的には、催告による解除については、「当事者の一方がその債務を履行しない場合」が解除事由として定められており（民法541条本文）、催告によらない解除については、履行不能、履行拒絶、定期行為の履行遅滞、催告をしても履行の見込みがないことなど、催告をしても無意味と考えられる場合が契約の解除事由として定められています。そのため、このような事由が生じた場合には、契約書に解除の規定を定めなかったとしても、解除事由に応じた法定の手続に従って契約を解除することができます。しかし、法定の解除事由は限られており、契約の当事者がこれ以外の事由も解除事由としたいと考える場合には、その事由を契約書で定める必要があります。たとえば、相手方が資産の差押えを受けるなど、信用状態が悪化したことを窺わせる事由が生じた場合を解除事由とすることが考えられます。

また、解除の手続についても、たとえば、催告の要否について民法の定めとは異なる特約を設けたい場合には、これを契約で定めることになります。

解除の条項の審査のポイントとしては、以下の事項を確認していくことが重要です。

・解除事由として必要十分と考える規定が定められているか
・些末な事由が解除事由に定められていないか
・取引の相手方のみが解除できる規定となっていないか
・解除の手続が自社の希望するものとなっているか

また、条項例のように、契約当事者の双方に相手方に解除事由が生じた場合の解除権を認める規定を置く場合には、解除事由を追加すると、自社がその解除事由に該当した場合にも契約を解除されるリスクが生じるため、自社がその事由に該当するおそれがどの程度あるのかにも配慮しながら審査を行うことになります。

（x） 損害賠償

〈損害賠償の条項例〉

> （損害賠償）
> 本契約に違反した当事者は、当該違反に基づき相手方が被った損害を賠償するものとする。ただし、違反した当事者の責めに帰することができない事由による場合を除く。

契約の相手方が契約に違反したことによって自社が損害を被ったときに備えて、契約書には、損害賠償の規定を定めるのが一般的です。

これを定めなくても、民法に基づき、契約違反による損害の賠償を請求できます。すなわち、民法では、「債務者がその債務の本旨に従った履行をしないとき又は債務の履行が不能であるときは、債権者は、これによって生じた損害の賠償を請求することができる。ただし、その債務の不履行が契約その他の債務の発生原因及び取引上の社会通念に照らして債務者の責めに帰することができない事由によるものであるときは、この限りでない。」（民法415条1項）と定め、①債務不履行の事実があること、②損害の発生、③債務不履行と損害との間の因果関係があること、④債務者の責めに帰することができない事由がないことを要件として、債務不履行に基づいて損害賠償請求ができることを明確にしています。

また、民法では、請求できる損害の範囲についてもデフォルトルールを定めています。まず、民法416条1項は、「債務の不履行に対する損害賠償の請求は、これによって通常生ずべき損害の賠償をさせることをその目的とする。」と定め、通常損害が損害の範囲に含まれることを原則としています。そして、同条2項では、「特別の事情によって生じた損害であっても、当事者がその事情を予見すべきであったときは、債権者は、その賠償を請求することができる。」とし、特別損害についても、当事者（債務者のことを指すと考えられています。）がその事情を予見すべきであったときには、損害の範囲に含まれることを定めています。通常損害と特別損害の区別については明確な基準が確立されているわけではなく、事案ごとに個別に判断していくことになります。

契約実務においては、上記のような損害賠償の要件や損害の範囲に関する民法の定めを前提としつつ、これらについて契約書で特約を設けることにより、当事者が意図した契約条件を設定することが多いです。そこで、契約審査の際も、**損賠賠償の要件や損害の範囲に着目して精査していくことがポイントとなります。**まず、損害賠償請求の要件については、契約当事者の主観が損害賠償の要件として設定されている場合に注意が必要です。たとえば、「契約当事者の故意又は重過失」が損害賠償の要件として設定されていることがありますが、これでは契約違反があっても損害の賠償を請求できないケースが広がることになりますので、損害賠償責任を追及する立場からは、「故意又は<u>過失</u>」と修正するか、債務者の主観的な態様を損害賠償の要件から削除することが考えられます。また、要件について、「契約当事者の責めに帰すべき事由に基づき相手方に損害が生じた場合」に損害の賠償が請求できる旨を定める契約書をしばしば見かけます。しかし、上記のように、民法では債務不履行と債務者の帰責事由を別の概念として整理していることから、これでは契約違反が損害賠償の要件であることが不明瞭です。そこで、損害賠償責任を追及する側、責任を負う側の立場にかかわらず、契約違反が損害賠償の要件であることを明記することが望ましいです。

次に、損害の範囲についてです。実際の契約書では、損害の範囲について、リスクの管理のため様々な定め方がなされます。損害の種類を示す言葉として、まず、上記でも触れた通常損害と特別損害があります。通常損害とは、「その種の債務不履行があれば、通常発生するものと社会一般の観念に従って考えられる範囲の損害」のことをいい、特別損害とは、「特別の事情によって生じた損害で、当事者がその事情を予見すべきであったとき」に賠償されるもの（中田裕康『債権総論〔第四版〕』198頁（岩波書店、2020年））とされています。

また、契約書によく登場する損害の種類を示す文言として、直接損害と間接損害という言葉があります。直接損害や間接損害は、民法に定められた言葉ではなく、その意味内容も不明瞭だと考えられています。

他に、逸失利益という文言も契約書によく記載されます。これも民法に定めはありませんが、一般的には、問題となった行為がなければ本来得られたはずの利益のことを指すと考えられています。逸失利益は、契約違反と因果関係のある範囲の損害であれば、民法416条の定めに従い損害賠償の対象になります。

契約実務では、損害賠償責任を負う立場から、損害の範囲を狭くすることを意図して、以下のような条項が置かれることがあります。

〈損害の範囲を狭める場合の条項例〉

（損害賠償）
本契約に違反した当事者は、当該違反に基づき相手方が現実に被った通常かつ直接の損害を賠償するものとする。ただし、違反した当事者の責めに帰することができない事由による場合を除く。

まず、「現実に被った」との文言は、逸失利益を損害賠償の範囲から除くという趣旨で定められていると考えられます。これは、逸失利益が問題となった行為がなければ本来得られたはずの利益のことを指し、積極的な金銭の支出はないことに着目した整理だと思われます。もっとも、逸失利益も現実に失っているという考え方も可能ではありますので、逸失利益を損害の範囲から除くのであれば、その旨を明記するのが望ましいといえます。

次に、「通常」の損害に限るという部分は、特別損害が損害の範囲に含まれないことを確認する趣旨の規定です。しかし、「通常」の損害に限ると規定したとしても、特別損害は除外されないと考えられる可能性があります。すなわち、特別損害は特別の事情から生じてはいるものの、その特別の事情から生じた損害も民法416条1項および2項が想定する通常生ずべき損害ではあるという理由から、「通常」の損害に限るという規定だけでは、特別損害は除外されないと考えることもできます。そこで、特別損害を損害の範囲から除くのであれば、やはりその趣旨を明確にするために、特別損害を損害の範囲から除く旨を明記することが望ましいです。

さらに、「直接」の損害に限るという部分は、間接損害が損害の範囲に含まれないことを確認する規定です。直接損害や間接損害が具体的に何を指すのかは不明瞭ですが、抽象的なレベルでは、間接損害を損害の範囲から除くことが、債務者にとっては有利といえます。

賠償の対象となる金額を抑えることを意図した規定として、損害額に上限を設ける規定もあります。たとえば、業務委託契約を締結する場合に、以下の条項例のように、損害の上限額を委託料相当額として、最悪の場合でも損害額がその金額に留まるようにする規定がこれに当たります。

〈損害の上限額を定める条項例〉

（損害賠償）
本契約に違反した当事者は、当該違反に基づき相手方が被った損害を本契約に定める委託料に相当する金額を上限額として賠償するものとする。ただし、違反した当事者の責めに帰することができない事由による場合を除く。

ここまでは損害の範囲を狭める条項例をみてきました。逆に、損害賠償責任を追及する立場からは、損害の範囲を広げる定め方もあります。たとえば、上記で説明したように民法のデフォルトルールにおいては特別損害や逸失利益が損害の範囲に含まれるとは限らないことから、これらが含まれるよう契約書に明記することが考えられます。

〈損害の範囲を広げる場合の条項例〉

> (損害賠償)
> 本契約に違反した当事者は、当該違反によって相手方が被った損害(特別損害、逸失利益を含むがこれらに限られない。)を賠償するものとする。ただし、違反した当事者の責めに帰することができない事由による場合を除く。

損害の範囲については他にも様々な定め方があり、その契約のリスクに応じて実務的な工夫がなされています。

(xi) 不可抗力

〈不可抗力の条項例〉

> (不可抗力免責)
> 天災地変、戦争、内乱、暴動、内外法令の制定・改廃、公権力による命令・処分・指導、争議行為、疫病・感染症の流行、サイバー攻撃その他本契約の当事者の責に帰することのできない事由を原因とした本契約の全部又は一部の履行遅滞又は履行不能については、本契約の当事者は責任を負わない。ただし、金銭債務についてはこの限りではない。

地震や天災など、自らに落ち度がない不可抗力によって債務を履行できないときには契約上の責任を追及されることがないように、不可抗力によって契約が履行できなかったときは免責される旨を契約書に定めることがあります。このような条項を不可抗力条項と呼びます。

民法では、債務者に「責めに帰することができない事由」があれば、損害の賠償を請求できません(民法415条1項ただし書き)。この「責めに帰することができない事由」が具体的には何を指すのかは不明確ですので、契約書で具体的に定めることでリスクを管理するという点に不可抗力条項の意義があります。また、金銭債務については、債務者が相当の利息を支払えば金銭は調達可能であることから、不可抗力を理由とした免責の対象にはならないと一般的には考えられています(民法419条3項)。そのため、不可抗力条項は、物の引渡し債務や役務を提供する債務など、金銭債務以外の債務を負う当事者にとって、特に有益な条項です。

また、条項例の不可抗力条項は、不可抗力に該当する事由が解消した場合には、契約に従い債務を履行することを想定していますが、不可抗力により債務を履行できず、契約の目的を達成できないような場合や、不可抗力に該当する事由が継続し、契約を継続することが困難となるような場合には、契約を解除できる旨を定めることもあります。

契約審査のポイントとしては、不可抗力の対象となる事由の精査が重要です。近年では、新型コロナウイルスの蔓延や、ロシアのウクライナ侵攻、サイバー攻撃による脅威の拡大といった、債務の履行に影響を与え得る事態が立て続けに生じています。そのため、不可抗力を構成する事象について契約書を改めて見直す企業も増えており、不可抗力条項の注目度は高まっています。

(xii) 期限の利益喪失

〈期限の利益喪失の条項例〉

(期限の利益喪失)
1. 本契約の当事者は、本契約の全部又は一部に違反した場合、相手方の書面による通知によって、相手方に対して負担する一切の債務につき期限の利益を失い、直ちに相手方に対して全ての債務を弁済しなければならない。
2. 本契約の当事者は、次の各号のいずれかに該当する場合、相手方に対して負担する一切の債務につき当然に期限の利益を失い、直ちに相手方に対して全ての債務を弁済しなければならない。
(1) 監督官庁により事業停止処分、又は事業免許若しくは事業登録の取消処分を受けたとき
(2) 手形又は小切手が不渡となったとき、又は支払停止若しくは支払不能状態に至ったとき
(3) 破産手続、特別清算手続、会社更生手続、民事再生手続、その他法的倒産手続(本契約締結後に制定されたものを含む。)開始の申立てがあったとき、若しくは私的整理が開始されたとき、又はそれらのおそれがあるとき
(4) 差押え、仮差押え、仮処分、競売の申立て、租税滞納処分、その他公権力の処分を受けたとき、又はそれらのおそれがあるとき
(5) 資本減少、事業の全部若しくは重要な一部の譲渡、廃止若しくは変更、会社分割、合併、又は解散したとき
(6) 法令に違反したとき、又は違反するおそれがある行為を行ったとき
(7) その他本契約を継続しがたい重大な事由が発生したとき

期限の利益とは、期限があることによって、債務者が受ける利益のことをいいます。たとえば、債務者が金銭債務を負っている場合、支払期日が設定されていると、この期日までは金銭の支払いをしなくてもよいという利益があります。しかし、債務者の信用状態が悪化したと考えられる事由が生じたときにまで期限の利益を債務者が保有し続けるとすると、債権者としては、本来受けられたはずの弁済を受けられないといった事態が生じかねません。そこで、契約で定めた一定の事由が生じた場合には、直ちに債務を履行してもらうために、期限の利益喪失に関する条項を契約書に定める対応が実務では行われます。

民法では、以下の事由が生じた場合には、債務者は期限の利益を喪失すると定められています（民法137条）。

・債務者が破産手続開始の決定を受けたとき
・債務者が担保を滅失させ、損傷させ、又は減少させたとき
・債務者が担保を供する義務を負う場合において、これを供しないとき

そのため、これらの事由が生じた場合には、契約書で期限の利益喪失に関する条項を置かなかったとしても、民法の定めに従い、債権者は債務の弁済を請求することができます。しかし、民法で定める事由は限定的で、債権者がこれら以外についても期限の利益を喪失する事由として定めたいと考える場合には、その事由を契約書で明記する必要が生じます。そこで、条項例のように、期限の利益喪失について契約書で定める対応がなされます。期限の利益喪失条項に列挙する事由は、解除事由として列挙する事由と重なることが一般的です。これは、解除と期限の利益喪失は、どちらも契約当事者の信頼や契約を履行する能力が揺らぐような事態に備えるための規定であるという共通点があるからです。

契約審査のポイントとしては、**債務者の信用状態が悪化したと考えられる事由が不足なく列挙されているか、また、些末な事由が喪失事由として定められていないかを確認することが重要です。**

（xiii）　反社会的勢力の排除

〈反社会的勢力の排除の条項例〉

（反社会的勢力の排除）
1．本契約の当事者は、自社、自社の株主・役員その他自社を実質的に所有し、若しくは支配するものが、現在、暴力団、暴力団員、暴力団員でなくなった時から5年を経過しない者、暴力団準構成員、暴力団関係企業、総会屋等、社会運動等標ぼうゴロ又は特殊知能暴力集団等、その他これらに準ずる者（以下総称して「反社会的勢力」という。）に該当しないこと、及び次の各号のいずれにも該当しないことを表明し、かつ将来にわたっても該当しないことを確約する。
（1）　反社会的勢力が経営を支配していると認められる関係を有すること。
（2）　反社会的勢力が経営に実質的に関与していると認められる関係を有すること。
（3）　自己、自社若しくは第三者の不正の利益を図る目的又は第三者に損害を加える目的をもってする等、不当に反社会的勢力を利用していると認められる関係を有すること。
（4）　反社会的勢力に対して資金等を提供し、又は便宜を供与する等の関与をしていると認められる関係を有すること。
（5）　役員又は経営に実質的に関与している者が反社会的勢力と社会的に非難されるべき関係を有すること。
2．本契約の当事者は、自ら又は第三者を利用して次の各号に該当する行為を行わないことを確約する。
（1）　暴力的な要求行為
（2）　法的な責任を超えた不当な要求行為
（3）　取引に関して、脅迫的な言動をし、又は暴力を用いる行為
（4）　風説を流布し、偽計を用い又は威力を用いて相手方の信用を毀損し、又は相手方の業務を妨害する行為
（5）　その他前各号に準ずる行為
3．本契約の当事者は、反社会的勢力と取引関係を有してはならず、事後的に、反社会的勢力との取引関係が判明した場合には、これを相当期間内に解消できるよう必要な措置を講じる。
4．本契約の当事者は、相手方が本条の表明又は確約に違反した場合、何らの通知又は催告をすることなく直ちに本契約の全部又は一部について、履行を停止し、又は解除することができる。この場合において、表明又は確約に違反した当事者は、相手方の履行停止又は解除によって被った損害の賠償を請求することはできない。
5．本契約の当事者は、相手方が本条の表明又は確約に違反した場合、これによって被った一切の損害の賠償を請求することができる。

現在の実務においては、契約書に反社会的勢力の排除に関する条項を定める運用が広い範囲で浸透しています。これは、2007年6月19日に政府が「企業が反社会的勢力による被害を防止するための指針」を公表し、その中で「反社会的勢力が取引先や株主となって、不当要求を行う場合の被害を防止するため、契約書や取引約款に暴力団排除条項を導入する」ことが平素からの対応として明記されたことに端を発して始まったものです。その後、2011年3月までに全ての都道府県において、暴力団排除条例が施行されています(警察庁組織犯罪対策部「令和3年における組織犯罪の情勢」31頁（令和4年3月))。

反社会的勢力の排除の条項においては、以下の項目を定めることが一般的です。

・反社会的勢力の定義
・契約当事者が反社会的勢力に該当しないことおよび反社会的勢力と一定の密接な関係を有しないことの表明や確約を行うこと
・契約当事者が不当な要求行為などを行わないことの表明や確約を行うこと
・取引の相手方がこの表明や確約に違反した場合は、直ちに契約を解除でき、かつ、違反した当事者は契約の解除によって被った損害の賠償を請求できないこと
・取引の相手方が表明や確約に違反し、損害が発生した場合にはその賠償を請求できること

契約審査のポイントとしては、**まず、上記のような一般的な項目が不足なく定められているかを確認していくことが重要です。**

また、実務では、自社のみが表明や確約を行う内容となっている場合も散見されますので、このような場合には、取引の相手方もこれを行う内容に修正することが有益です。

さらに、表明や確約について、自社や役員だけではなく、従業員についてもこれを求める内容が定められるケースがあります。この場合、特に企業規模が大きく、従業員数が多い企業においては、全従業員について反社会的勢力に該当しないことや、反社会的勢力と関係を有しないことを確認する必要性が生じますが、その対応は容易ではありません。そのため、このような確認をす

ることが困難な場合には、表明や確約の対象から従業員を削除することが考えられます。

(xiv) 完全合意

〈完全合意の条項例〉

> (完全合意)
> 本契約は、本契約に関する当事者間の完全な合意及び了解を構成するものであり、書面によるか口頭によるかを問わず、当事者間の本契約締結前の全ての合意及び了解に優先するものとする。

契約書に明記される契約条件以外に、契約締結前に当事者間でなされた合意が存在すると、最終的な合意内容が曖昧になり紛争の原因となる可能性があります。そこで、対象となる契約のみが当事者間の完全かつ最終的な合意を構成するものであることを契約書に定めることがあり、この条項のことを完全合意条項と呼びます。実務上、国内の事業者間の取引において完全合意条項が定められるケースはそれほど多くはありませんが、株式譲渡契約や事業譲渡契約といった、M&A 関連契約においては定められる傾向があります。完全合意条項は、英米法における口頭証拠排除の原則の考え方に由来するものですが、日本の裁判例においても完全合意条項が有効であることを前提としたものがあることから、日本法のもとにおいても基本的には有効であると考えられます。

この完全合意条項を定める場合には、前提となった事情や取り決めがしっかりと契約書に記載されているかを確認する必要があります。というのも、この規定を定めているにもかかわらず、契約書の記載に漏れがあると、後で紛争となった際に、漏れてしまった取り決めをもとに争うことができない効果を生むためです。

(xv) 合意管轄

〈合意管轄の条項例〉

> (合意管轄)
> 本契約に関する訴訟については、○○地方裁判所を第一審の専属的合意管轄裁判所とする。

契約の当事者間で紛争が発生し、訴訟を提起する場合、どこの裁判所において裁判をするのかを定めるのが合意管轄の条項です。

契約書で合意管轄の定めを置かない場合、被告の普通裁判籍の所在地を管轄する裁判所の管轄となり(民事訴訟法4条1項)、法人などの普通裁判籍は、その主たる事務所または営業所などにより定まるとされています(民事訴訟法4条4項)。しかし、財産権上の訴えは義務履行地を管轄する裁判所に提起することができるとされており(民事訴訟法5条1号)、義務履行地は、特段の合意がない限り、特定物の引渡債務を除いて債権者の現在の住所とされています(民法484条1項)。この定めに従うと、金銭の支払を求める訴えは、被告の所在地を管轄する裁判所だけではなく、債権者の現在の住所を義務履行地として、債権者の現在の住所を管轄する裁判所にも管轄が認められることが多いです。

訴えを提起する管轄裁判所は、第一審に限り、契約当事者の合意によって定めることができます(民事訴訟法11条1項)。この合意は、書面または電磁的記録によってすることが求められており(民事訴訟法11条2項および3項)、契約書にその旨を明記する必要があります。

契約審査のポイントとしては、**どの裁判所を合意管轄裁判所とするかが重要です。**管轄裁判所が遠方にあると、弁護士の旅費や日当などが必要となり、一般的には費用がかさみます。そこで、契約で、「自社の本店所在地を管轄する裁判所」を専属的合意管轄裁判所として定めるのが有利です。取引の相手方の本店所在地が遠方にあるなど、自社の所在地で合意するのが難しいときは、「被告の所在地を管轄する裁判所」を合意管轄裁判所とする選択肢もあります。この場合、訴えを提起された被告の所在地が、管轄裁判所になります。

また、契約書で合意管轄が「専属的」であることを定めなければ、民事訴訟法で定める裁判所にも管轄が認められてしまい、契約の相手方から契約書での合意と異なる裁判所に訴訟を提起される可能性があります。そこで、契約書で定めた裁判所のみを合意管轄裁判所としたい場合には、「○○裁判所を合意管轄裁判所とする」ではなく、条項例のように「○○裁判所を専属的合意管轄裁判所とする」と定めることが望ましいです。

(xvi) 準拠法

〈準拠法の条項例〉

> (準拠法)
> 本契約の成立、効力、解釈及び履行については、日本法に準拠し、日本法に従い解釈されるものとする。

準拠法とは、その契約に適用される法律のことをいいます。特に、国境を越えて契約に関する紛争が生じた場合に、どの国の法律がその契約に適用されるのかという文脈で問題となります。国内取引においては、準拠法が日本法であることに争いがないことが通常であるため、契約書に準拠法の規定を置く必要性は乏しいです。しかし、国際取引では、各国で法律が異なることから、どの国の法律が適用されるかは、契約の成立条件や契約条項の効力に影響します。日本の法律を前提として契約書を作成したにもかかわらず、**海外の法律で解釈されると、予期せぬ損失を被る可能性があります。日本の法律を前提として契約書を作成している場合は、準拠法を海外の法律ではなく日本法と定めることが望ましいです。**

(xvii) 誠実協議

〈誠実協議の条項例〉

> (誠実協議)
> 本契約の当事者は、本契約に定めのない事項及び本契約に規定される事項の解釈に疑義が生じた場合、信義誠実の原則に従い、協議のうえその解決を図るものとする。

契約の締結後、何らかの理由で円滑に取引が進まず、当事者間で紛争が生じるという事態は決して珍しいことではありません。そこで、予期せぬ事態が生じたときのために、その場合には誠実に協議をして解決を図るという条項を置くことが一般的です。実際に紛争が生じ、協議がまとまらない場合、裁判所を通じて解決するなど、最終的には契約や紛争に応じた法的手続により権利義務を確定せざるを得ず、誠実協議条項の法的な意義は希薄です。しかし、協議により紛争を解決することは契約当事者双方に最も負担がかからない方法であることから、紛争発生時のルールとして協議を行うことを契約書に明記することにも、一定の意味はあります。

(イ) 秘密保持契約

秘密保持契約は、相手方に対して自社の秘密情報を開示する場合に、開示する目的以外で利用することや第三者に開示することを禁止するために締結する契約です。一般的にNDA（Non-Disclosure Agreementの略）と呼ばれています。

秘密保持契約には、当事者双方がお互いに秘密情報を開示することを前提に当事者双方が秘密保持義務を負うものもあれば、当事者の一方のみが秘密情報を開示することを前提に秘密情報を受領する当事者のみが秘密保持義務を負うものもあります。後者の場合は、契約書は締結せずに秘密情報を受領する当事者から誓約書を差し入れる場合もあります。

契約審査にあたっては、当事者双方の秘密情報の開示予定を確認し、当事者双方が秘密情報を開示するにもかかわらず自社だけが秘密保持義務を負わされる形になっていないかを念のため確認すべきです。

それでは、以下で、秘密保持契約で問題となる重要事項を解説していきます。

(i) 秘密情報の範囲

秘密保持契約においては、秘密情報の範囲を定義し、その秘密情報について目的外の利用や第三者への開示を禁止する旨を定めます。そのため、**秘密情報の範囲をどのように定めるかは当事者双方にとって大変重要です。**

開示者の視点

情報を開示する側（以下「開示者」といいます。）の立場としては、秘密情報の範囲をなるべく広く規定して、相手方に広い秘密保持義務を負わせたいところです。

契約によっては、情報の開示者が「秘密」、「Confidential」などの表示を付して秘密であることを明示して書面によって開示した情報、および口頭で秘密であることを明示して開示された情報のうち一定期間内に書面で秘密である旨を改めて通知したもののみを秘密情報とする旨が規定されている場合があります。

しかし、これでは秘密情報を開示する際に常に「秘密」であることを明示して書面で情報を開示するか、口頭で開示した場合には一定期間内に書面で秘密である旨の通知を行うことが求められ、想定される情報開示の量や頻度、内容によっては煩雑となる可能性もあります。

そこで、開示者の立場としては、開示する情報の全てについて「秘密」である旨を明示して書面で開示を行うことが難しい場合には、開示した一切の情報を秘密情報とする旨に修正することが考えられます（条項例下線部）。

なお、「秘密」であることを明示して書面で情報を開示することが特に苦にならないのであれば、修正を求める必要はありません。

〈開示者側にとって望ましい条項例〉

> （秘密情報）
> 本契約において、「秘密情報」とは、文書、口頭、電磁的記録媒体その他開示の方法及び媒体を問わず、開示者が受領者に対して開示した一切の情報、本契約の存在及び内容、並びに本目的に関する協議・交渉の存在及びその内容をいう。

受領者の視点

情報を受領する側（以下「受領者」といいます。）の立場としては、秘密情報の範囲はなるべく狭く規定して、自身が秘密保持義務を負う対象を限定したいところです。

契約によっては、上記の〈開示者側にとって望ましい条項例〉のように、開示の方法を問わず、開示者が受領者に対して開示した一切の情報を秘密情報とする旨が規定されている場合があります。

しかし、口頭で開示された情報も含めて全て秘密保持義務を負わされるとすると、情報の管理が難しくなるうえ、開示者からの秘密情報の開示状況が記録に残らないため、受領者の負う秘密保持義務の範囲が不明確となり、受領者への情報開示があったかどうかで争いになる可能性もあります。

そこで、受領者の立場としては、「秘密であることを明示して書面によって開示された情報」および「秘密であることを明示して口頭で開示し、一定期間内に書面で秘密である旨を明示した情報」を秘密情報とする内容に修正することが考えられます（条項例下線部）。

〈受領者側にとって望ましい条項例〉

（秘密情報）
本契約において、「秘密情報」とは、開示者が開示する以下の各号のいずれかに該当する情報、本契約の存在及び内容、並びに本目的に関する協議、交渉の存在及び内容をいう。
（1） 書面、電磁的記録媒体、その他の媒体に化体して開示され、「秘密」「秘」「Confidential」等の表示を当該媒体に付すことによって秘密情報である旨を明示した情報
（2） 口頭又は視覚的に開示され、開示者が開示の際に当該情報が秘密である旨を口頭で明示し、かつ当該開示を行った日から1週間以内に秘密情報の内容及び秘密情報である旨を明示した書面にて受領者へ通知した情報

（ⅱ） 第三者に開示される例外

秘密保持契約においては、契約当事者は原則として相手方から受領した秘密情報を第三者に開示することはできませんが、**開示目的の遂行のために、自社の役職員や子会社などのグループ会社、弁護士などの専門家への開示が必要な場合があります。**そこで、これらの第三者に対しては例外的に秘密情報を開示することができる旨を定めることがあります。

開示者の視点

開示者の立場としては、例外的に秘密情報が開示される第三者の範囲が広いほど情報漏えいリスクが高まってしまうため、第三者の範囲はなるべく限定したいところです。

特に、受領者のグループ会社への開示については、「親会社、子会社、兄弟会社その他の関連会社」と規定されることがありますが、受領者の会社規模によってはこれに該当する会社が相当な数に上る場合もありますし、そもそも「関連会社」にどこまでの会社が含まれるのかについて当事者間で認識が合致していない可能性もあります。

開示者としては、たとえば、受領者が秘密情報を開示することができるグループ会社の名称を具体的に記載する形で、例外的に秘密情報が開示される第三者の範囲を限定することが考えられます。

その他、例外的に秘密情報の開示が許容される第三者として、弁護士などのアドバイザーが規定されることもあります。この場合、弁護士や公認会計士などの士業は法律上の守秘義務を負っているのに対し（弁護士法23条、公認会計士法27条など）、コンサルタントなどはそのような法律上の守秘義務を負っていないことがある点に留意する必要があります。

開示者としては、法律上の守秘義務を負っていないコンサルタントなどによる情報漏えいリスクを考慮し、そのような者が開示先として規定されている場合には削除することが考えられます。

〈開示者側にとって望ましい条項例〉

> （第三者への開示）
> 受領者は、本目的のために必要な範囲内において、その役員及び従業員、並びに自己が依頼する弁護士、公認会計士及び税理士に対して、秘密情報を開示できるものとする。

受領者の視点

受領者の立場としては、開示目的の遂行のために秘密情報を第三者に開示する可能性があるのであれば、その第三者に対して秘密情報を開示できる旨を定めなければなりません。

契約によっては、受領者のグループ会社への開示を認める旨が規定されていない場合があり、気づかずにそのまま締結してしまうと、開示目的の遂行のために情報共有が必要となるグループ会社に秘密情報を開示できず、秘密情報を有効に活用することができないおそれがあります。事後的に開示者に対して承諾を求める方法は残りますが、開示者が承諾するとは限りません。

受領者としては、例外的に第三者に秘密情報を開示できる旨の規定があるか、また、秘密情報を開示することが想定される第三者が漏れなく記載されているかを確認し、不足している場合や不明確である場合には契約を修正することが考えられます。

〈受領者側にとって望ましい条項例〉

（第三者への開示）
受領者は、本目的のために必要な範囲内において、親会社、子会社、兄弟会社その他の関連会社、自己及び関連会社の役員及び従業員、業務委託先並びに自己及び関連会社が依頼する弁護士、公認会計士、税理士その他のアドバイザーに対して、秘密情報を開示できるものとする。

（iii） 複製

秘密情報が開示された場合、受領者は、目的外使用の禁止（秘密情報を開示目的以外の目的で使用してはならない旨の定め）に違反しない限り、原則として秘密情報のコピーや写真撮影、スキャンなどの複製を行うことができます。しかし、**実際には、開示者側からの要請により秘密情報の複製が制限されることがあり、契約において複製に関するルールを明確にすることがあります。**

開示者の視点

開示者の立場としては、秘密情報の複製が自由に行われると、受領者が管理すべき情報の量が増大し、それだけ情報漏えいのリスクが高まってしまうため、受領者が秘密情報を複製できる場面を可能な限り制限したいところです。

そこで、秘密情報の複製を一切禁止するか、「事前に開示者の書面による承諾を得た場合に限り、秘密情報を複製することができる」旨を定めることが考えられます（条項例下線部①）。これにより妥結点がみえない場合、少なくとも受領者が無断で複製できる範囲を限定するため、「本目的のために必要な範囲内において」という複製における制限を付すことは必須と考えられます。

さらに、複製された情報も秘密情報として扱われるのかどうかについて、当事者間の認識の相違によってトラブルになるおそれがあるため、複製された情報も秘密情報に含まれる旨を明確に定めておくのが望ましいです（条項例下線部②）。

〈開示者側にとって望ましい条項例〉

（秘密情報の複製）
受領者は、①開示者の事前の書面による承諾がない限り、秘密情報を複写、複製（文書、電磁的記録媒体、電子的記録媒体、その他一切の媒体へ記録を含む。）、改変等をしてはならない。②なお、開示者の事前の書面による承諾を得て複製が行われた情報も秘密情報に含まれるものとする。

受領者の視点

受領者の立場としては、開示された秘密情報を使用する際に、関係する役職員などへの共有のために秘密情報の複製を行うことが想定される場合、複製のたびに逐一開示者に承諾を求めなければならないとすると煩雑です。

そこで、上記の〈開示者側にとって望ましい条項例〉のように秘密情報の複製に開示者の事前承諾を要する旨が規定されている場合には、開示目的のために必要な範囲内であれば自由に秘密情報を複製できる旨に修正することが考えられます（条項例下線部）。

〈受領者側にとって望ましい条項例〉

（秘密情報の複製）
受領者は、本目的のために必要な範囲において秘密情報を複製（文書、電磁的記録媒体、電子的記録媒体、その他一切の媒体へ記録を含む。）することができるものとする。なお、当該複製により生じた情報も、秘密情報に含まれるものとする。

（iv） 秘密情報の返還または破棄

開示者から受領者に対して秘密情報が開示された場合、**契約が終了したときなどに当該秘密情報を返還または破棄しなければならないのかどうかについて当事者間で認識が異なる可能性があります。**そのため、この点に関するルールを定めておくのが一般的です。

開示者の視点

開示者の立場としては、受領者から秘密情報が漏えいしてしまうリスクをできる限り軽減するため、契約が終了したときはもちろん、契約終了前であっても開示者の望むタイミングで秘密情報の返還を求められるようにしておくことが考えられます（条項例下線部①）。

また、開示者が秘密情報の破棄を求めた場合、受領者において実際に秘密情報を破棄したかどうかを確認することはできないため、開示者が要求した場合には、秘密情報を破棄したことの証明書を提出しなければならない旨を規定することが考えられます（条項例下線部②）。

〈開示者側にとって望ましい条項例〉

> （秘密情報の返還又は破棄）
> 1．受領者は、本契約が終了した場合、①開示者が要求した場合又は本目的を達成し若しくは達成できないことが確定した場合、秘密情報及びその複製物を、開示者に対して速やかに返還するものとする。なお、秘密情報及びその複製物が返還できない場合、又は開示者が要求した場合、受領者は秘密情報及びその複製物を速やかに破棄するものとする。
> 2．開示者の要求がある場合、②受領者は、秘密情報及びその複製物を破棄したことを証明する書面を提出するものとする。

受領者の視点

受領者の立場としては、契約終了時に秘密情報を返還または破棄すること自体は問題ないとしても、開示者が要求した場合にはいつでも返還または破棄に応じなければならないとすると、タイミングによっては秘密情報を有効活用できないまま返還または破棄しなければならなくなり、当初の開示目的を達成できなくなるおそれがあります。

そこで、上記の〈開示者側にとって望ましい条項例〉のように、「開示者が要求した場合」など、開示者が任意のタイミングで秘密情報の返還または破棄を求めることができる旨が規定されている場合には、その部分を削除することが考えられます。

また、秘密情報の破棄証明書の発行義務についても、余計な事務作業を増やすことになるため、削除することが考えられます。

〈受領者側にとって望ましい条項例〉

> (秘密情報の返還又は破棄)
> 受領者は、本契約が終了した場合又は本目的を達成し若しくは達成できないことが確定した場合、秘密情報及びその複製物を、開示者に対して速やかに返還するものとする。なお、秘密情報及びその複製物が返還できない場合には、受領者は秘密情報及びその複製物を速やかに破棄するものとする。

（v） 損害賠償の範囲

秘密情報の漏えいや目的外使用によって開示者が損害を被った場合に備えて、損害賠償請求に関する定めを置くのが通常です。**特に秘密情報が漏えいされてしまった場合には、損害が無限定に拡大する可能性があるため、損害の範囲をどのように定めるかが当事者双方にとって重要となります。**

開示者の視点

開示者の立場としては、受領者による秘密情報の漏えいによって生じた損害をできる限り回復できるように、受領者が賠償しなければならない損害の範囲を広く規定したいところです。

また、開示者が実際に損害賠償請求を行う場合には、原告となる開示者側が受領者の情報漏えいによって損害を被ったこと（損害と因果関係）を立証しなければなりませんが、このような立証は容易ではありません。

そこで、開示者としては、以下の〈開示者側にとって望ましい条項例〉のように損害の範囲を広く定めるほか（条項例下線部）、あらかじめ、損害賠償額の予定または違約金を設定しておく方法も考えられます（民法420条）。

もっとも、このような損害賠償額の予定や違約金を設定する場合、その金額をどのように設定するかは開示者にとっても難しく、仮に設定したとしても、具体的な金額を規定すると受領者との契約交渉が難航する可能性があります。そのためか、実務上、損害賠償額の予定や違約金が具体的に規定されている契約はあまり見かけません。

〈開示者側にとって望ましい条項例〉

> (損害賠償)
> 本契約に違反した当事者は、当該違反によって相手方が被った損害(弁護士費用、逸失利益を含む間接損害、特別損害を含むがこれらに限られない。)を賠償するものとする。

受領者の視点

受領者の立場としては、万が一秘密情報を漏えいしてしまった場合に、損害賠償の範囲に限定がないと、賠償金額が想定以上に膨らむおそれがあります。

秘密情報の内容によっては、受領者にとって予測できないような開示者のビジネス機会の喪失によって開示者に甚大な損害が生じる可能性もあり、(開示者側にとって損害と因果関係の立証が難しいとはいえ、)これらを全て賠償しなければならないとすると大変な負担となるおそれがあります。

そこで、受領者としては、賠償すべき損害の範囲から逸失利益や特別損害を除くか、損害賠償額の上限を設定するなどして、損害賠償の範囲を狭く規定することが考えられます(条項例下線部)。

〈受領者側にとって望ましい条項例〉

> (損害賠償)
> 本契約に違反した当事者は、当該違反によって相手方が被った直接かつ現実に生じた通常生ずべき損害(弁護士費用、逸失利益を除く。)を賠償するものとする。なお、特別損害については特別の事情を予見すべきであったか否かにかかわらず損害賠償責任を負わないものとする。

(vi) 有効期間

秘密保持契約によって受領者が秘密保持義務を負う期間をどの程度に設定しておくかは当事者双方にとって重要です。

開示者の視点

開示者の立場としては、秘密情報を開示する以上、なるべく長期間にわたって受領者に秘密保持義務を負わせたいところです。開示する秘密情報の内容が重要であればあるほど、受領者が秘密保持義務を負う期間を長くする必要性が高まります。

そこで、開示者としては、開示する秘密情報が重要である場合には、契約期間を長く設定するとともに、秘密保持義務の規定や損害賠償の規定は契約終了後も一定期間存続する旨の規定を置くことが考えられます（条項例下線部）。

〈開示者側にとって望ましい条項例〉

> （有効期間）
> 1．本契約の有効期間は、本契約締結日から○年間とする。
> 2．前項の規定にかかわらず、本条、第○条（秘密保持義務）、第○条（目的外使用の禁止）、第○条（損害賠償）、第○条（合意管轄）の規定は、引き続きその効力を有する。ただし、第○条（秘密保持義務）及び第○条（目的外使用の禁止）については、本契約の終了後○年間に限り、その効力を有する。

受領者の視点

受領者の立場としては、情報管理の負担から解放されるように、秘密保持義務を負う期間をなるべく短くしたいところです。

契約によっては、一見すると有効期間が適切に設定されているようにみえても、自動更新条項が設定されていたり、上記の〈開示者側にとって望ましい条項例〉のように、契約が終了しても一部の規定は引き続き存続する旨が規定されていることがあるため、注意深く確認し、削除または修正を検討することが考えられます。

〈受領者側にとって望ましい条項例〉

> （有効期間）
> 本契約の有効期間は、本契約締結日から○年間とする。

秘密保持契約書（NDA）チェックリスト【開示者側】

秘密保持義務	□ 秘密情報を第三者に開示または漏えいしてはならない旨が規定されているか
開示目的	□ 秘密情報の開示目的が規定されているか
秘密情報の範囲	□ 秘密情報の定義が規定されているか □ 開示者が受領者に対して開示した一切の情報を秘密情報とする旨が規定されているか □ 本契約（秘密保持契約）の存在・内容を秘密情報に含める旨が規定されているか □ 「秘密」「confidential」などの表示を付された情報のみを秘密情報とする旨が規定されている場合、修正しなくてよいか
秘密情報の例外	□ 「受領者の責に帰すべき事由によらずに」公知となった情報のみを秘密情報の例外とする旨が規定されているか □ 「正当な権限を有する」第三者から取得した情報のみを秘密情報の例外とする旨が規定されているか
第三者への開示	□ 受領者が一定の第三者に秘密情報を開示できる旨が規定されている場合、第三者の範囲は適切か □ 受領者が第三者に秘密情報を開示する場合、当該第三者に対して受領者の義務と同等の義務を課す旨が規定されているか
法令などに基づく開示	□ 受領者が行政庁や裁判所に秘密情報を開示する場合、受領者は開示者に事前に通知する旨が規定されているか □ 受領者が行政庁や裁判所に秘密情報を開示する場合、開示する情報の範囲を必要な範囲に限る旨が規定されているか
目的外使用の禁止	□ 秘密情報を本契約の目的以外のために使用してはならない旨が規定されているか
秘密情報の複製	□ 受領者が秘密情報を複製する場合、事前に開示者の同意を得なければならない旨の規定があるか □ 複製が行われた情報についても秘密情報として取り扱う旨が規定されているか
秘密情報の返還・破棄	□ 秘密情報の返還・破棄に関する規定があるか □ 「本契約が終了したとき」に受領者は秘密情報を返還・破棄しなければならない旨が規定されているか □ 「開示者が要求したとき」に受領者は秘密情報を返還・破棄しなければならない旨が規定されているか □ 受領者が秘密情報を破棄した場合、破棄したことの証明書を提出する旨が規定されているか
表明保証	□ 秘密情報が正確である旨を保証する旨が規定されている場合、削除または修正しなくてよいか
権利の不譲渡	□ 秘密情報に関する権利が受領者に移転しない旨が規定されているか
秘密情報の管理	□ 受領者が本契約に違反し、若しくは秘密情報の漏えいなどの事故が生じた場合、またはそれらのおそれがある場合、開示者に対して報告する旨が規定されているか

	□ 秘密情報の漏えい時、受領者は開示者の指示に従い被害拡大を防止する対応処置をとる旨が規定されているか
損害賠償	□ 損害賠償請求できる旨が規定されているか □ 「損害」の範囲に関する規定があるか □ 「損害」に特別損害・逸失利益を含む間接損害・弁護士費用などを含む旨が規定されているか □ 損害賠償額の上限が規定されている場合、削除または修正しなくてよいか □ 「受領者に重過失がある時に限り、損害の賠償責任を負う」旨が規定されている場合、削除または修正しなくてよいか
地位の譲渡禁止	□ 契約上の地位などを第三者に譲渡することを禁止する旨が規定されているか
契約期間	□ 契約の有効期間が規定されているか □ 規定されている有効期間は適切か
存続規定	□ 契約終了後も存続させたい条項がある場合、存続条項に関する規定があるか
反社会的勢力の排除	□ 反社会的勢力の排除に関する規定があるか □ 契約の当事者が反社会的勢力でないことを表明保証する旨が規定されているか □ 従業員についても、反社会的勢力ではないことを表明保証する旨が規定されている場合、削除しなくてよいか □ 相手方が反社会的勢力の排除に関する規定に違反した場合、契約を無催告解除できる旨が規定されているか □ 無催告解除した場合にも、相手方に対して損害賠償請求できる旨が規定されているか
合意管轄	□ 管轄裁判所に関する規定があるか □ 「専属的」合意管轄裁判所と規定されているか
準拠法	□ 準拠法が規定されているか □ 準拠法を「日本法」とする旨が規定されているか

秘密保持契約書（NDA）チェックリスト【受領者側】

開示目的	□ 秘密情報の開示目的が規定されているか
秘密情報の範囲	□ 秘密情報の定義が規定されているか □ 開示者が受領者に対して開示した一切の情報を秘密情報とする旨が規定されている場合、修正しなくてよいか □ 「秘密」「confidential」などの表示を付された情報のみを秘密情報とする旨が規定されているか □ 開示者が口頭または視覚的に開示した情報については、当該情報が秘密情報である旨を受領者に書面で通知した場合のみ、秘密情報として扱われる旨が規定されているか
秘密情報の例外	□ 秘密情報の例外が規定されているか □ 開示された時点において、受領者が既に知っていた情報を秘密情報の例外とする旨が規定されているか □ 開示された時点において、既に公知であった情報を秘密情報の例外とする旨が規定されているか □ 開示された後に、受領者の責めに帰すべき事由によらずに公知となった情報を秘密情報の例外とする旨が規定されているか □ 正当な権限を有する第三者から秘密保持義務を負うことなく取得した情報を秘密情報の例外とする旨が規定されているか □ 受領者が独自に開発した情報を秘密情報の例外とする旨が規定されているか
第三者への開示	□ 第三者（自己の役員および従業員、関連会社およびその役職員、自己が依頼する弁護士・公認会計士・税理士、その他の法令上守秘義務を負う専門家など）に秘密情報を開示できる旨が規定されているか
法令などに基づく開示	□ 法令や行政庁・裁判所からの指示・命令に基づき、秘密情報を開示できる旨が規定されているか □ 上記事情による秘密情報の開示に関して、開示者への事前通知が要求されている場合、削除または修正しなくてよいか
秘密情報の複製	□ 秘密情報を複製する際に開示者の承諾を得なければならない旨が規定されている場合、修正しなくてよいか
秘密情報の返還・破棄	□ 「開示者が要求したとき」に秘密情報を返還・破棄する旨が規定されている場合、削除しなくてよいか □ 秘密情報を破棄したことの証明書を開示者に提出しなければならない旨が規定されている場合、削除しなくてよいか
損害賠償	□ 「損害」の範囲に関する規定があるか □ 故意または重過失によって相手方に損害を与えたときに限り損害賠償を負う旨が規定されているか □ 「損害」に特別損害・逸失利益を含む間接損害・弁護士費用などを含まない旨が規定されているか
地位の譲渡禁止	□ 契約上の地位などを第三者に譲渡することを禁止する旨が規定されているか
契約期間	□ 契約の有効期間に関する規定があるか □ 規定されている有効期間は適切か □ 契約が自動更新される旨が規定されていないか

存続規定	□ 秘密保持義務などの規定が契約終了後も存続する旨が規定されている場合、削除または修正しなくてよいか
反社会的勢力の排除	□ 反社会的勢力の排除に関する規定があるか □ 契約の当事者が反社会的勢力でないことを表明保証する旨が規定されているか □ 従業員についても、反社会的勢力ではないことを表明保証する旨が規定されている場合、削除しなくてよいか □ 相手方が反社会的勢力の排除に関する規定に違反した場合、契約を無催告解除できる旨が規定されているか □ 無催告解除した場合にも、相手方に対して損害賠償請求できる旨が規定されているか
合意管轄	□ 管轄裁判所に関する規定があるか □ 「専属的」合意管轄裁判所と規定されているか
準拠法	□ 準拠法が規定されているか □ 準拠法を「日本法」とする旨が規定されているか

（ウ） 売買取引基本契約

売買取引基本契約は、当事者間で継続的な商品の売買取引を開始する際に、それ以降の個別の売買契約に共通して適用される基本的ルールを定めるものです。単に「取引基本契約」と呼ばれることも多いですが、他の契約類型との区別を明確にするため本書では「売買取引基本契約」と呼びます。

売買取引基本契約を締結した場合、その中で定めた項目については個別の売買ごとに改めて契約交渉を行うことは基本的に想定されておらず、注文書や請書などの簡便な方法で契約が取り交わされることになるため、売買取引基本契約の作成、審査は大変重要です。

それでは、以下で、売買取引基本契約で問題となる重要事項を解説していきます。

（ｉ） 個別契約の成立

売買取引基本契約においては、それ以降の**個別の売買契約をどのように締結させるのかを明確にするため、個別契約の成立に関するルールを定めるのが一般的です。**特に、買主が個別契約の申込みをした後、一定期間内に売主からの承諾がなかった場合の契約の成否が重要となります。

買主の視点

商法では、商人が平常取引をする者からその営業の部類に属する契約の申込みを受けたときは、遅滞なく諾否を通知しなければならず、この通知を怠った場合には申込みを承諾したものとみなす旨が規定されています（商法509条）。

買主の立場としては、このような商法の規定を前提に、申込みに対する諾否の通知期限を具体的に規定するとともに、期限までに諾否の通知が到達しなかったときは売主が申込みを承諾したものとみなして個別契約が成立する旨を明記することが考えられます（条項例下線部）。

〈買主側にとって望ましい条項例〉

> （個別契約）
> 1．売主は、買主に対し、別途締結される個別契約に従い、本商品を売り渡し、買主はこれを買い受ける。
> 2．売主から買主に売り渡される個別の本商品の品名、仕様、種類、数量、価格、納期、納品場所、受渡条件、代金支払方法その他必要な事項等売買に必要な条件は、本契約に定めるものを除き、別途締結する個別契約にて定める。
> 3．個別契約は、買主が、上記に定める事項のほか、売主が指定した事項を明示した所定の注文書を売主に送付し、売主から買主に対する承諾の通知が買主に到達した時に成立する。
> 4．売主が注文書を受領した日から○営業日以内に、売主から買主に対する承諾の通知が到達しない場合、売主は買主による申込みを承諾したものとみなし、個別契約は当該期間の経過をもって成立する。

売主の視点

売主の立場としては、買主からの申込みに応じられないのに拒否の連絡を失念してしまった場合や、そもそも申込みを見落としていたような場合に契約が成立してしまうとすると、思いがけず債務不履行責任を追及されるおそれがあります。

そこで、上記の〈買主側にとって望ましい条項例〉のようにみなし承諾が規定されている場合には、「一定期間内に承諾の通知を発しなかったときは、買主による申込みが失効する」旨に修正することが考えられます。

なお、買主の申込み後、一定期間内に売主からの承諾がなかった場合の取扱いについて何も規定しなかった場合には、前述の商法の規定に従うことになり、やはり契約が成立してしまう可能性があります。

みなし承諾によって契約が成立してしまうことを回避したいのであれば、申込みが失効する旨をしっかり規定しておく必要があります（条項例下線部）。

〈売主側にとって望ましい条項例〉

> （個別契約）
> 1．売主は、買主に対し、別途締結される個別契約に従い、本商品を売り渡し、

買主はこれを買い受ける。
2. 売主から買主に売り渡される個別の本商品の［品名、仕様、種類、数量、価格、納期、納品場所、受渡条件、代金支払方法その他必要な事項］等売買に必要な条件は、本契約に定めるものを除き、別途締結する個別契約にて定める。
3. 個別契約は、買主が、上記に定める事項のほか、売主が指定した事項を明示した所定の注文書を売主に送付し、売主から買主に対する承諾の通知が買主に到達した時に成立する。
4. 売主が注文書を受領した日から○営業日以内に、売主から買主に対する承諾の通知が到達しない場合、買主による当該申込みは効力を失う。

（ⅱ） 基本契約と個別契約の優劣

前述のように、基本契約はそれ以降の個別の取引に共通して適用される基本的ルールを定めるもので、個別の取引ごとに改めて個別契約を締結することが予定されています。

このとき、**基本契約と個別契約との間で内容に齟齬が生じる可能性があるため、その場合の優先関係を合意しておかなければ、具体的な事案においてどちらの契約の条項が適用されるのかをめぐって当事者間で争いになるおそれがあります。**

そこで、基本契約において、基本契約と個別契約との間に齟齬が生じた場合の優先関係を定めておくのが一般的です（条項例下線部）。

〈条項例〉

（適用範囲）
1. 本契約は、売主と買主との間で締結される全ての個別契約に適用される。
2. 本契約と個別契約の間に齟齬が存在する場合には、個別契約が本契約に優先する。

（ⅲ） 検査

売買契約における目的物の引渡しについては、単に納入場所に目的物を納入すれば完了というわけではなく、買主側で目的物の検査を行うことが想定されているのが通常です。商法上も、商人間の売買では、買主は、売買の目的物を受領したときは、遅滞なく、検査しなければならない旨が規定されています（商法526条1項）。

売買取引基本契約では、このような**買主側で行う検査に関するルールを規定するのが一般的です。**

買主の視点

商法上、商人間の売買において、検査後に目的物の契約不適合が発見された場合に、履行の追完や代金の減額、損害賠償の請求や解除をすることができるのは、検査時に直ちに発見することができないような不適合が発見された場合に限られます（商法526条2項）。

売買取引基本契約においても、この商法上のルールと同様の構成としているものが多く、これを前提とすると、買主の立場としては、検査期限内に契約不適合を発見して修理や交換などを請求しないと、検査合格後は不具合を発見しても修理や交換などを請求できなくなるおそれがあります。

契約によっては、検査の期限が具体的に設定されるとともに、期限までに売主に対する検査結果の通知がなければ合格とみなす旨が規定されていることがありますが、買主としては、目的物の内容や自社の検査体制などからして十分な検査期間が確保されていないと考える場合には、検査期限を延長するとともに、合格みなし規定を削除するべきです。

〈買主側にとって望ましい条項例〉

（検査）
1. 買主は、本商品受領後遅滞なく、当事者が別途協議した検査方法により本商品の数量及び内容の検査を行い、検査に合格したときは、売主に対し、書面（又は電子メール）によりその旨を通知し、これにより検査完了とする。
2. 本商品に種類、品質又は数量の相違その他本契約又は個別契約の内容との不適合（以下「契約不適合」という。）があった場合は、買主は、売主に通知する。
3. 売主は、買主から不合格の通知を受けたときは、買主の選択に従い、買主が定める期限までに、本商品の修補、代替物の引渡し又は不足物の引渡しによる履行の追完を行わなければならない。
4. 前項の規定は、買主による損害賠償の請求並びに本契約及び個別契約の解除を妨げるものではない。
5. 買主は、第1項の検査の結果、納品された本商品に契約不適合があった場合であっても、支障がないと認めるときは、売主との協議により、その対価を減額してこれを引き取ることができる。
6. 本商品の検査完了の時点で、売主から買主に対する本商品の引渡しが完了したものとする。
7. 本条各項の規定は、売主が本商品の代替物を納入した場合の当該納入物についても準用する。

売主の視点

売主の立場としては、反対に、検査の期限を具体的に規定し、期限までに検査結果の通知がなければ検査に合格したものとみなす旨を規定しないと、買主の検査とそれに伴う修理や交換などの要求がいつまで行われるのかが不明確になってしまうため、これらを規定しておきたいところです（条項例下線部①、③）。

また、仮に検査の結果が不合格であった場合、目的物のどの箇所にどのような問題があったのかを明確にしてもらわないと何を改善すればよいのかが分かりませんし、そもそも不合格という検査結果が正当な評価に基づくものかどうかも判断できません。

そこで、売主としては、検査不合格時には、契約不適合の内容を具体的に示さなければならない旨を規定しておくことが考えられます（条項例下線部②）。

〈売主側にとって望ましい条項例〉

（検査）
1. 買主は、①<u>本商品受領後○営業日以内に、</u>本商品の検査を行い、検査に合格したときは、売主に対し、書面（又は電子メール）によりその旨を通知する。
2. 本商品に種類、品質又は数量の相違その他本契約又は個別契約の内容との不適合（以下「契約不適合」という。）があった場合は、買主は、②<u>具体的な契約不適合の内容を示して、</u>売主に通知する。
3. ③<u>買主から第1項の期間内に合格又は不合格の通知がない場合には、当該期間の満了をもって本商品は検査に合格したものとみなす。</u>
4. 第1項又は第3項により本商品が検査に合格した時点で、本商品の引渡しが完了したものとする。

5. 本条各項の規定は、本商品に契約不適合があった場合に買主からの請求により売主が本商品の代替物を納入したときの当該納入物についても準用する。

(iv) 危険負担

危険負担は、当事者の責めに帰すべき事由なく売買の目的物が滅失、損傷してしまった場合に、買主が代金を支払う必要があるかという問題です。

この点について、民法では、「当事者双方の責めに帰することができない事由によって債務を履行することができなくなったときは、債権者は、反対給付の履行を拒むことができる。」と規定されています（民法536条1項）。このように、買主は、反対給付である代金支払について履行拒絶権を有しているため、履行期を徒過しても履行遅滞責任を問われることはありません。

ただし、目的物が売主から買主に引き渡されることによって目的物に対する支配が買主側に移ることから、目的物の引渡しがあったとき以後に生じた危険（目的物の滅失などから生じる責任）は買主が負担することとされており、買主は代金の支払いを拒むことができなくなります（民法567条1項）。

契約実務においては、**このような売主から買主への危険の移転時期が契約上どのように規定されているかを意識して確認する必要があります。**

買主の視点

買主の立場としては、危険の移転時期はなるべく遅らせた方が有利といえます。

買主側で納品時の検査が予定されている契約において、危険の移転時期を納入時とした場合、納品後検査前または検査中に目的物が滅失や損傷してしまったようなケースでは、納入された目的物に契約不適合があったかどうかはもはや確認することが困難になってしまったにもかかわらず、代金は支払わなければならないという事態が生じる可能性があります。

そこで、買主としては、危険の移転時期を検査合格時とすることが考えられます（条項例下線部）。

なお、実際の契約においては、民法の規定と同様に「引渡し」を基準とするものも多く見かけますが、その場合は「引渡し」がどの時点を指すのかが契約上明確になっていることが重要となります。なぜなら、「引渡し」という文言が

「納入時」を指すのか、あるいは「検査合格時」を指すのかについて、当事者間で理解が異なる可能性があるためです。

〈買主側にとって望ましい条項例〉

（危険負担）
本商品について生じた滅失、毀損その他の損害は、検査合格前に生じたものは買主の責めに帰すべき事由がある場合を除き売主が負担し、検査合格後に生じたものは売主の責めに帰すべき事由がある場合を除き買主が負担するものとする。

売主の視点

売主の立場としては、反対に、危険の移転時期はなるべく早めた方が有利といえます。

目的物を納入し、買主の占有下に移した以上、それ以降の目的物の滅失などについてはもはや責任を負えないとして、危険の移転時期を納入時とすることが考えられます（条項例下線部）。

〈売主側にとって望ましい条項例〉

（危険負担）
本商品について生じた滅失、毀損その他の損害は、納入前に生じたものは買主の責めに帰すべき事由がある場合を除き売主が負担し、納入後に生じたものは売主の責めに帰すべき事由がある場合を除き買主が負担するものとする。

（v） 契約不適合責任

契約不適合責任は、納入された目的物の種類、品質、数量に関して、契約の内容に適合していなかったときに売主が負うべき責任をいいます。

契約不適合責任については、民法や商法にもルールが規定されていますが、①売主が負う責任内容や、②契約不適合責任を追及できる期間などについて、契約で法律とは異なる内容を合意することがあります。

まずは民法および商法のルールを確認していきます。

①売主が負う責任内容について

・納入された目的物に契約不適合があるときは、買主は、売主に対し、目的物の修補、代替物の引渡しまたは不足分の引渡しによる履行の追完を請求できる（民法562条1項本文）。

・売主は、買主に不相当な負担にならないときは、買主が請求した方法とは異なる方法で履行の追完をすることができる（同項ただし書き）。

⇒売主は、買主が求める履行の追完方法を変更できる可能性がある

・買主は、相当の期間を定めて履行の追完を催告したのに、期間内に履行の追完がないときは、代金の減額を請求できる（同法563条1項）。

・履行の追完が不能である場合など一定の場合には、買主は、直ちに代金の減額を請求できる（同条2項）。

⇒買主は、原則として代金減額請求を一次的には選択できない

・その他、損害賠償請求や解除も可能（同法564条）。

②契約不適合責任を追及できる期間について

・種類または品質に関する契約不適合がある場合、買主は、その不適合を知った時から1年以内に売主にその旨を通知しなければ、売主に責任を追及することができない（民法566条本文）。

・売主が当該契約不適合について引渡しの時点で知り、または重大な過失によって知らなかったときは、上記の期間制限を受けない（同条ただし書き）。

・商人間の売買においては、買主は、目的物の受領後、遅滞なく検査し、当該検査で契約不適合を発見した場合には、直ちに売主に対してその旨を通知しなければ、売主に責任を追及することができない（商法526条2項）。

・検査後は、対象が直ちに発見することができない種類または品質に関する契約不適合（数量不足以外）に限られ、また、受領後6か月以内に発見し、直ちに売主にその旨を通知しなければ、売主に責任を追及することができない（同項）。

・契約不適合について売主が悪意であったときは、商法526条2項の制限を受けない（同条3項）。

※商法は民法の特別法であるため、商法の規定が優先します。

買主の視点

買主の立場としては、売主が負う責任内容については、買主が売主に対して請求できる救済手段をなるべく広く規定し、かつ、それらの中から買主側が自ら選択することができる旨を定めることが考えられます。

民法上、代金減額請求を行うためには、原則としてまず履行の追完請求をしなければなりませんが、買主としては、状況に応じて様々な選択肢を採り得るように、契約では、代金減額請求も一次的に選択できるようにしておくことが考えられます（条項例下線部②）。

また、契約不適合責任を追及できる期間については、商法上のルールである受領後6か月以内という期間を短いと判断するのであれば、民法上のルールを参考にして「契約不適合を知った時から1年以内にその旨を売主に通知した場合」など、買主側が契約不適合を認識した時を起算点にすることが考えられます（条項例下線部①）。あるいは、商法と同様に受領時を起算点としながらも、その期間を6か月よりも長い期間にすることが考えられます。

〈買主側にとって望ましい条項例〉

（契約不適合責任）
1. 第○条（検査）の検査により、本商品に種類、品質又は数量の相違その他個別契約の内容に適合しないこと（以下「契約不適合」という。）を発見した場合、買主は、売主の費用負担で、本商品の修補、代替物の引渡し、又は不足分の引渡し等の自ら指定した方法による履行の追完を請求することができる。
2. 前項に基づき買主が本商品の修補を請求した場合、売主は、買主が指定する期限までに、自己の責任と費用負担で当該契約不適合を修正した上で再度納入するものとし、買主は第○条（検査）と同様の方法にて再検査を実施するものとする。本商品が再検査において不合格となった場合についても同様とする。
3. 買主は、本商品の契約不適合が是正不能と判断した場合には、第1項の追完請求を行うことなく、自らの選択により、当該契約不適合の程度に応じて代金の減額を請求することができる。
4. 本条の定めは、損害賠償の請求及び解除権の行使を妨げない。
5. 本商品の引渡し後に第○条（検査）の検査では発見されなかった契約不適合が発見されたときは、買主は、①当該契約不適合を知った時から1年以内にその旨を売主に通知した場合に限り、当該契約不適合を理由として、②自らの選択により、履行の追完の請求、代金の減額の請求、損害賠償の請求及び契約の解除を求めることができる。ただし、売主が本商品の引渡しの時に当該契約不適合を知り、又は重大な過失によって知らなかったときは、売主が責任を負うべき期間は上記の期間に限定されないものとする。
6. 商法526条は本契約に適用されない。

売主の視点

売主の立場としては、売主が負う責任内容については、買主側の希望にかかわらず売主側で自由に対応方法を選択できるように、売主側が選択した方法による旨を定めることが考えられます（条項例下線部①）。

また、契約不適合責任を追及できる期間については、売主としてはなるべく自らが責任を負う期間を限定したいところです。

このとき、買主側が契約不適合を認識した時を起算点として期間を設定してしまうと、買主の主観に関する問題となるため、買主が契約不適合をいつ知ったのかについて争いになる可能性があります。そのため、引渡し時という客観的な時点を起算点とした上で、なるべく短い期間を設定することが考えられます（条項例下線部②）。

〈売主側にとって望ましい条項例〉

（契約不適合責任）
1. 第○条（検査）の検査により、本商品に種類、品質又は数量の相違その他個別契約の内容に適合しないこと（以下「契約不適合」という。）が発見され、不合格となった場合、売主は、自らの裁量により、当該本商品の修補、代替物の引渡し、又は不足分の引渡し等の自ら指定した方法による履行の追完、代金の全部又は一部の減額、損害の賠償その他の必要な措置を講じなければならない。
2. 買主は、契約不適合につき本契約締結前に知っていたとき又は契約不適合が買主の責めに帰すべき事由によるものであるときは、履行の追完、代金の減額、又は損害の賠償の請求及び契約の解除をすることができない。
3. 本商品の引渡し後に第○条（検査）の検査では直ちに発見することができない契約不適合（数量の相違を除く。）が発見されたときは、売主は、自らの裁量により、当該本商品の修補、代替物の引渡し、又は不足分の引渡し等の①自ら指定した方法による履行の追完、代金の全部又は一部の減額、損害の賠償その他の必要な措置を講じるものとする。②ただし、買主が本商品の引渡し後○か月以内に売主に対して当該契約不適合の事実を通知しなかったときはこの限りでない。
4. 買主は、履行の追完又は代金の減額請求をした場合においては、損害賠償の請求及び契約の解除をすることができない。

(vi) 製造物責任

製造物責任は、目的物の欠陥によって第三者の生命、身体、財産に損害が生じてしまった場合の責任のことをいいます。

製造物責任法では、このような場合の責任は「製造業者等」が負う旨が規定されていますが（同法3条、2条3項)、契約では、売主が「製造業者等」であるか否かにかかわらず、**目的物の欠陥によって事故が発生した場合の責任についてどのように考えるのかを規定するのが一般的です。**

買主の視点

買主の立場としては、目的物の欠陥によって第三者が被害を受けた場合、当該第三者に対して一次的に損害賠償を行うことが考えられるため、それを売主に求償請求できるようにしておきたいところです。

このとき、売主が製造物責任法上の「製造業者等」でない場合には、売主ではなく「製造業者等」に対して求償請求すべきとも考えられますが、買主とは直接取引関係がない「製造業者等」に求償請求しなければならないのは買主にとって負担となりますし、「製造業者等」の資力も不明であるため、売主が「製造業者等」であるか否かにかかわらず、売主が損害賠償責任を負う旨を定めることが考えられます。

〈買主側にとって望ましい条項例〉

(製造物責任)
1. 本商品の欠陥により買主又は第三者に損害が発生した場合には、売主は買主に生じた一切の損害（買主が当該第三者に支払った賠償額、弁護士費用を含むがこれらに限られない。）を賠償しなければならない。
2. 売主は、本契約締結後直ちに、生産物賠償責任保険に加入するものとする。なお、生産物賠償責任保険に要する費用は売主の負担とする。

売主の視点

売主の立場としては、このような求償請求に応じるのは、目的物の欠陥について売主側に責任があるような場合に限られるとして、当該欠陥が売主の責めに帰すべき事由に起因する場合に限って責任を負う旨を定めることが考えられます（条項例下線部）。

その他、売主が責任を負うのは、売主が製造物責任法上の「製造業者等」に該当する場合に限られる旨を定める方法も考えられます。

〈**売主側にとって望ましい条項例**〉

（製造物責任）
売主が製造した本商品の欠陥により買主又は第三者に損害が発生した場合には、売主は当該欠陥が売主の責めに帰すべき事由に起因にする場合に限り、当該損害を賠償する。

売買取引基本契約書チェックリスト【買主側】

基本契約性	□ 基本契約である旨が明示されているか □ 本契約が個別契約に適用される旨が規定されているか □ 基本契約と個別契約の内容に齟齬がある場合に、どちらが優先されるかが規定されているか
目的物	□ 売買の目的物が規定されているか
個別契約	□ 個別契約の成立要件が規定されているか □ 個別契約の申込みに対する承諾の期限が規定されているか □ 個別契約の申込みに対して期限内に売主の承諾がなかった場合、個別契約が成立する旨が規定されているか
目的物の引渡し	□ 目的物を納入する方法や場所が規定されているか □ 納入に伴う費用を買主が負担する旨が規定されている場合、削除または修正しなくてよいか □ 引渡しの完了時期が規定されているか
検査	□ 目的物の検査に関するルールが規定されているか □ 決められた期限までに検査結果を売主に通知しないと合格とみなす旨が規定されている場合、削除しなくてよいか
所有権の移転時期	□ 所有権の移転時期が適切に規定されているか
危険負担	□ 危険の移転時期を検査合格時とする旨が規定されているか
代金の支払い	□ 代金の支払時期が規定されているか □ 代金の支払方法が規定されているか
担保提供	□ 買主が担保を提供しなければならない旨が規定されている場合、削除しなくてよいか
連帯保証	□ 個人が連帯保証人となる場合、極度額が規定されているか
品質保証	□ 売主が目的物の品質を保証する旨が規定されているか □ 買主が求める品質を保証する旨が規定されているか □ 目的物が第三者の権利を侵害していないことを保証する旨が規定されているか
契約不適合責任	□ 契約不適合責任が規定されているか □ 売主の帰責性による場合に限り契約不適合責任を追及できる旨が規定されている場合、削除または修正しなくてよいか □ 買主が履行の追完方法を選択できる旨が規定されているか □ 責任を追及できる期間が適切に規定されているか □ 商法526条が適用されない旨が規定されているか
製造物責任	□ 目的物の欠陥による事故発生時に売主が責任を負う旨が規定されているか
第三者の権利侵害	□ 第三者との間で知的財産権に関する紛争が生じた場合に、売主の責任と費用で解決する旨が規定されているか
秘密保持	□ 秘密保持義務が規定されているか □ 秘密情報の定義が規定されているか □ 秘密情報の例外が規定されているか □ 一定の第三者に対して秘密情報を開示できる旨が規定されているか

	□ 売主が第三者に秘密情報を開示する場合、第三者に対して売主と同等の秘密保持義務を課す旨が定められているか □ 秘密情報の返還および破棄が規定されているか
損害賠償	□ 損害賠償請求に関する規定があるか □ 賠償範囲が適切に定められているか 　□ 特別損害、間接損害、弁護士費用などを含めるのであれば、その旨が明記されているか 　□ 上限額が規定されている場合、削除または修正しなくてよいか
遅延損害金	□ 遅延損害金の規定がある場合、適切な利率が定められているか
契約上の地位	□ 契約上の地位の譲渡禁止が規定されているか
通知義務	□ 当事者情報が変更された場合の通知義務が規定されているか
契約期間	□ 契約の有効期間が規定されているか □ 契約の自動更新が規定されている場合、削除しなくてよいか □ 契約の自動更新が規定されていない場合、追加しなくてよいか
存続規定	□ 存続規定が定められているか
中途解約	□ 中途解約できる旨が規定されているか □ 中途解約の要件・予告期間が適切に規定されているか
解除	□ 解除に関する規定があるか □ 解除事由が適切に規定されているか □ 催告の要否が適切に規定されているか □ 本契約だけでなく個別契約も解除できる旨が規定されているか
期限の利益の喪失	□ 売主からの通知によって期限の利益を喪失する旨が規定されているか □ 期限の利益喪失事由が適切に規定されているか
反社会的勢力の排除	□ 反社会的勢力の排除に関する規定があるか □ 契約の当事者が反社会的勢力でないことを表明保証する旨が規定されているか □ 従業員についても、反社会的勢力ではないことを表明保証する旨が規定されている場合、削除しなくてよいか □ 相手方が反社会的勢力の排除に関する規定に違反した場合、契約を無催告解除できる旨が規定されているか □ 無催告解除した場合にも、相手方に対して損害賠償請求できる旨が規定されているか
専属的合意管轄	□ 管轄裁判所に関する規定があるか □ 「専属的」合意管轄裁判所と規定されているか
準拠法	□ 準拠法が規定されているか □ 準拠法を「日本法」とする旨が規定されているか

売買取引基本契約書チェックリスト【売主側】

項目	チェック項目
基本契約性	□ 基本契約である旨が明示されているか □ 本契約が個別契約に適用される旨が規定されているか □ 基本契約と個別契約の内容に齟齬がある場合に、どちらが優先されるかが規定されているか
目的物	□ 売買の目的物が規定されているか
個別契約	□ 個別契約の成立要件が規定されているか □ 個別契約の申込みに対する承諾の期限が規定されているか □ 個別契約の申込みに対して期限内に売主の承諾がなかった場合、申込みが効力を失う旨が規定されているか
目的物の引渡し	□ 目的物を納入する方法や場所が規定されているか □ 引渡しの完了時期が定められているか
検査	□ 目的物の検査に関するルールが規定されているか □ 買主の検査期限が具体的に規定されているか □ 決められた期限までに検査結果を売主に通知しないと合格とみなす旨が規定されているか
所有権の移転時期	□ 所有権の移転時期が適切に規定されているか
危険負担	□ 危険の移転時期を納入時とする旨が規定されているか
代金の支払い	□ 代金の支払時期が規定されているか □ 代金の支払方法が規定されているか □ 振込手数料を売主の負担とする旨が規定されている場合、削除または修正しなくてよいか
連帯保証	□ 個人が連帯保証人となる場合、極度額が規定されているか
品質保証	□ 買主が求める品質を保証する旨が規定されている場合、削除または修正しなくてよいか □ 目的物が第三者の権利を侵害していないことを保証する旨が規定されている場合、削除または修正しなくてよいか
契約不適合責任	□ 契約不適合責任が規定されているか □ 売主が履行の追完方法を選択できる旨が規定されているか □ 契約不適合責任を負う期間が適切に規定されているか □ 検査合格後は、検査では直ちに発見できない契約不適合のみ、責任を負う旨が規定されているか
製造物責任	□ 目的物の欠陥による事故発生時に売主が責任を負う旨が規定されている場合、修正しなくてよいか
秘密保持	□ 秘密保持義務が規定されているか □ 秘密情報の定義が規定されているか □ 秘密情報の例外が規定されているか □ 一定の第三者に対して秘密情報を開示できる旨が規定されているか □ 買主が第三者に秘密情報を開示する場合、第三者に対して買主と同等の秘密保持義務を課す旨が定められているか □ 秘密情報の返還および破棄が規定されているか

損害賠償	□　損害賠償請求に関する規定があるか □　賠償範囲が適切に定められているか 　□　特別損害、間接損害、弁護士費用などを除くのであれば、その旨が明記されているか 　□　上限額が規定されているか
遅延損害金	□　遅延損害金が規定されているか □　適切な利率が定められているか
不可抗力免責	□　不可抗力免責が規定されているか □　免責事由が具体的に規定されているか
契約上の地位	□　契約上の地位の譲渡禁止が規定されているか
通知義務	□　当事者情報が変更された場合の通知義務が規定されているか
契約期間	□　契約の有効期間が規定されているか □　契約の自動更新が規定されている場合、削除しなくてよいか □　契約の自動更新が規定されていない場合、追加しなくてよいか
存続規定	□　存続規定が定められているか
中途解約	□　中途解約できる旨が規定されているか □　中途解約の要件・予告期間が適切に規定されているか
解除	□　解除に関する規定があるか □　解除事由が適切に規定されているか □　催告の要否が適切に規定されているか □　本契約だけでなく個別契約も解除できる旨が規定されているか
期限の利益の喪失	□　期限の利益の喪失が規定されているか □　期限の利益喪失事由が適切に規定されているか
反社会的勢力の排除	□　反社会的勢力の排除に関する規定があるか □　契約の当事者が反社会的勢力でないことを表明保証する旨が規定されているか □　従業員についても、反社会的勢力ではないことを表明保証する旨が規定されている場合、削除しなくてよいか □　相手方が反社会的勢力の排除に関する規定に違反した場合、契約を無催告解除できる旨が規定されているか □　無催告解除した場合にも、相手方に対して損害賠償請求できる旨が規定されているか
専属的合意管轄	□　管轄裁判所に関する規定があるか □　「専属的」合意管轄裁判所と規定されているか
準拠法	□　準拠法が規定されているか □　準拠法を「日本法」とする旨が規定されているか

（エ） 業務委託契約（成果物あり）

業務委託契約は、業務を委託する側（以下「委託者」といいます。）が、業務を受託する側（以下「受託者」といいます。）に対し、ある一定の業務の遂行を委託する場合（アウトソーシングを行う場合）に締結する契約です。

業務委託契約は民法上の典型契約ではありませんが、多くの場合、委託する業務の内容に応じ、請負契約（民法632条）か準委任契約（民法656条）のいずれか（または両者の性質をあわせ持つもの）に分類されます。すなわち、「仕事（成果物）を完成させること（たとえば物の製造やプログラムの作成）」を委託する場合には請負契約としての性質を有するのに対し、「事務を処理すること（たとえばコールセンター業務やコンサルティング）」を委託する場合には準委任契約としての性質を有することになります。

業務委託契約は、多くの分野において様々な目的で利用される契約であるため、読者の方にもなじみのある契約であると思われます。しかし、上述のとおり、**合意の内容次第で契約の性質自体も変わり得るものであることから、業務委託契約の作成時には、業務内容や双方の権利義務について油断せずにしっかりと確認することが重要です。**

【請負と委任（準委任）の比較】

	請負	委任（準委任）
業務内容	仕事の完成	事務・行為の遂行
受託者の義務	仕事の完成義務	善管注意義務
成果物	原則として成果物あり	原則として成果物なし
費用負担	受託者負担	委託者負担
報告義務	なし	あり
再委託	原則として自由	原則としてできない

はじめに、成果物を完成させることを目的とする業務委託契約で問題となる重要事項について解説します。なお、以下では、説明上区別の必要がある場合、成果物の有無により、「業務委託契約（成果物あり）」、「業務委託契約（成果物なし）」と区別して表記します。

（ｉ） 委託業務の内容および成果物

委託業務の内容や成果物は、業務委託契約における権利義務の中心となる事項です。そこで、**業務委託契約（成果物あり）においては、業務内容や成果物をめぐって当事者間で認識の相違が生じることを防ぐため、委託業務について明確に定める必要があります。**

委託者の視点

委託者の立場としては、自己が求める成果物が得られるよう、業務内容を具体的に規定するとともに、付随して必要となる業務に関しても受託者に対応してもらえるよう、「その他委託業務に付随関連する一切の業務」などの包括的な規定も定めておくことが考えられます（条項例下線部）。また、あわせて成果物に関する条項を、委託業務の内容とは別に明確に規定することも考えられます。

なお、必ずしも業務内容や成果物の詳細についてまで、条項例の「○○」の部分に文章で書ききる必要はありません。たとえば、成果物について、「○○：仕様は別紙に定める」などとした上で、仕様書などの書面を契約書末尾に添付し、添付した書面も含めて契約書として取り扱う方法も実務上行われています。特に、委託者としては、納品されたものが仕様と異なる場合には確実に修正や再納品を求めることができるよう、このような取扱いを希望することも多いと思われます。

ただし、このような取扱いをする場合、これらの書面が契約の一部となることから、契約締結後は書面を勝手には変更できず、原則として変更について受託者と合意しなければならない点に注意する必要があります。そのため、これらの書類の内容が確定しておらず、委託者側で頻繁な変更が予想される場合などは、あえて契約書には添付せず、参考資料としての取扱いにとどめることもあり得る対応と思われます。そのような場合でも、業務委託の目的が達成できるよう、契約書に必要な範囲で詳細を記載するか、「委託者が別途指定する仕様書に従う」と規定するなど、業務や成果物の内容に疑義が生じないよう規定することが重要です。

〈委託者側にとって望ましい条項例〉

（委託内容）
委託者は、受託者に対し、以下の業務（以下「本業務」という。）を委託し、受託者はこれを受託する。
（1）　○○に関する業務
（2）　○○に関する業務
（3）　その他前各号に付随関連する一切の業務
※「○○」の部分には、具体的な成果物の完成を内容とすることが分かるように規定する

（成果物）
受託者は委託者に対し、本業務の成果として、以下の成果物を納品するものとする。
（1）　○○
（2）　○○
※「○○」の部分には、具体的な成果物を規定する

受託者の視点

受託者の立場としても、自己の履行すべき義務を明確にする必要があることから、委託者側と同様、業務内容を明確に規定する必要があります。もっとも、「その他委託業務に附随関連する一切の業務」のような包括的な規定があると、業務の外縁が不明確となり、予想外の負担を負うことになりかねません。そこで、「その他委託者と受託者が別途合意した業務」など、業務範囲を合意したものに限定することが重要なポイントとなります（条項例下線部）。

また、委託者が契約締結後においても自由に業務内容や成果物の詳細を変更できる余地を残すことは、受託者にとっては大きな負担となります。たとえば、委託者の視点で例としてあげた「委託者が別途指定する仕様書に従う」のような規定がある場合は、契約締結後に委託者が仕様書を変更した場合に、受託者の行うべき業務も変更される可能性があります。そのため、当該規定については、「委託者と受託者が別途合意した仕様書に従う」と修正するなど、業務内容が合意なく変えられることがない形で契約書を作成することが重要です。

〈受託者側にとって望ましい条項例〉

> （委託内容）
> 委託者は、受託者に対し、以下の業務（以下「本業務」という。）を委託し、受託者はこれを受託する。
> （1）　○○に関する業務
> （2）　○○に関する業務
> （3）　その他委託者と受託者が別途合意した業務
>
> （成果物）
> 受託者は委託者に対し、本業務の成果として、以下の成果物を納品するものとする。
> （1）　○○
> （2）　○○
> ※「○○」の部分には、具体的な成果物を規定する

（ⅱ）　委託料

業務の委託料については、トラブルにならないように、金額を明確に定める必要があります。また、**契約が途中で終了したときに、委託料が履行割合に応じて発生するのかについても明確に定めることが望ましいです。**

民法では、請負契約が仕事の完成前に終了した際の報酬の扱いについて、以下の2つの場合に分けて、委託者（注文者）が仕事の可分な部分の給付によって利益を受けるときは、受託者（請負人）は受ける利益の割合に応じて報酬を請求することができると定めています（民法634条）。

①注文者の責めに帰することができない事由によって仕事を完成することができなくなったとき（同条1号）

②請負が仕事の完成前に解除されたとき（同条2号）

なお、委託者（注文者）の帰責性によって受託者（請負人）が仕事を完成することができなくなった場合には、危険負担の規定（同法536条2項）が適用されます。この場合は、受託者（請負人）は、委託料の全額を請求することが可能です。

少し複雑ですが、これらを表にすると、次のとおりとなります。

委託者に帰責性	受託者に帰責性	双方帰責性なし	解除されたとき
全額の報酬（536条2項）	割合的報酬（634条1号）	割合的報酬（634条1号）	割合的報酬（634条2号）

委託者の視点

民法の原則は上述のとおりですが、委託者の立場としては、契約の終了が委託者の帰責性による場合であっても、割合的な報酬を支払えば済むように、「委託者の帰責事由によって契約が終了した場合、委託者は履行の割合に応じた金額を受託者に支払う」と定めることが考えられます（条項例下線部①）。さらに、受託者の帰責性によって契約が途中で終了した場合は、報酬を支払わなくてもよいように、「受託者の帰責性によって契約が途中で終了したときは、委託料は発生しない」と定めるのが有利です（条項例下線部②）。

〈委託者側にとって望ましい条項例〉

（委託料）
1．委託者は、受託者に対し、本業務の委託料として金〇〇円（税込）を、20〇〇年〇月〇日までに、受託者の指定する銀行口座に振り込む方法にて支払う。なお、振込手数料は委託者の負担とする。
2．①本契約が解除その他の事由により委託期間の途中で終了したとき（委託者の帰責事由により終了した場合を含む。）は、委託料は履行の割合に応じて支払う。②ただし、その終了が受託者の責めに帰すべき事由によるときは、委託料は発生しないものとする。

受託者の視点

受託者の立場としては、自らに帰責性がない限りは報酬の全額を得ることができるように、「受託者の帰責性によらずに契約が途中で終了したときは、委託者は委託料の全額を支払う」旨を定めると有利です（条項例下線部）。

〈受託者側にとって望ましい条項例〉

(委託料)
1. 委託者は、受託者に対し、本業務の委託料として金○○円(税込)を、20○○年○月○日までに、受託者の指定する銀行口座に振り込む方法にて支払う。なお、振込手数料は委託者の負担とする。
2. 委託者は、本契約が業務の完了前に終了した場合でも、当該終了が受託者の責めに帰すべき事由によらないときは、前項に定める委託料の全額を支払う。

(iii) 成果物に関する権利の帰属

業務委託契約においては、委託業務の遂行過程で知的財産権が生じることがあります。このとき、**契約で何も定めなければ、これらの権利の帰属をめぐってトラブルとなる可能性があります。**そこで、権利の帰属先を明確に定めることが望ましいといえます。

委託者の視点

特許法や著作権法においては、特許権や著作権などの知的財産権は、原則として発明者や著作物を創作した者に帰属するとされています(特許法29条1項、著作権法17条、2条1項2号)。そのため、委託業務の遂行過程で知的財産権が生じた場合、これらの権利は原則として業務を遂行した受託者に帰属することになります。

もっとも、成果物を受け取る委託者の立場としては、自らの委託料の支出の下で生じた成果物に関する権利を自由に行使したいと考えるのが通常でしょう。そこで、この点を確保するため、「業務の遂行過程で生じる知的財産権は全て委託者に移転する」と定めることが考えられます。なお、著作権法上、翻案権など(著作権法27条)と二次的著作物の利用に関する権利(同法28条)については、これらの権利を移転することを示さなければ、譲渡した者に留まると推定するとされているため(同法61条2項)、契約書において、「著作権法27条及び28条に定める権利を含めて移転する」旨を明記することが重要です(条項例下線部①)。

さらに、知的財産の移転の時期も丁寧に確認すべきポイントです。たとえば、後述する〈受託者側にとって望ましい条項例〉1項の②のように、委託料の支払い時に知的財産権が移転すると定める例もありますが、このような場合、当該知的財産権が、委託料の支払いがなされていない間に、受託者によって委託業務以外の業務に利用されてしまう可能性も生じます。そのため、委託者としては、知的財産権が発生すると同時に委託者に移転すると定めることもポイントとなります。(条項例下線部②)。

また、成果物に、受託者が有する特許権や著作権などが含まれている場合は、委託者は成果物を使用することで、受託者の有する知的財産権を利用することとなります。このような場合に備えて、受託者が委託者に対して当該知的財産権の利用を許諾する旨を明確に定めておくのが通常です(条項例下線部③)。

このほか、成果物に関して著作者人格権を行使せず、または第三者に行使させないことや、**委託者に知的財産権を帰属させ、適法に知的財産権を行使できるようにするために必要となる手続を履践すべきことを定めることも考えられます**(条項例3、4項)。

〈委託者側にとって望ましい条項例〉

(知的財産権)
1. 本業務の遂行の過程で得られた発明、考案、意匠、著作物その他一切の成果に係る特許、実用新案登録、意匠登録等を受ける権利及び当該権利に基づき取得する産業財産権並びに著作権(①著作権法第27条及び第28条に定める権利を含む。)その他の知的財産権(ノウハウ等に関する権利を含む。)は、②全て発生と同時に委託者に移転する。
2. 成果物に受託者又は第三者が従前から保有していた知的財産権が含まれる場合、③受託者は、委託者及び委託者が指定する者に対し、当該知的財産権の利用を許諾し、又は許諾させるものとする。
3. 受託者は、委託者に対して、自ら(受託者に所属する者を含む。)又は第三者をして、委託者に対し、成果物を構成する著作物に係る著作者人格権を行使せず又は行使させない。
4. 前三項の場合において、受託者は、委託者に知的財産権を帰属させ、又は委託者が適法に知的財産権を行使するために必要となる一切の手続(第三者からの許諾取得を含む。)を履践するものとする。

受託者の視点

受託者の立場としても、自らが遂行した業務の過程で生じた知的財産権は自由に行使したいものです。なお、契約書で知的財産権の帰属について特に何も定めない場合は、委託者の視点で記載した原則のとおり、生じた知的財産権は受託者に帰属します。しかし、トラブルを避けるため、受託者としては、これを確認的に定めておく方が無難です。

また、業務内容や委託者との交渉力の差によって、委託者に知的財産権を移転させざるを得ない場合であっても、受託者側で従前から保有していた知的財産権まで移転することとならないように手当てするとともに、委託料の受領前に権利が移転しないよう、「支払いが完了した時に委託者に移転する」などとし、権利の移転時期を遅らせることもポイントになります。(条項例下線部①)。

さらに、業務内容や成果物の性質によっては、委託者が成果物を第三者へ公表することによって、受託者のノウハウが流出したり、発明の公表により新規性を喪失したりする可能性があります。そこで、受託者としては、受託者の同意なく成果物を第三者に開示できない旨を定めておくことも考えられます(条項例下線部②)。

〈受託者側にとって望ましい条項例〉

(知的財産権)
1. 本業務の遂行の過程で得られた発明、考案、意匠、著作物その他一切の成果に係る特許、実用新案登録、意匠登録等を受ける権利及び当該権利に基づき取得する産業財産権並びに著作権（著作権法第27条及び第28条に定める権利を含む。）その他の知的財産権（ノウハウ等に関する権利を含む。）は、①［全て受託者に帰属する。／受託者又は第三者が従前から保有していた知的財産権を除き、委託者から受託者に対する支払いが完了した時に委託者に移転する。］
2. 委託者は、本業務を遂行する目的の範囲内に限り、成果物を利用することができる。②ただし、委託者が成果物を第三者に開示する場合には、事前に受託者の書面による承諾を得なければならない。

(ⅳ) 業務遂行状況の報告義務

一般に請負の性質を有する業務委託契約（成果物あり）の場合は、成果物を完成させるための手段は受託者に委ねられているため、受託者は業務遂行状況を報告する義務を負いません。一方、一般に準委任の性質を有する業務委託契約（成果物なし）の場合、民法では、受託者は、委託者の請求に応じて、業務の遂行状況を報告しなければならないとされています（民法645条）。

委託者の視点

委託者の立場としては、業務委託契約が準委任と請負のいずれの場合にあたるにせよ、委託した業務の状況について、定期的な報告を受けるとともに、必要に応じて報告を求めることができるようにすることが望ましいといえます（条項例下線部①）。

また、業務遂行状況について疑念がある場合や、不正の疑いがある場合などに備えて、監査をすることができる旨を定めることが考えられます。さらに、監査の実効性を高めるため、受託者の事業所などに立ち入ることができる旨を定めることも有益です（条項例下線部②）。

〈委託者側にとって望ましい条項例〉

> （業務状況の報告等）
> 1. 受託者は、本業務の進捗状況等について、○か月ごとに委託者に対して書面により報告する。
> 2. 前項の規定にかかわらず、受託者は、①委託者の求めがある場合には、その都度、本業務の遂行状況その他委託者が求める事項を委託者に報告しなければならない。
> 3. 委託者は、本業務の遂行状況その他委託者が求める事項について②監査をすることができ、必要に応じて、受託者の事業所及び工場等において、立入検査をすることができる。

受託者の視点

一方、受託者の立場としては、報告に応じることが難しい場合もあるため、そもそも報告義務を負わないよう契約することが望ましいといえますが、交渉上報告義務を負うことは避けがたい場合が多いと思われます。そこで、報告義務は負うとしても、定期的な報告とするなど報告の時期を限定するか、報告の範囲について「必要な範囲で報告する」と定めるなど、報告の頻度や内容について一定の限定をすることが考えられます（条項例下線部）。

なお、報告の方式について、契約上「書面」による報告に限られている場合が多くあります。しかし、実態として会議による報告で済ませることなどが想定される場合は、「書面」に限定する規定は修正することが望ましいでしょう。

〈受託者側にとって望ましい条項例〉

（業務状況の報告）
条項例①：報告時期を限定する場合
受託者は、本業務の進捗状況等について、○か月ごとに委託者に対して報告する。

条項例②：報告範囲を限定する場合
受託者は、委託者の求めに応じて、本業務の遂行状況その他委託者が求める事項を合理的に必要な範囲で委託者に報告しなければならない。

（v） 再委託

再委託とは、受託者が業務を遂行するにあたり、その業務の全部または一部について、第三者にさらに業務を委託することをいいます。業務量やその専門性から再委託が必要となる場面が実務上は多々生じます。しかしながら、**再委託を認めてしまうと、信頼して業務を委託した委託者からすると、再委託先の品質などによっては不利益が生じる可能性も否定できません。**そのため、業務委託契約において、再委託に関する取り決めを行っておくことが通常です。一般に請負の性質を有する業務委託契約（成果物あり）の場合は、民法上、特に再委託に制限はありません。一方、一般に準委任の性質を有する業務委託契約（成果物なし）の場合、民法では、受託者は「委託者の承諾」または「やむを得ない事由」があるときでなければ、再委託することはできません（民法656条、644条の2第1項）。

委託者の視点

請負か準委任かによる民法上の区別は上述のとおりですが、取引が請負と準委任のいずれに当たるか不明であれば、民法の解釈をめぐってトラブルとなる可能性があります。そのため、再委託の可否や条件について、契約書上で明確にすることが望ましい対応といえます。

通常、委託者は、受託者の能力に期待して業務を委託していることが多いと思われますので、再委託には「委託者の承諾を要する」ことを定めるのが一般的です（条項例下線部①）。なお、再委託が行われる場合には、再委託先についても受託者と同様の義務を負わせることとした上で（条項例下線部②）、再委託先の行為により何らかの損害が発生したときは、受託者にも損害賠償を請求できるようにしておくことも重要なポイントとなります（条項例下線部③）。

〈委託者側にとって望ましい条項例〉

> （再委託）
> 受託者は、①委託者の事前の書面による承諾を得た場合に限り、本業務を第三者に再委託することができる。この場合、受託者は、本契約に基づく②受託者の義務と同等の義務を再委託先に対して負わせ、再委託先の責に帰すべき事由により③委託者に損害が発生した場合は、再委託先と連帯して委託者に対して損害を賠償する。

受託者の視点

受託者の立場としても、民法の解釈をめぐってトラブルとなることは避けたいと思われることから、再委託の可否については契約書に明記するのが望ましい点は変わりありません。そして、必要な場合に柔軟に再委託を行える方が業務遂行上のメリットが大きいものとなるため、再委託は自由に行えるとする定めを置きたいところです（条項例下線部①）。

さらに、受託者としては、委託者の指示や承諾がある再委託の場合に、再委託先の行為により委託者に損害が発生したときは、その全損害について責任を負うことは避けたいと考えるのが通常です。そこで、委託者の指示などがあった場合は、受託者は「監督についてのみ責任を負う」と定めることが望ましいでしょう（条項例下線部②）。

〈受託者側にとって望ましい条項例〉

> (再委託)
> 受託者は、①本契約の目的を達成するために必要な場合には、本業務の全部又は一部を第三者に対し再委託することができる。なお、委託者の指示又は承諾のもとに選任された再委託先については、受託者は、当該再委託先の②監督についてのみ責任を負う。

業務委託契約（成果物あり）チェックリスト【委託者側】

業務内容	□ 委託業務の具体的な内容が規定されているか □ 付随する業務も業務内容に含まれる旨が規定されているか
成果物	□ 成果物の仕様について具体的に規定されているか □ 仕様変更するための手続が規定されているか □ 納期が規定されているか
委託料	□ 契約が途中で終了した際の委託料の取扱いが規定されているか □ 委託料の支払時期が規定されているか □ 委託料の支払方法が規定されているか
進捗確認	□ 定期的または委託者の求めに応じた報告義務が規定されているか
納入および検査	□ 成果物を納入する方法や場所が規定されているか □ 成果物の検査に関するルールが規定されているか □ 検査合格をもって成果物の引渡しとする旨が規定されているか □ 決められた期限までに検査結果を受託者に通知しないと合格とみなす旨が規定されている場合、削除しなくてよいか
契約不適合責任	□ 契約不適合責任が規定されているか □ 受託者の帰責性による場合に限り契約不適合責任を追及できる旨が規定されていないか □ 委託者が履行の追完方法を選択できる旨が規定されているか □ 責任を追及できる期間が適切に規定されているか
資料提供	□ 資料を提供する場合、その取扱いが規定されているか 　□ 複製を禁止または制限する旨が規定されているか 　□ 目的外使用を禁止する旨が規定されているか 　□ 受託者の返還義務が規定されているか
第三者の権利侵害	□ 成果物が第三者の権利を侵害しないことを受託者が保証する旨が規定されているか
知的財産権の帰属	□ 成果物の知的財産権が委託者に移転する旨が規定されているか 　□ 著作権法27条および28条所定の権利についても委託者に移転する旨が規定されているか □ 受託者は著作者人格権を行使しない旨が規定されているか □ 知的財産権のうち受託者が従前より保有するものについて、受託者は委託者に利用を許諾する旨が規定されているか
再委託	□ 委託者の承諾のない再委託を禁止する旨が規定されているか □ 再委託先に受託者と同等の義務を課す旨が規定されているか
秘密保持	□ 秘密保持義務が規定されているか □ 秘密情報の定義が規定されているか □ 秘密情報の例外が規定されているか □ 一定の第三者に対して開示できる旨が規定されているか □ 受託者が第三者に秘密情報を開示する場合、第三者に対して受託者と同等の秘密保持義務を課す旨が定められているか □ 秘密情報の返還および破棄が規定されているか

損害賠償	□　損害賠償請求に関する規定があるか □　賠償範囲が適切に定められているか 　□　特別損害、間接損害、弁護士費用などを含めるのであれば、その旨が明記されているか 　□　上限額が規定されている場合、削除または修正しなくてよいか
遅延損害金	□　遅延損害金の規定がある場合、適切な利率が定められているか
契約期間	□　契約の有効期間が規定されているか □　契約の自動更新が規定されている場合、削除しなくてよいか □　契約の自動更新が規定されていない場合、追加しなくてよいか
存続規定	□　存続規定が定められているか
中途解約	□　中途解約できる旨が規定されているか □　中途解約の要件・予告期間が適切に規定されているか
解除	□　解除に関する規定があるか □　解除事由が適切に規定されているか □　催告の要否が適切に規定されているか
期限の利益の喪失	□　受託者からの通知によって期限の利益を喪失する旨が規定されているか □　期限の利益喪失事由が適切に規定されているか
反社会的勢力の排除	□　反社会的勢力の排除に関する規定があるか □　契約の当事者が反社会的勢力でないことを表明保証する旨が規定されているか □　従業員についても、反社会的勢力ではないことを表明保証する旨が規定されている場合、削除しなくてよいか □　相手方が反社会的勢力の排除に関する規定に違反した場合、契約を無催告解除できる旨が規定されているか □　無催告解除した場合にも、相手方に対して損害賠償請求できる旨が規定されているか
専属的合意管轄	□　管轄裁判所に関する規定があるか □　「専属的」合意管轄裁判所と規定されているか
準拠法	□　準拠法が規定されているか □　準拠法を「日本法」とする旨が規定されているか

業務委託契約（成果物あり）チェックリスト【受託者側】

業務内容	□ 委託業務の具体的な内容が規定されているか □ 付随する業務も業務内容に含まれる旨が規定されている場合、削除しなくてよいか
成果物	□ 成果物の仕様について具体的に規定されているか □ 受託者の同意なく仕様変更できる旨が規定されている場合、削除しなくてよいか □ 納期が規定されている場合、対応可能な時期が定められているか
委託料	□ 契約が途中で終了した際の委託料の取扱いが規定されているか □ 委託料の支払時期が規定されているか □ 委託料の支払方法が規定されているか
進捗確認	□ 報告義務が規定されている場合、削除しなくてよいか
納入および検査	□ 成果物を納入する方法や場所が規定されているか □ 検査の規定がある場合、委託者の検査期限が規定されているか □ 検査の規定がある場合、検査期限までに委託者が検査結果を通知しないときは、合格とみなす旨が規定されているか
契約不適合責任	□ 契約不適合責任が規定されているか □ 委託者の帰責性によって契約不適合となった場合、契約不適合責任を追及できない旨が規定されているか □ 受託者が履行の追完方法を選択できる旨が規定されているか □ 責任を追及できる期間が適切に規定されているか
資料提供	□ 業務遂行に必要な資料を請求できる権利が規定されているか 　□ 複製を可能とする旨が規定されているか 　□ 返還義務が規定されている場合、削除しなくてよいか
第三者の権利侵害	□ 成果物が第三者の権利を侵害しないことを受託者が保証する旨が規定されている場合、削除しなくてよいか
知的財産権の帰属	□ 成果物の知的財産権が委託者に移転する旨が規定されている場合、削除または修正しなくてよいか □ 知的財産権のうち受託者が従前より保有するものについては、委託者に権利が移転しない旨が規定されているか □ 同意なく成果物を第三者へ開示しない旨が規定されているか
再委託	□ 委託者の承諾のない再委託を禁止する旨が規定されている場合、削除または修正しなくてよいか □ 再委託先に受託者と同等の義務を課す旨が規定されている場合、削除または修正しなくてよいか
秘密保持	□ 秘密保持義務が規定されているか □ 秘密情報の定義が規定されているか □ 秘密情報の例外が規定されているか □ 一定の第三者に対して開示できる旨が規定されているか □ 委託者が第三者に秘密情報を開示する場合、第三者に対して買主と同等の秘密保持義務を課す旨が定められているか □ 秘密情報の返還および破棄が規定されているか

損害賠償	□ 損害賠償請求に関する規定があるか □ 賠償範囲が適切に定められているか 　□ 特別損害、間接損害、弁護士費用などを除くのであれば、その旨が明記されているか 　□ 上限額が規定されているか
遅延損害金	□ 遅延損害金が規定されているか □ 適切な利率が定められているか
不可抗力免責	□ 不可抗力免責が規定されているか □ 免責事由が具体的に規定されているか
契約期間	□ 契約の有効期間が規定されているか □ 契約の自動更新が規定されている場合、削除しなくてよいか □ 契約の自動更新が規定されていない場合、追加しなくてよいか
存続規定	□ 存続規定が定められているか
中途解約	□ 中途解約できる旨が規定されているか □ 中途解約の要件・予告期間が適切に規定されているか
解除	□ 解除に関する規定があるか □ 解除事由が適切に規定されているか □ 催告の要否が適切に規定されているか
期限の利益の喪失	□ 期限の利益の喪失が規定されているか □ 期限の利益喪失事由が適切に規定されているか
反社会的勢力の排除	□ 反社会的勢力の排除に関する規定があるか □ 契約の当事者が反社会的勢力でないことを表明保証する旨が規定されているか □ 従業員についても、反社会的勢力ではないことを表明保証する旨が規定されている場合、削除しなくてよいか □ 相手方が反社会的勢力の排除に関する規定に違反した場合、契約を無催告解除できる旨が規定されているか □ 無催告解除した場合にも、相手方に対して損害賠償請求できる旨が規定されているか
専属的合意管轄	□ 管轄裁判所に関する規定があるか □ 「専属的」合意管轄裁判所と規定されているか
準拠法	□ 準拠法が規定されているか □ 準拠法を「日本法」とする旨が規定されているか

（オ） 業務委託契約（成果物なし）

上述のとおり、業務委託契約（成果物なし）は、一般的には準委任に分類されます。なお、委任と準委任の違いは、委任が「法律行為をすることを相手方に委託」（民法643条）するものであるのに対し、準委任は「法律行為でない事務の委託（事実行為、事務処理の委託）」（同法656条）を行うものである点です。この違いから、ビジネス上結ばれる業務委託契約（成果物なし）は、準委任に分類されるものが非常に多くなっています。もっとも、準委任には、委任に関する民法のルールが全面的に適用されますので、契約において委任と準委任を区別する実益はありません。以下でも、準委任を前提として解説を進めます。

業務委託契約（成果物なし）において、委託する業務内容は多岐にわたり、委託する内容に応じて契約書に規定される条項も大きく異なります。その全てを解説するのは困難ですので、ここでは、委託内容にかかわらず一般的に定められることの多い規定を中心に解説します。

なお、業務委託契約（成果物あり）で重要事項として解説した、「委託業務の内容（および成果物）」、「業務遂行状況の報告義務」、「再委託」については、業務委託（成果物なし）においても同様に妥当するものですので、以下では記載を省略します。

（ｉ） 委託料

委託料については、**業務委託契約（成果物あり）と同様、契約が途中で終了した場合に履行割合に応じて発生するかという点が問題となります。**

また、業務委託契約（成果物なし）においては、業務が一定期間継続し、かつ、成果物の納品のような支払いと対置される行為が想定しにくいこともあります。そのため、委託業務の内容にあわせ、柔軟に対価の規定を検討する必要があります。

委託者の視点

委託者の立場としては、委託業務の内容に鑑みて適切な対価の算出方法を選択することが重要です。また、稼働量（タイムチャージ）や一定期間ごとの委託料ではなく、プロジェクトの完了などに対して固定の委託料を定める場合は、業務委託契約（成果物あり）で記載したとおり、契約の終了が委託者の帰責性による場合であっても、割合的な報酬を支払えば済むようにすることもポイントになります（条項例③④の３項）。

なお、以下の条項例は、士業への依頼や、コンサルティング業務などを委託する場合においてよく利用される委託料の計算方式の条項例となりますが、それ以外の業務にも広く利用されています。

〈委託者側にとって望ましい条項例〉

（委託料）
条項例①：タイムチャージ方式の場合
1．本業務の対価は、受託者の稼働1時間当たり金○○円（税別）とする。
2．受託者は、毎月月末締めで稼働表を添付した請求書を発行し、委託者は請求書を受領した日の翌月末日までに受託者の指定する銀行口座に振り込む方法により支払う。なお、振込みに係る手数料は委託者の負担とする。

条項例②：定額方式（月額）の場合
1．本業務の対価は、月額金○○円（税別）とする。
2．受託者は、毎月月末締めで請求書（本業務の期間が1カ月に満たないときの対価については日割計算を行う）を発行し、委託者は請求書を受領した日の翌月末日までに受託者の指定する銀行口座に振り込む方法により支払う。なお、振込みに係る手数料は委託者の負担とする。

条項例③：プロジェクト方式の場合
1．本業務の対価は、金○○円（税別）とする。
2．受託者は、本業務の完了後請求書を発行し、委託者は請求書を受領した日の翌月末日までに受託者の指定する銀行口座に振り込む方法により支払う。なお、振込みに係る手数料は委託者の負担とする。
3．本契約が解除その他の事由により委託期間の途中で終了したとき（委託者の帰責事由により終了した場合を含む。）は、委託料は履行の割合に応じて支払う。ただし、その終了が受託者の責めに帰すべき事由によるときは、委託料は発生しないものとする。

条項例④：マイルストーン方式の場合
1．本業務の対価は、総額金○○円（税別）とする。なお、その内訳は以下のとおりとする。
（1）着手金　○○円（税別）

(2)　中間金　○○円（税別）
(3)　完了金　○○円（税別）

2．委託者は、前項各号に定める本業務の対価について、以下の各号に定める期日までに受託者の指定する銀行口座に振り込む方法により支払う。なお、振込みに係る手数料は委託者の負担とする。

(1)　着手金　本契約締結日から○日以内
(2)　中間金　○○の時から○日以内
(3)　完了金　○○の時から○日以内

3．本契約が解除その他の事由により委託期間の途中で終了したとき（委託者の帰責事由により終了した場合を含む。）は、委託料は履行の割合に応じて支払う。ただし、その終了が受託者の責めに帰すべき事由によるときは、委託料は発生しないものとする。

受託者の視点

業務委託契約（成果物なし）においては、委託業務の外縁が不明確となる可能性が、成果物がある場合よりも類型的に高いといえます。そこで、受託者の立場においては、委託者の指示などにより当初想定した委託業務を超えた業務が発生した場合には、別途委託料を請求可能とする規定を設けることが重要です（各条項例の3項）。

また、稼働量や期間に応じた委託料を定めるものでない場合は、業務委託契約（成果物あり）で述べたとおり、自らに帰責性がない限りは報酬の全額を得ることができるように手当てすることも考えられます（条項例③の4項、④の5項）。

〈受託者側にとって望ましい条項例〉

（委託料）
条項例①：タイムチャージ方式の場合

1．本業務の対価は、受託者の稼働1時間当たり金○○円（税別）とする。

2．受託者は、毎月月末締めで請求書を発行し、委託者は当月の本業務の対価を翌月末日までに受託者の指定する銀行口座に振り込む方法で支払う。なお、振込みに係る手数料は委託者の負担とする。

3．委託者の指示により、本契約に定めのない業務が生じた場合には、第1項に定める対価のほか、委託者は、別途委託者及び受託者間の協議に基づく対価を支払う。

条項例②：定額方式（月額）の場合

1．本業務の対価は、月額金○○円（税別）とする。

2．受託者は、毎月月末締めで請求書（本業務の期間が1カ月に満たないときの対価については日割計算を行う）を発行し、委託者は当月の本業務の対価を翌月末日までに受託者の指定する銀行口座に振り込む方法により支払う。なお、振込みに係る手数料は委託者の負担とする。

3．委託者の指示により、本契約に定めのない業務が生じた場合には、第1項に定める対価のほか、委託者は、別途委託者及び受託者間の協議に基づく対価を支払う。

条項例③：プロジェクト方式の場合

1．本業務の対価は、金○○円（税別）とする。

2．受託者は、本業務の完了後請求書を発行し、委託者は請求書を受領した日の翌月末日までに受託者の指定する銀行口座に振り込む方法により支払う。なお、振込みに係る手数料は委託者の負担とする。

3．委託者の指示により、本契約に定めのない業務が生じた場合には、第1項に定める対価のほか、委託者は、別途委託者及び受託者間の協議に基づく対価を支払う。

4．委託者は、本契約が業務の完了前に終了した場合でも、当該終了が受託者の責めに帰すべき事由によらないときは、第1項に定める委託料の全額を支払う。

条項例④：マイルストーン方式の場合

1．本業務の対価は、総額金○○円（税別）とする。なお、その内訳は以下のとおりとする。

(1)　着手金　○○円（税別）
(2)　中間金　○○円（税別）
(3)　完了金　○○円（税別）

2．委託者は、前項各号に定める本業務の対価について、以下の各号に定める期日までに受託者の指定する銀行口座に振り込む方法により支払う。なお、振込みに係る手数料は委託者の負担とする。

(1)　着手金　本契約締結日から○日以内
(2)　中間金　○○の時から○日以内
(3)　完了金　○○の時から○日以内

3．委託者の指示により、本契約に定めのない業務が生じた場合には、第1項に定める対価のほか、委託者は、別途委託者及び受託者間の協議に基づく対価を支払う。

4．委託者が支払った第2項第1号及び第2号の報酬については、同項第3号の○○の成否にかかわらず返還されない。
5. 委託者は、本契約が業務の完了前に終了した場合でも、当該終了が受託者の責めに帰すべき事由によらないときは、第1項に定める委託料の全額を支払う。

（ii） 業務遂行上の費用

一般に請負の性質を有する業務委託契約（成果物あり）の場合は、業務遂行に必要な費用は原則として受託者負担となります。一方、一般に準委任の性質を有する業務委託契約（成果物なし）の場合、民法上は、業務遂行に必要な費用は委託者負担となります（民法649条、650条）。業務遂行に必要な費用には、たとえば、交通費、水道・光熱費、印刷費、送料などが挙げられます。

委託者の視点

民法上の原則は上述のとおりであり、委託者の立場としては、受託者に費用を負担させたい場合には、「本業務に伴い発生する費用は受託者が負担する」旨を定める必要があります。また、費用の請求を受けることを前提として委託料の金額を定めることも考えられます。

なお、当初想定されなかった過大な費用が発生した場合については、協議して決することが公平にかなうと思われるため、委託者の立場としても、過大な費用については協議して決定する旨を定めることもあります（条項例下線部）。

〈委託者側にとって望ましい条項例〉

（費用負担）
条項例①：全て受託者の負担とする場合
本業務に伴って発生する交通費、宿泊費、関連する資料の閲覧・謄写・購入費、印刷代、水道・光熱費その他の費用は、全て受託者の負担とする。

条項例②：過大な費用については別途協議する場合
1. 本業務に伴って発生する交通費、宿泊費、関連する資料の閲覧・謄写・購入費、印刷代、水道・光熱費その他の費用は、全て受託者の負担とする。
2. 前項の規定にかかわらず、業務遂行において著しく過大な費用が発生する場合には、委託者及び受託者は別途協議を行い、その負担及び支払方法について決定する。

受託者の視点

受託者の立場としては、民法の原則どおり、「費用は委託者が負担する」旨を定めたいと考えるのが通常です。なお、民法の原則どおりとする意図であったとしても、費用をいずれの当事者が負担するかについては、トラブルが生じやすい部分ですので、契約書に明記することが重要です。

また、費用の支払方法をめぐってもトラブルとならないよう、支払方法を明確にする必要があります。支払方法には、前払いとするか、後払いとするかのみならず、いつ、どのような方法で支払うのかについても規定が必要です。実務上は、「委託料の支払いに準じて支払う」という定め方をするのが一般的となっています。

なお、当初想定されなかった過大な費用が発生した場合については、委託者の視点で説明した内容と同様となります（条項例下線部）。

〈受託者側にとって望ましい条項例〉

（費用負担）
条項例①：全額委託者の負担とする場合
1．本業務に伴って発生する交通費、宿泊費、関連する資料の閲覧・謄写・購入費、印刷代、水道・光熱費その他の費用は、全て委託者の負担とする。
2．委託者は、前項の費用を、第○条（対価及び支払方法）の規定に準じて受託者に支払う。

条項例②：過大な費用については別途協議する場合
1．本業務に伴って発生する交通費、宿泊費、関連する資料の閲覧・謄写・購入費、印刷代、水道・光熱費その他の費用は、全て委託者の負担とする。
2．委託者は、前項の費用を、第○条（対価及び支払方法）の規定に準じて受託者に支払う。
3．前2項の規定にかかわらず、業務遂行において著しく過大な費用が発生する場合には、委託者及び受託者は別途協議を行い、その負担及び支払方法について決定する。

（iii） 指示などの追加や変更

業務委託契約においては、業務遂行の過程において、委託者が受託者に対して契約時に提示した指示や仕様などに追加や変更が生じる場合があります。特に、一般的に、成果物ではなく業務遂行を目的としている業務委託契約（成果物なし）においては、契約締結時に合意した業務内容が、成果物の完成を目的とする場合のように明確にならないことが多く、後に仕様や作業方法の変更が発生することが多くあります。そのため、追加の指示などの取扱いを定めなければ、トラブルとなる可能性が高いといえます。

委託者の視点

委託者の立場としては、業務遂行に関して具体的な指示を行うことと、それに受託者が従わなければならないことを定めることが必要です。また、業務遂行過程において、新たに生じた事情などを理由として、過去に行った指示などを変更することが必要となる場合があります。そのような場合に備えて、「いつでも指示や仕様等を追加または変更できる」旨を定めておくことがポイントです（条項例下線部）。

〈委託者側にとって望ましい条項例〉

> （指示等の追加・変更）
> 1．委託者は、受託者に対し、本業務の遂行に関して具体的な指示又は要望をすることができ、受託者は、これに従う。
> 2．委託者は、既に行った前項の指示又は要望について、いつでも追加又は変更することができ、受託者は、これに応じなければならない。

受託者の視点

受託者の立場としては、委託者から一方的に業務遂行方法などの変更を求められ、それに従わなければならないとすると、負担が大きくなり、コスト割れの危険も生じます。そこで、委託者が既に行った指示などを一方的に変更することはできず、変更については両者で協議して決定することを定めることが望ましいといえます（条項例下線部①）。

また、委託者が指示や要望を変更することを受け入れるとしても、追加の業務やコストが必要となる場合に備え、納期の延長や委託料の増額を求めることができると定めることが重要なポイントとなります（条項例下線部②）。

〈受託者側にとって望ましい条項例〉

（指示等の追加・変更）
1．委託者は、委託者が契約締結時に本業務遂行に関して提示した具体的な指示又は要望の変更を希望するときは、受託者に通知し、委託者及び受託者は、①当該変更について誠実に協議をする。
2．前項の協議に基づき業務遂行方法を変更する場合、受託者は、委託者に対し、②必要と認められる納期の延長及び委託料の追加を求めることができる。

（iv） 業務遂行上の遵守事項

業務委託の法的な性格が準委任とされれば、契約上、注意義務に関する規定を設けなくとも、受託者は善管注意義務を負います（民法656条、644条）。善管注意義務とは、一般的には、その者の地位、業務内容などに応じて、社会通念上、客観的、一般的に要求される注意義務のことを指します。善管注意義務に違反すると、契約の解除や債務不履行（不完全履行）による損害賠償などの効果が発生します。

しかし、善管注意義務の意義からも明らかなとおり、その範囲も一義的には明確ではありません。そのため、善管注意義務の規定を定めた上で、その内容として、業務遂行にあたり必要となる注意義務や、具体的な法令などに従う義務などを具体化することも実務上行われています。

委託者の視点

委託者の立場としては、自己が行う業務上遵守を求められる法令があれば、受託者にもその法令を遵守させる必要が生じ得るため、それらを契約書上に明記することが考えられます。

なお、法令を遵守することは善管注意義務の内容となるのが通常ですので、具体的な法令を明示した条項は確認的な意味を有するにとどまるものとなります。しかし、法令遵守を求める委託者側としては、受託者の法令遵守の徹底を促す意味でも、契約書に記載する実益は一定程度あるものと思われます。

〈委託者側にとって望ましい条項例〉

> (業務遂行上の遵守事項)
> 条項例①:一般的な規定例
> 受託者は、本業務を遂行するにあたり、適用される関連業法及び関連法規を遵守するとともに、受託者の従業員にもこれらを遵守させなければならない。
>
> 条項例②:個別の業法に関する義務を負わせる規定例
> 受託者は、本業務を遂行するにあたって、廃棄物の処理及び清掃に関する法律(昭和45年法律第137号。以下「廃掃法」という。)、各地方公共団体の条例、ガイドラインその他関連する規則を遵守しなければならず、受託者の従業員にもこれらを遵守させなければならない。

受託者の視点

受託者の立場としても、法令を遵守することは当然であることから、委託者から個別の業法に関する義務を負わせる規定を提示されたとしても身構える必要はなく、そのまま受け入れたとしても大きな不利益は生じません。そのため、これらの条項の規定ぶりについて、契約交渉で争う場面は多くないと思われます。

もっとも、受託者としては、遵守すべきルールの存在と内容を自ら調べなければならないとすると、負担が生じることも予想されます。そこで、次の条項例のように、遵守すべきルールを委託者に示させるという規定にすることも考えられます。

〈受託者側にとって望ましい条項例〉

> (業務遂行上の遵守事項)
> 委託者は、受託者に対し、本業務の遂行に関して委託者に適用される法令、監督官庁の告示、通達及び業界の自主ルール等の存在及び内容を通知し、受託者は、これを遵守する。

業務委託契約（成果物なし）チェックリスト【委託者側】

業務内容	□ 委託業務の具体的な内容が規定されているか □ 付随する業務も業務内容に含まれる旨が規定されているか
委託料	□ 委託料の計算方法が明確に規定されているか □ 契約が途中で終了した際の委託料の取扱いが規定されているか □ 委託料の支払時期が規定されているか □ 委託料の支払方法が規定されているか
費用負担	□ 業務に必要な費用の負担者が規定されているか □ 業務に必要な費用の負担者が委託者とされている場合、修正しなくてよいか □ 過大な費用が発生した場合の取扱いが規定されているか
指示などの追加・変更	□ 指示や仕様などを追加または変更できる旨が規定されているか
進捗確認	□ 業務の進捗報告義務が規定されているか 　□ 定期的に報告する義務が規定されているか 　□ 委託者の求めに応じて報告する義務が規定されているか □ 必要に応じて委託者が受託者の事業所などに立入検査できる旨が規定されているか
遵守事項	□ 善管注意義務が規定されているか □ 個別の業法などの遵守義務が規定されているか
資料提供	□ 資料を提供する場合、その取扱いが規定されているか 　□ 複製を禁止または制限する旨が規定されているか 　□ 目的外使用を禁止する旨が規定されているか 　□ 受託者の返還義務が規定されているか
再委託	□ 委託者の承諾のない再委託を禁止する旨が規定されているか □ 再委託先に受託者と同等の義務を課す旨が規定されているか
秘密保持	□ 秘密保持義務が規定されているか □ 秘密情報の定義が規定されているか □ 秘密情報の例外が規定されているか □ 一定の第三者に対して開示できる旨が規定されているか □ 受託者が第三者に秘密情報を開示する場合、第三者に対して受託者と同等の秘密保持義務を課す旨が定められているか □ 秘密情報の返還および破棄が規定されているか
損害賠償	□ 損害賠償請求に関する規定があるか □ 賠償範囲が適切に定められているか 　□ 特別損害、間接損害、弁護士費用などを含めるのであれば、その旨が明記されているか 　□ 上限額が規定されている場合、削除または修正しなくてよいか
遅延損害金	□ 遅延損害金の規定がある場合、適切な利率が定められているか
契約期間	□ 契約の有効期間が規定されているか □ 契約の自動更新が規定されている場合、削除しなくてよいか □ 契約の自動更新が規定されていない場合、追加しなくてよいか
存続規定	□ 存続規定が定められているか

中途解約	□　中途解約できる旨が規定されているか □　中途解約の要件・予告期間が適切に規定されているか
解除	□　解除に関する規定があるか □　解除事由が適切に規定されているか □　催告の要否が適切に規定されているか
期限の利益の喪失	□　受託者からの通知によって期限の利益を喪失する旨が規定されているか □　期限の利益喪失事由が適切に規定されているか
反社会的勢力の排除	□　反社会的勢力の排除に関する規定があるか □　契約の当事者が反社会的勢力でないことを表明保証する旨が規定されているか □　従業員についても、反社会的勢力ではないことを表明保証する旨が規定されている場合、削除しなくてよいか □　相手方が反社会的勢力の排除に関する規定に違反した場合、契約を無催告解除できる旨が規定されているか □　無催告解除した場合にも、相手方に対して損害賠償請求できる旨が規定されているか
専属的合意管轄	□　管轄裁判所に関する規定があるか □　「専属的」合意管轄裁判所と規定されているか
準拠法	□　準拠法が規定されているか □　準拠法を「日本法」とする旨が規定されているか

業務委託契約（成果物なし）チェックリスト【受託者側】

業務内容	□ 委託業務の具体的な内容が規定されているか □ 付随する業務も業務内容に含まれる旨が規定されているか
委託料	□ 委託料の計算方法が明確に規定されているか □ 契約が途中で終了した際の委託料の取扱いが規定されているか □ 委託料の支払時期が規定されているか □ 委託料の支払方法が規定されているか
費用負担	□ 業務に必要な費用の負担者が規定されているか □ 業務に必要な費用の負担者が受託者とされている場合、修正しなくてよいか □ 過大な費用が発生した場合の取扱いが規定されているか
指示などの追加・変更	□ 委託者が一方的に指示や仕様などを追加または変更できる旨が規定されている場合、削除または修正しなくてよいか □ 指示の追加や変更があった場合、必要と認められる納期の延長および委託料の追加を求めることができる旨が規定されているか
進捗確認	□ 業務の進捗報告義務が規定されているか 　□ 定期的に報告する義務が規定されている場合、削除または修正しなくてよいか 　□ 委託者の求めに応じて報告する義務が規定されている場合、削除または修正しなくてよいか □ 委託者が受託者の事業所等に立入検査できる旨が規定されている場合、削除または修正しなくてよいか
遵守事項	□ 個別の業法などの遵守義務が定められている場合、委託者が遵守すべきルールの存在および内容を通知する旨が規定されているか
資料提供	□ 業務遂行に必要な資料を請求できる権利が規定されているか 　□ 複製を可能とする旨が規定されているか 　□ 返還義務が規定されている場合、削除しなくてよいか
再委託	□ 委託者の承諾のない再委託を禁止する旨が規定されている場合、削除または修正しなくてよいか □ 再委託先に受託者と同等の義務を課す旨が規定されている場合、削除または修正しなくてよいか
秘密保持	□ 秘密保持義務が規定されているか □ 秘密情報の定義が規定されているか □ 秘密情報の例外が規定されているか □ 一定の第三者に対して開示できる旨が規定されているか □ 受託者が第三者に秘密情報を開示する場合、第三者に対して受託者と同等の秘密保持義務を課す旨が定められているか □ 秘密情報の返還および破棄が規定されているか
損害賠償	□ 損害賠償請求に関する規定があるか □ 賠償範囲が適切に定められているか 　□ 特別損害、間接損害、弁護士費用などを除くのであれば、その旨が明記されているか 　□ 上限額が規定されているか

遅延損害金	□ 遅延損害金が規定されているか □ 適切な利率が定められているか
不可抗力免責	□ 不可抗力免責が規定されているか □ 免責事由が具体的に規定されているか
契約期間	□ 契約の有効期間が規定されているか □ 契約の自動更新が規定されている場合、削除しなくてよいか □ 契約の自動更新が規定されていない場合、追加しなくてよいか
存続規定	□ 存続規定が定められているか
中途解約	□ 中途解約できる旨が規定されているか □ 中途解約の要件・予告期間が適切に規定されているか
解除	□ 解除に関する規定があるか □ 解除事由が適切に規定されているか □ 催告の要否が適切に規定されているか
期限の利益の喪失	□ 期限の利益の喪失が規定されているか □ 期限の利益喪失事由が適切に規定されているか
反社会的勢力の排除	□ 反社会的勢力の排除に関する規定があるか □ 契約の当事者が反社会的勢力でないことを表明保証する旨が規定されているか □ 従業員についても、反社会的勢力ではないことを表明保証する旨が規定されている場合、削除しなくてよいか □ 相手方が反社会的勢力の排除に関する規定に違反した場合、契約を無催告解除できる旨が規定されているか □ 無催告解除した場合にも、相手方に対して損害賠償請求できる旨が規定されているか
専属的合意管轄	□ 管轄裁判所に関する規定があるか □ 「専属的」合意管轄裁判所と規定されているか
準拠法	□ 準拠法が規定されているか □ 準拠法を「日本法」とする旨が規定されているか

4――契約締結

契約締結とは、各当事者による契約審査を経た契約内容につき、当事者全員が合意することをいいます。多くの場合、契約締結に際して契約書が作成され、当事者全員が契約書に記名押印などをして、各々一部ずつ原本を保管します。ここでは、なぜ書面により契約締結を行うのか、契約締結の具体的なプロセス、そのプロセスにおける課題、課題を解決するための方法について、解説します。

[1] 書面により契約締結を行う意義

日本の民法では、契約は、当事者の意思表示の合致により成立するとされています（民法522条1項）。そして、法律で書面による契約締結が義務付けられている場合を除き、いわゆる口約束でも契約は成立するため、契約締結のために必ずしも契約書を作成する必要はありません（民法522条2項）。つまり、「売ります」「買います」という契約締結の意思表示を口頭でした場合はもちろん、メールやチャットなどでそのような意思表示の合致がある場合も、契約は有効に成立します。

もっとも、実際には、書面により契約締結を行うことが通常です。以下では、書面により契約締結を行う意義として、3つの理由を解説します。

（ア） 合意の内容を明確にするため

たとえば、民法には、典型的な契約として売買、委任、請負など13種類の契約について規定があり、それぞれの規定に定められた意思表示の合致があれば、原則として、有効に契約は成立するとされています。そのため、意思表示の合致があれば十分であり、わざわざ契約書を作成する必要はないとも思えます。

しかし、複雑な取引が多くなっている現代においては、法律の定めと異なる内容や、法律に定めのない内容の契約を望む場合がほとんどです。そのため、

当事者の合意の内容を明確にするため、契約書の作成が必要になります。ちなみに、契約自由の原則により、法律の定めと異なる内容の契約であっても、その合意した内容が法律などに抵触しない限り、契約は有効に成立します。また、仮に法律どおりの内容の契約であっても、具体的にどのような合意がされたのかを明確にするため、やはり契約書の作成は必須といえます。

（イ） 紛争に備えるため

契約を締結した後で、本当に契約を締結したのか、締結したとしてもどのような内容であったのかについて、当事者間で争いになることがあります。その争いが当事者間の話し合いだけでは解決できない場合、一方当事者が裁判所に訴訟を提起する可能性もあります。紛争が生じた場合、契約書の存在は非常に有力な証拠となり得ます。契約書が存在すれば、契約が締結されたことおよびその内容の証明ができるためです。

なお、民事の裁判において、文書を証拠として提出する側は、文書を作成したとされる人が自分の意思で作成したことを証明しなければなりません（文書の真正の証明。民事訴訟法228条1項）。

契約書を作成した名義人の印影が、その名義人の印章（ハンコ）によって顕出された（押印された）ものであるときは、反証のない限り、その印影は本人の意思に基づいて顕出されたものと、経験則上、推定されます（一段目の推定）。ここでいう「反証」とは、たとえば、一段目の推定の前提事実を争うことが挙げられます。つまり、その名義人の印章（ハンコ）によるものではないという反論です。あるいは、一段目の推定を覆すために、その名義人の印章（ハンコ）ではあるものの、第三者に盗まれたものであって名義人の意思で押したものではないという反証もあり得ます。

反証がない場合は、この一段目の推定によって、「私文書は、本人又はその代理人の署名又は押印があるときは、真正に成立したものと推定する。」と定める民事訴訟法228条4項の要件を充たすものとして取り扱われ、契約書全体の成立の真正が法律上推定されます（二段目の推定）。

つまり、**契約をめぐる紛争が発生した場合に備えて、契約書を作成し、当事者双方が記名押印などをした上で、各自が契約書を証拠として保管しておくことは、紛争解決のために非常に有効な手段といえます。**また、有効な契約書が

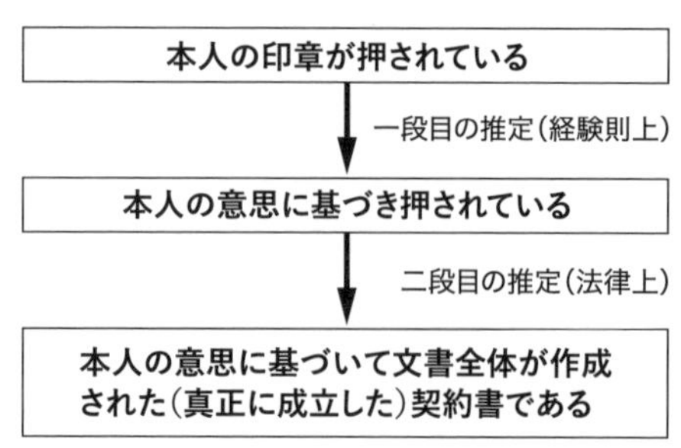

図表 2-8｜二段の推定

あれば、そもそも契約書の記載に反する主張がしにくくなるため、紛争を未然に防ぐ効果もあります。

（ウ） 法律上契約書の作成が求められるため

法律上、契約締結の際に契約書の作成が義務付けられていることがあります。たとえば、事業用定期借地権設定契約を締結する場合は、公正証書で契約書を作成しなければなりません（借地借家法23条3項）。農地賃貸借契約を締結する場合も、公正証書である必要まではありませんが、書面により契約の内容を明らかにする必要があります（農地法21条）。

また、相対的に弱い立場にある契約当事者を守るため、法律が契約条件などを記載した書面の交付を義務付けている場合があります。たとえば、下請契約において、親事業者は、下請事業者の給付の内容や下請代金の額などを記載した書面を下請事業者に交付しなければなりません（下請法3条1項）。また、雇用契約を締結する際、使用者は、賃金や労働時間などの労働条件を書面により労働者に明示する必要があります（労働基準法15条1項、労働基準法施行規則5条4項）。

契約書の作成が法律で義務付けられている場合には、契約書の作成はもちろんのこと、その内容が法律の規定する要件を満たしているかどうか、よく確認しながら作成することが必要です。

以上の理由により、書面による契約締結というプロセスが必須の工程となります。

［2］ 契約締結の具体的なプロセス

書面により契約を締結することの必要性について述べてきましたが、実際に書面により契約締結を実施する場合には、どのような手続が必要になるでしょうか。契約締結に必要なプロセスについてみていきます。

（ア） 製本

契約締結にあたって、契約書の契約当事者欄に契約当事者の記名押印（または署名捺印）さえあれば十分かというと、そうではありません。契約書に記名押印（または署名捺印）をする前に、印刷した契約書を製本する必要があります。

製本とは、契約書が複数枚から成る場合に、それらを一つにまとめて袋とじなどの方法により本の体裁に整えることです。

製本の方法は、まず契約書のいずれかの側をステープルで留めた上で、紙の帯や製本テープを、ステープル部分が隠れるように、背表紙を覆うようにして貼り付けるのが一般的です。かつては、紙を帯状にしたものを手製して糊付けを行っていましたが、最近は、製本用にシールタイプになっているものが販売されています。契約書を大量に製本する必要がある部門の場合には、シールタイプのものを利用することが非常に便利です。

製本のやり方

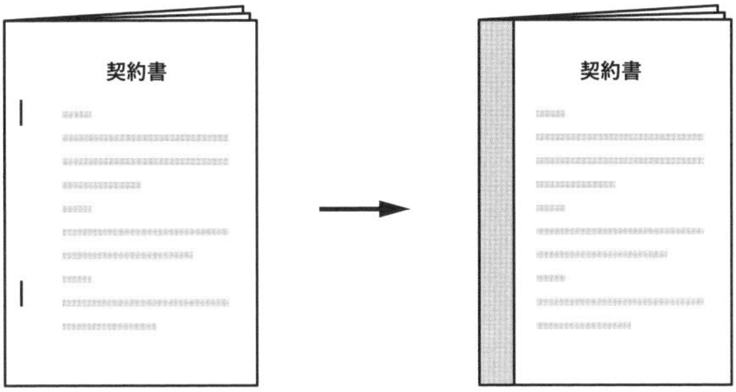

契約書

背をステープルで止める

契約書

製本テープを貼って、ステープルを隠す

図表 2-9 ｜製本のやり方

製本をすることは義務ではありませんが、契約書が2枚以上になる場合は製本することが慣習となっています。その方が見た目が美しく、保管しやすいということもありますが、主な理由は以下の2点です。

1点目は、製本していない場合、複数枚の書面が一つの契約であることを示すため、たとえば、見開き部分の内側に、ページとページとの間にまたがるように契約当事者全員のハンコを押すといった対応を行う必要がでてきます。この押印を「契印」とよびます。契約書の枚数が多くなると、契印をするだけで相応の手間になります。しかし、製本していれば、契約書の表紙または裏表紙、あるいはその両方に、袋とじ部分と契約書本体とにまたがるように、契約当事者全員が各々契印を一度すれば足ります。なお、契印をすることは法律で義務付けられているわけではないため、契印がなくても契約自体は有効に成立します。

2点目は、製本することでページの落丁や故意の改ざんを防止するためです。製本されていると、袋とじ部分を破損しない限り、ページの一部を抜き取ったり、契約当事者欄を差し替えたりすることが極めて難しくなります。また、ステープル留めの部分をさらに紙の帯や製本テープで覆っているため、これらがない場合に比べて落丁する可能性も低くなります。

なお、「契印」と間違われやすいものとして「割印」があります。「割印」と

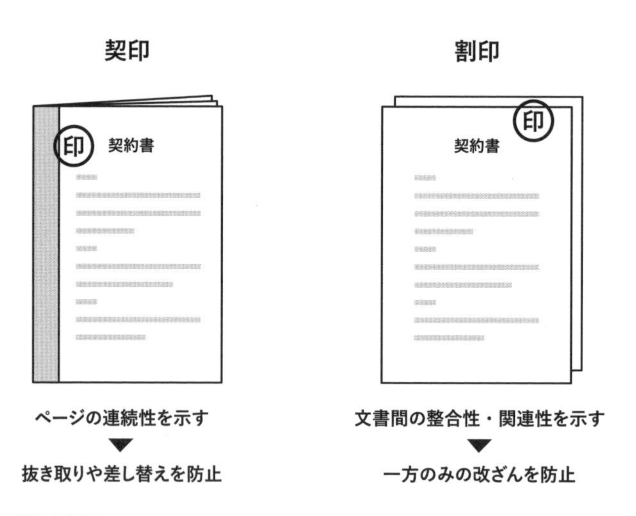

図表 2-10｜契印と割印

は、2つ以上の契約書を作成する場合に、その契約書が同一であること、または関連があることを示すものです。「割印」は、2つ以上の契約書の上部に、2つ以上の契約書にまたがるように押すのが一般的です。それぞれの契約書には、上半分または下半分の印影が残るため、「割印」といいます。

（イ） 収入印紙

契約締結に関して、印紙税は一つの重要なトピックです。印紙税の対象となる契約書を作成した場合は、印紙税を納税する義務があります（印紙税法2条）。印紙税は、一般的には、収入印紙を購入して、それを書面に貼付し、消印を押して納税します。

収入印紙は、切手サイズのもので、200円、400円、1000円、2000円、4000円などの様々な形式があります。法務局や郵便局の窓口、一部のコンビニエンスストアで購入することができます。

消印は、収入印紙と文書にまたがるように、押印または署名（サイン）により実施します（印紙税法8条2項）。消印をしなければ、納税をしたことにはなりません。消印は契約当事者の両者が行っても、片方が行っても問題ありません。

全ての契約書が印紙税の対象となるわけではありません。印紙税の対象となる契約書であるか否かは、契約書に記載された契約内容（文書の種類）によって決まります。2022年4月時点における印紙税が発生する文書には以下のものがあります（国税庁「印紙税額一覧表」(2022年4月)(https://www.nta.go.jp/publication/pamph/inshi/pdf/zeigaku_ichiran_r0204.pdf)）。

【印紙税が発生する文書】

・不動産、鉱業権、無体財産権、船舶、若しくは航空機又は営業の譲渡に関する契約書
・地上権又は土地の賃借権の設定又は譲渡に関する契約書
・消費貸借に関する契約書
・運送に関する契約書
・請負に関する契約書
・約束手形、為替手形
・株券、出資証券、若しくは、社債券、又は投資信託、貸付信託、特定目

的信託若しくは受益証券発行信託の受益証券
・合併契約書又は吸収分割契約書若しくは新設分割計画書
・定款
・継続的取引の基本となる契約書
・預金証書、貯金証書
・倉荷証券、船荷証券、複合運送証券
・保険証券
・信用状
・信託行為に関する契約書
・債務の保証に関する契約書
・金銭又は有価証券の寄託に関する契約書
・債権譲渡又は債務引受けに関する契約書
・配当金領収書、配当金振込通知書
・売上代金に係る金銭又は有価証券の受取書、売上代金以外の金銭又は有価証券の受取書
・預金通帳、貯金通帳、信託通帳、掛金通帳、保険料通帳
・消費貸借通帳、請負通帳、有価証券の預り通帳、金銭の受取通帳などの通帳
・判取帳

特に、企業において発生頻度が多い契約書としては、請負に関する契約書（第２号文書）や継続的取引の基本となる契約書（第７号文書）が挙げられます。請負に関する契約書（第２号文書）の具体例としては、成果物の完成を目的とする業務委託契約や工事請負契約などが挙げられます。また、継続的取引の基本となる契約書（第７号文書）とは、特定の相手との継続的に生じる取引の基本となる契約のことであり、具体例としては、業務委託基本契約や売買取引基本契約などが挙げられます。

さらに、納税金額は、その契約書に記載された金額によって異なります。国税庁の「印紙税の手引」に示されている「印紙税額一覧表」を参照するとよいでしょう。

国税庁のウェブサイトでは、よくある質問をタックスアンサーとしてまとめて

います。作成した契約書が課税対象となるのか、課税対象である場合の納税金額はいくらかといった点を確認する際に、非常に役に立ちます。

（ウ） 記名押印または署名捺印

契約書は、古くは手書きの文字で書いた文書に各当事者が署名し、印章（ハンコ）を押して作成していました。その後、ワードプロセッサーの発達により、契約内容を印字した紙を製本し、印章（ハンコ）を押して作成するようになりました。なお、契約書内の契約当事者欄（契約当事者が誰かが書かれた部分）に、氏名を印字して出力またはゴム印で押印し、その隣に印章（ハンコ）を押すことを「記名押印」といい、氏名を印字せず、自ら手書きした上で、その隣にハンコを押すことを「署名捺印」といって区別することがあります。法的な取扱いの違いとしては、署名捺印の場合は、印章（ハンコ）を押さなくても、直筆の「署名」があるため、真正に成立したことが推定されるのに対し（民事訴訟法228条4項）、記名押印の場合は、印章（ハンコ）を押さなければ真正に成立したものとは推定されません。単なる氏名の印字またはゴム印のみでは、先ほど説明した二段の推定は及ばないため注意が必要です。

契約書に押す印章（ハンコ）には、特に限定はありません。ただ、本節［1］（イ）で述べたとおり、契約書を作成した人の印章（ハンコ）を用いた印影が契

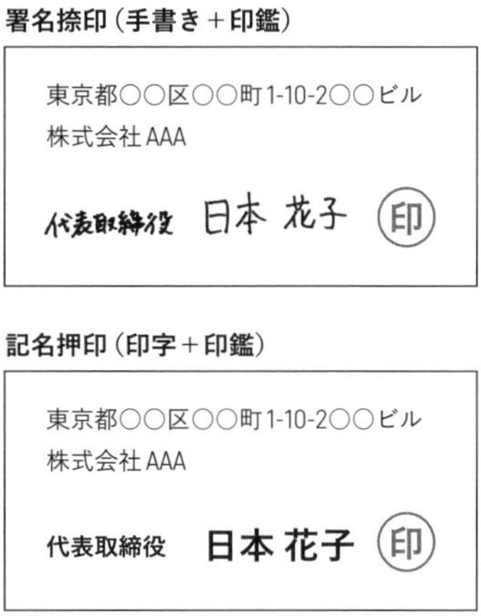

署名捺印（手書き＋印鑑）

東京都○○区○○町1-10-2○○ビル
株式会社AAA
代表取締役 日本 花子 印

記名押印（印字＋印鑑）

東京都○○区○○町1-10-2○○ビル
株式会社AAA
代表取締役 日本 花子 印

図表 2-11｜署名捺印と記名押印

約書に押されている場合、二段の推定により、その契約書は真正に成立したものと推定されます。そのため、重要な契約には実印が用いられることもあります。実印を用いれば、契約書に押された印影と、印鑑登録証明書に記載された印影とを比較し、これが同一であれば、印鑑登録証明書に記載された人（契約当事者）の印章（ハンコ）が用いられたことが明らかだからです。

なお、契約書に関して「捨印」という言葉もよく使われます。「捨印」とは、記名押印（または署名捺印）に用いた印章（ハンコ）を、あらかじめ契約書の欄外に押しておくことをいいます。契約の記名押印後に、契約に記載されている内容を修正する場合、修正をした上で、訂正印を押印する形で対応することがありますが、あらかじめ捨印をしておくことで、この訂正印を逐一押印することを避けることができます。捨印は、契約に訂正がある場合に、迅速に訂正を行うことができるという点ではメリットがありますが、相手方に簡単に契約の内容の訂正を行うことができる権限を与えてしまうというデメリットもあるため、使用する際には注意が必要です。

また、英文の契約書の場合、海外には印章（ハンコ）を押すという習慣がないため、契約締結を署名により行うことが一般的です。この場合、署名欄の上または下に契約当事者の氏名が印字されていることが一般的です。氏名が印字される目的は、署名された文字の判読が難しくても、印字された文字を読むことで契約当事者を特定するためです。なお、契約書に契約当事者の署名しかなく、捺印がなくても、民事訴訟法228条4項により、その契約書は真正に成立したものと推定されます。

（エ） 郵送

契約書は、「特定の受取人に対し、差出人の意思を表示し、又は事実を通知する文書」に該当すると考えられるため（郵便法4条2項）、郵便法上の「信書」に当たります。郵便法上は、他人の契約書については、日本郵便株式会社のみが送達を業とすることができると定められています（郵便法4条1項）。これは、特に保護する必要性の高い信書について、通信の秘密（憲法21条2項）の保障を担保するために定められたルールです。

もっとも、これでは、信書の送達業務に競争原理が働かず、利用者の利便性の向上が図れません。そこで、信書の送達事業について、民間事業者の参入を認めるため、2003年に、「民間事業者による信書の送達に関する法律」（以下「信書便法」といいます。）が施行されました。信書便法では、総務大臣から許可を得た民間企業も、他人の信書の送達を業とすることができる旨が定められています（信書便法3条）。そのため、契約書を送付する際に、日本郵便株式会社以外の事業者のサービスを利用する際は、許可事業者であるかを確認する必要があります。

これに違反して、許可を得ていない事業者に契約書の送付を依頼した場合、依頼した側も、3年以下の懲役または300万円の罰金が科されますので、注意しなければなりません（郵便法76条、同法4条4項）。

（オ） 契約締結フロー

本節［2］（ア）から（エ）を踏まえると、書面により契約を締結するためには、まず契約の一方当事者において、印刷、製本作業、押印作業、封印、郵送という工程を経る必要があり、さらに他方当事者において、郵送された契約書を受け取り、押印作業、封印、郵送（他方当事者分の契約書を返送）という工程を経る必要があります。これらを、それぞれの契約当事者の決裁過程も含めて**図表2-12**のとおりとなります。

すなわち、その契約を担当する事業部門の担当者は、契約書の印刷、製本作業から始まり、その契約書に記名押印（または署名捺印）することを事業部門の上長に上程し、上長の決裁が下りたら、さらに契約締結部門に捺印申請を行うことになります。そして、捺印担当者から捺印された契約書が戻ってきたら、他方当事者の記名押印（または署名捺印）を取得するため、いったん全ての契約書を他方当事者に郵送します。

また、他方当事者においても、受け取った契約書につき稟議を上げた上で、さらに契約締結部門に捺印申請を行い、捺印された契約書が戻ってきたら、そのうちの1通を一方当事者のものとして郵送（返送）する必要があります。

このように契約締結は多数の工程を踏まなければならないため、あらかじめフローを決めておき、そのフローに則って抜けがないよう手続を進めることが重要です。

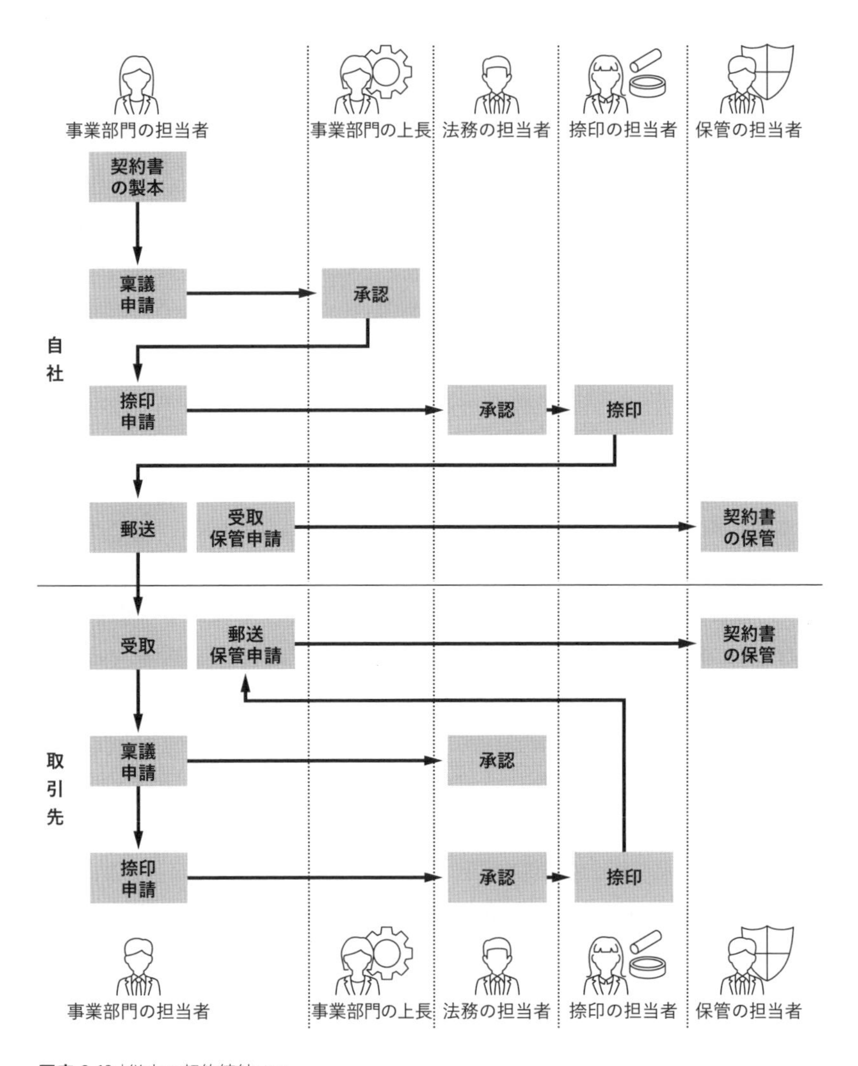

図表 2-12｜従来の契約締結フロー

［3］従来の契約締結フローの課題

従来の契約締結フローの課題としては、物理的な制約、時間的な制約、署名者による制約といった点が挙げられます。

（ア） 物理的な制約

紙の契約書を作成するためには、一方当事者において、印刷、製本作業、押印作業、封印、郵送という工程を経た上で、他方当事者において、さらに、押印作業、封印、郵送（返送）という工程が必要となります。これには、契約締結のために、各当事者の社員がオフィスに出社を余儀なくされるという点で物理的な制約が伴います。

（イ） 時間的な制約

昨今の運送サービスは、迅速かつ確実に配達がなされるものの、やはり郵送という工程を経ることにより契約締結までに一定の時間を要することになります。契約当事者が同じエリアに所在していれば迅速に行えますが、少なく見積もっても数日は要するという点で時間的な制約も伴います。さらに、エリアが遠くなればなるほど、より時間がかかりますし、もし、外国当事者との契約の締結の場合には、より多くの時間がかかることになります。そのため、**契約の効力発生日よりも実際の押印作業が完了して契約書が完成する日が後ろ倒しになってしまうことも少なくありません。**

（ウ） 署名者による制約

契約書に署名押印するためには、通常、社内稟議を経る必要があります。その上で、代表取締役などの契約締結権限を有する者が押印をしなければなりません。その際、**契約締結権限を有する者が不在の場合に、次のプロセスである押印作業に進むことができず、契約締結に遅れが生じるおそれがあります。**

［4］ 契約締結に関する電子契約の導入

昨今、紙の契約書ではなく、電子契約について耳にすることが増えてきています。この背景には、電子契約が、従来の契約締結フローの課題を解決する役割を担えるという側面があったことは間違いありません。

電子契約を導入することで、社員はオフィスに出社せずとも契約の締結業務を遂行することができるため、物理的な制約から解放されます。また、電子契約の締結作業は、データをPDF化した上で電子署名をするだけで完了します。紙の契約書のように印刷、製本、押印、封印、郵送といった手間は生じません。電子署名は、インターネットを通じて瞬時に完了しますので、契約の効力発生日と契約の締結日がずれ込むことはほぼなく、時間的制約からも解放されます。さらに、電子契約サービスによっては、電子稟議を兼ね備えた機能をもっているものもあります。電子契約の導入により、稟議手続を電子化して署名者不在時の契約締結の遅れといった署名者による制約からも解放されます。

本節［4］では、電子契約とは何かを踏まえた上で、その有効性と導入プロセスについて検証します。

（ア） 電子契約とその法的有効性

電子契約とは、紙ではなく電子データで作成して締結される契約を意味します。先述のとおり、契約は、書面を作成しなくとも有効に成立します。そのため、電子契約であっても、契約の有効性に影響はありません。もっとも、法律で「書面」の作成を義務付けられている場合は、電子契約を使うことができませんので注意が必要です。とはいえ、昨今、電子契約化のニーズが拡大していることに伴い、法令改正が行われており、書面による締結が求められる場合は減ってきています。将来的には、契約の「書面」による作成義務はなくなることもあり得るかもしれません。自社で作成する契約書の「書面」による作成義務については、法令改正の動向を継続的に確認しておくとよいでしょう。

なお、電子契約は、印紙税の課税対象外となりますので、印紙を貼付する必要はありません。この根拠は、国税庁による解釈と国会の答弁から導くことができると考えられます。すなわち、印紙税法3条によれば、課税文書を「作成」した者が納税義務を負うとされていますが、この「作成」とは、「単なる課税文書の調製行為をいうのでなく、課税文書となるべき用紙等に課税事項を記載し、これを当該文書の目的に従って行使することをいう」とされています。この点に関して、国税庁（福岡国税局）は、「作成の時」とは、紙の現物を交付した時であって、電子メールの送信はこれに当たらないものと解釈しています（印紙税法基本通達44条、国税庁「文書回答事例」https://www.nta.go.jp/about/organization/fukuoka/bunshokaito/inshi_sonota/081024/01.htm）。また、2005

年の第162回国会答弁において、「文書課税である印紙税においては、電磁的記録により作成されたものについて課税されない」と述べられています。

（イ） 電子契約の証拠力

広くは、「売ります」「買います」とやりとりしたメールやチャットも電子データで記録された契約です。もっとも、このような契約には、本人の印章（ハンコ）がないため、本人の印象（ハンコ）が付されている紙の契約書のように、「文書の真正」は推定されません。

では、電子契約には「文書の真正」の推定は認められないのでしょうか。実は、このような疑問があったため、電子契約の需要が高まっていたにもかかわらず、電子契約の普及の妨げとなっていました。そこで、書面ではなく電子で契約を締結する場面においても、一定の条件で、書面上の署名、押印に相当するような法的効力を与えるため、「電子署名及び認証業務に関する法律」（以下「電子署名法」といいます。）という法律が整備されました。

これにより、電子署名法が定める一定の要件を充たす「電子署名」が本人によって施されている場合、紙の契約書と同様に、電子契約の「文書の真正」が推定されることになりました（電子署名法3条）。

電子署名法が定める「電子署名」とは、①本人によって作成されたものであることを示すものであること（本人性）、および②改変が行われていないかどうかを確認することができるものであること（非改ざん性）のいずれにも該当するものをいいます（電子署名法2条）。

したがって、電子契約について、「文書の真正」が推定されるためには、本人が「電子署名」を付す必要があります。

（ウ） 電子契約の種類

電子署名を用いた電子契約には、大きく「当事者型」と「事業者型」があります（**図表2-13**「当事者型と事業者型」参照）。「当事者型」とは、当事者が自ら保有および管理する署名鍵を自ら付すというものです。他方で、「事業者型」とは、当事者が保有するものではなく、当事者が利用するクラウドサービスを提供する事業者が、その保有する署名鍵を付すというものです。後者は、当事者が利用するクラウドサービス提供事業者が、電子署名を付すという立

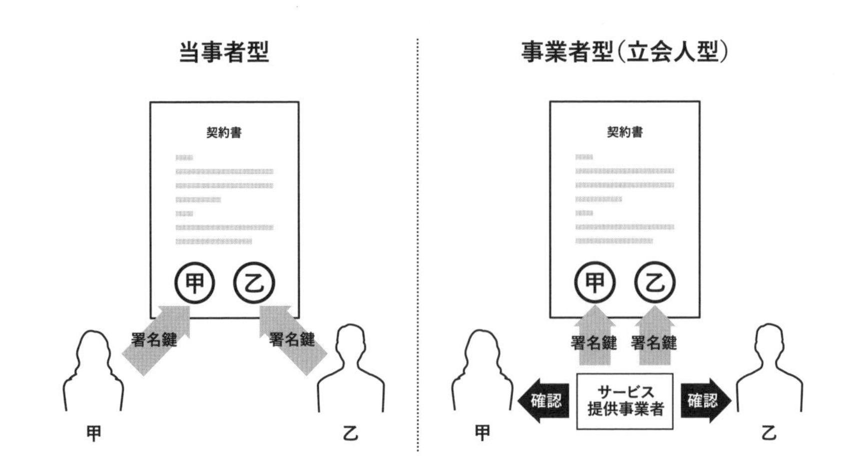

図表 2-13｜当事者型と事業者型

場で契約に立ち会うというスタイルのように考えられることから「立会人型」とも呼ばれています。

なお、ここでいう「署名鍵」とは、電子署名で用いられている公開鍵方式という暗号技術に必要となるものであり、公開されていない自分だけがもっている鍵（秘密鍵）のことです。この鍵を使わないと、暗号化されたデータを開くことができないのです。

（エ） 電子契約の導入

上述したように、電子契約を巡る様々な議論があるところですが、契約実務における電子契約の有用性は非常に高いことは否定できません。では、電子契約を実際に導入するにあたり、どのようなことを検討すればよいでしょうか。この点について、解説していきます。

（ｉ） 当事者型と事業者型のいずれがよいか

電子契約を導入する際には、「当事者型」と「事業者型」のいずれを使うのかという点を検討しなければなりません。

現在は、「事業者型」を用いる企業が主流です。その背景としては、「当事者型」は、導入コストが高いことが挙げられます。すなわち、「当事者型」を採用する場合、当事者の双方において「当事者型」の導入をする必要があり、このハードルが高いということがあります。もっとも、「当事者型」は、当事者が電子署名を自ら付すという点で、厳格な手続を経ることから、電子署名法上の本人性と非改ざん性を担保する仕組みであるといえ、証拠力は高いといわれています。そのため、当事者間で反復継続して取引を実施することを予定しているケースでは、当事者型を利用するということもあり得るでしょう。

（ⅱ）「事業者型」の懸念点

では、「事業者型」を採用した場合、懸念はないのでしょうか。この点については、従来、「事業者型」の電子契約は、真正な成立が推定されないのではないかという懸念がありました。すなわち、電子署名法3条において、電磁的記録の場合にその真正な成立が推定されるためには、「本人による電子署名」を付すことが必要ですが、「事業者型」では、直接的には本人ではなく事業者が電子署名を付しているため、この要件を欠くのではないのではないか、という懸念です。

この点について、総務省、法務省、経済産業省は、電子契約サービスに関するQ&Aを、2020年7月17日と9月4日に公開しました。前者のQ&A（総務省、法務省、経済産業省「利用者の指示に基づきサービス提供事業者自身の署名鍵により暗号化等を行う電子契約サービスに関するQ&A」（2020年7月17日）（https://cio.go.jp/sites/default/files/uploads/documents/digital/20210901_digitalsign_qa_01.pdf））においては、一定の要件を備える電子契約サービスの場合、電子署名法2条1項1号の「電子署名」の要件としての「当該措置を行った者」は、事業者ではなく利用者と評価し得るとの見解が示されています。また、後者のQ&A（総務省、法務省、経済産業省「利用者の指示に基づきサービス提供事業者自身の署名鍵により暗号化等を行う電子契約サービスに関するQ&A（電子署名法第3条関係）」（2020年9月4日）（https://cio.go.jp/sites/default/files/uploads/documents/digital/20210901_digitalsign_qa_02.pdf））においては、「個別の事案における具体的な事情を踏まえた裁判所の判断に委ねられるべき事柄ではあるものの」という留保を付けつつ、一定の要件を備える電子契約サービスに関しては「電子署名法3条の電子署名に該当することと認められることとなるものと考えられる」という見解が示されています。そのため、一定の要件を満たす場合には、「事業者型」の電子契約についても「本人による電子署名」と認められ、電磁的記録の真正な成立が推定され得るという見解を示しています。

もっとも、電子契約については、実務の積み重ねが乏しく、争いとなった際の影響が不確実であることや取引当事者から紙の契約書での締結もしたいという要望があることから、まだ多くの企業では、全ての契約に利用してはいないと思われます。今後の実務の動向が明確になり、電子契約がより普及していけば、電子契約の利用がよりスタンダードな実務となることも予測されますが、現時点においては、全ての紙の契約書を電子契約化するには至っていないというのが実態と思われます。

(iii) 電子帳簿保存法との関係

電子契約を用いる場合、「電子計算機を使用して作成する国税関係帳簿書類の保存方法等の特例に関する法律」(以下「電子帳簿保存法」といいます。)との関係も忘れてはいけない重要なポイントです。すなわち、電子契約をどのように管理する必要があるかという点を電子帳簿保存法との関係で検討する必要があります。

この電子帳簿保存法と電子契約との関係の詳細については、本章**5**［**5**］を参照してください。

(iv) 電子契約の「導入」と「利用」

電子契約を検討する際に、「導入」する電子契約サービスの検討のみならず、「利用」する電子契約サービスもあわせて検討するとよいでしょう。ここでいう電子契約サービスの「導入」とは、コストを支払って電子契約を締結するためのサービスを導入するという意味です。通常、電子契約サービスは、当事者のいずれか一方が導入していれば、利用することができます。そのため、自社では「導入」はしないものの、取引先からの提案で、取引先のコスト負担のもとで「利用」するという選択肢もあるのです。取引先によっては、自社で「導入」した電子契約サービスしか利用しないという社内ルールを採用しているところもあります。この場合に、自社と取引先との間で導入している電子契約サービスが異なれば、取引先の電子契約サービスを利用することとなるでしょう。そこで、電子契約サービス導入を検討する際には、あわせて、自社では「導入」しないものの、取引先が望めば自社で「利用」してもよいとする電子契約サービスも検討していくことは有用です。電子契約サービス提供事業者からサービス概要や利用規約を取り寄せ、電子署名法や電子帳簿保存法の観点から、要件をみたす運用が可能か否かを踏まえて検討するとよいでしょう。

（オ） 電子契約を含めた契約締結業務フローの整備

では、電子契約を導入した場合、どのような契約締結業務フローが望ましいでしょうか。ここでは、近年、もっとも利用が進んでいる「事業者型」の電子契約を用いた場合の契約締結業務フローについて検討します。

（ⅰ） 担当者が確認すべき事項

まず、契約締結を担う部署の担当者は、取引先と次の3点を確認する必要があります。①取引先が導入している電子契約サービスがどのサービスか、②いずれの当事者から締結依頼を送るのか、③当事者の契約締結権限者の氏名と電子メールアドレスです。

①については、自社と取引先が導入している電子契約サービスが同じであれば、そのサービスを使って電子契約を進めればよいため、大きな問題はありません。異なる場合は、自社が導入している電子契約サービスと相手方が導入している電子契約サービスのいずれを利用するかという点を決める必要があります。

②については、自社と取引先が導入している電子契約サービスが同じであれば、先方送付か当方送付のいずれでも構いません。契約締結を実施する部門の担当者に、取引先と協議の上決めてもらうことになります。他方で、自社が導入しているが取引先が導入していない電子契約サービスを利用する場合は「当方送付」、逆の場合は「先方送付」となります。「当方送付」か「先方送付」であるかは、後に解説するように契約締結のオペレーションの違いに影響しますので、必ず決めておくべきことです。

③は、電子契約の手続を進めるにあたり必要となる確認事項となります。

（ⅱ） 契約締結業務のフロー

電子契約に必要な情報を確定した上で、当方送付と先方送付の場合でフローが異なってきます。それぞれの契約締結業務フローは次のようになります。ここでは、事業部門が契約書の製本、郵送といった業務を担い、事業部門以外の契約管理担当部門が保管を担うという前提で記載していきます。

当方送付の契約締結フロー

自社が先に電子署名した上で、取引先に契約書データを送付する場合のフローは、**図表2-14**「当方送付の契約締結フロー」のとおりです。

事業部門の担当者は、相手方との交渉が終わり、契約内容が確定したら、契約書データをPDF形式に変換します。これは、通常、電子契約においては、PDFデータに電子署名が施されることになるためです。そして、社内の稟議手続に従って上長の承認を得た上で、押印申請に代わる電子署名の申請を行います。この手続についても、ウェブ上で完結し得るワークフローシステムなどを利用すると効率的です。その際、以下の事項を入力するフォームを用意しておき、入力してもらうことが望ましいです。

①契約締結の予定日

②契約相手である取引先

③利用する電子契約サービスの種類

④契約相手が締結に用いる電子メールアドレス

自社の捺印担当者は、電子署名の申請に従い電子契約サービスのクラウド画面にログインして、PDF形式の契約書データをアップロードして電子署名を付す作業を実施します。

自社の捺印担当者が電子署名を付すと、自動的に、指定した取引先のメールアドレスに送信されます。取引先の捺印担当者は、電子署名の申請があれば、電子契約サービス事業者からのメールを確認し、申請内容と一致することを確認して電子署名を付します。そうすると、当事者双方によって電子署名が付されたPDF形式の契約書データが自社にもメールで送信されます。

なお、電子契約サービスの利用画面上は、捺印担当者が、紙の契約書と同じように当事者の署名欄に印影のような画像を張り付けるという作業をしますので、あたかも捺印担当者が電子署名をしているかのようにもみえます。もっと

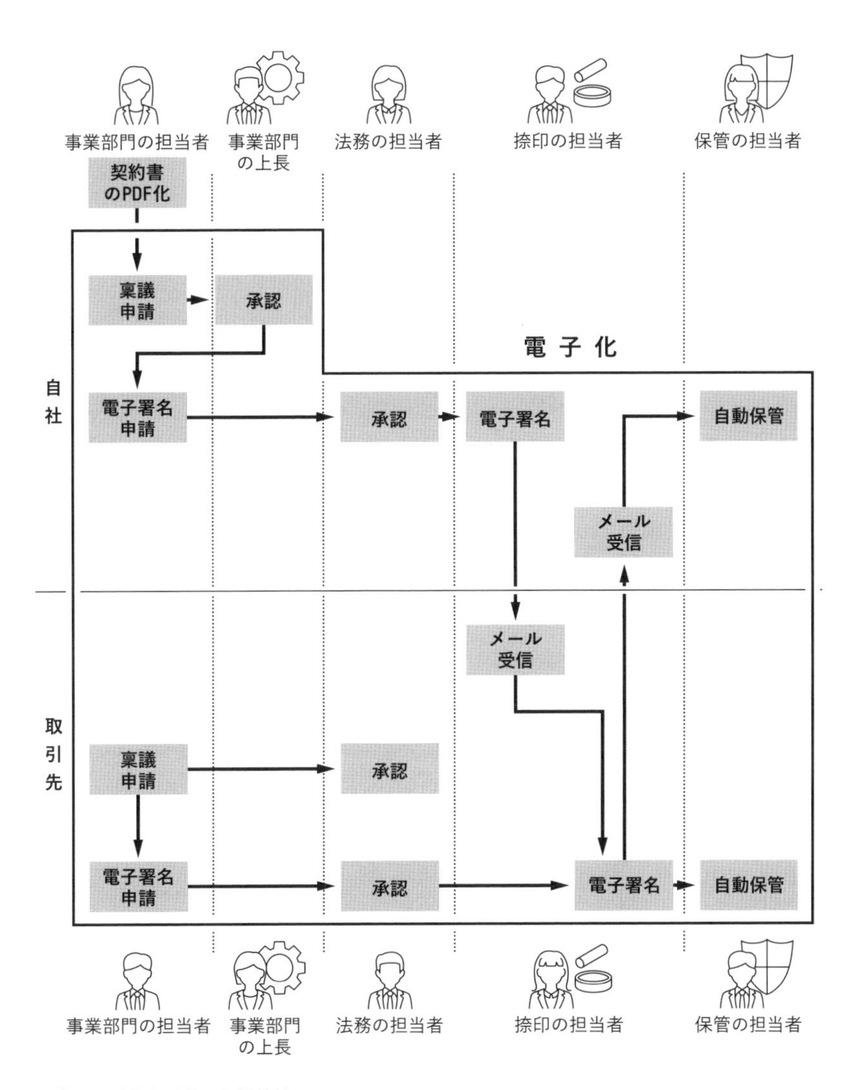

図表 2-14 | 当方送付の契約締結フロー

も、先に説明したとおり、事業者型の電子契約では、付された電子署名は電子契約サービスの事業者のものとなっています。つまり、捺印担当者は、契約に記載されたことが正しいことを確認し、電子契約サービス事業者に電子署名することを指示しているという仕組みとなっているのです。

また、自社の印影をPDF画像にしたものを、電子署名を付す際に利用する企業がありますが、電子契約の効力や証拠力の観点からは、このような必要性はまったくありません。逆に、印影の偽造などを防ぐ観点からは、そのような画像データは利用せず、社名をタイピングで打ち込むか、単に「電子署名」とのみ記載した画像データを用いることが望ましいです。

先方送付の契約締結フロー

取引先が先に電子署名した上で、自社に契約書データを送付する場合のフローは、**図表2-15**「先方送付の契約締結フロー」のとおりです。

基本的には、先ほど説明した当方送付の逆となります。先方送付の場合は、自社の事業部門の担当者は、契約書データをPDF形式に変換する必要はありませんので、契約交渉が終わったら、内容が確定した契約書データを稟議にあげて、電子署名の申請をするだけとなります。

いずれのフローにおいても、締結済みの電子契約のデータは、通常、電子契約サービスの事業者のクラウド上に自動的に保管されます。もっとも、企業によっては、複数の電子契約サービスを利用している場合や、紙で締結した契約書データをPDFデータとして保存する場合、締結済みの契約書データを一元管理するというニーズがあります。そこで、電子契約の保管については、契約管理のためのクラウドサービスを利用するのが有効です。契約管理のためのクラウドサービスによっては、電子契約サービスと自動連携しているものもあります。契約管理の詳細については、本章**5**を参照ください。

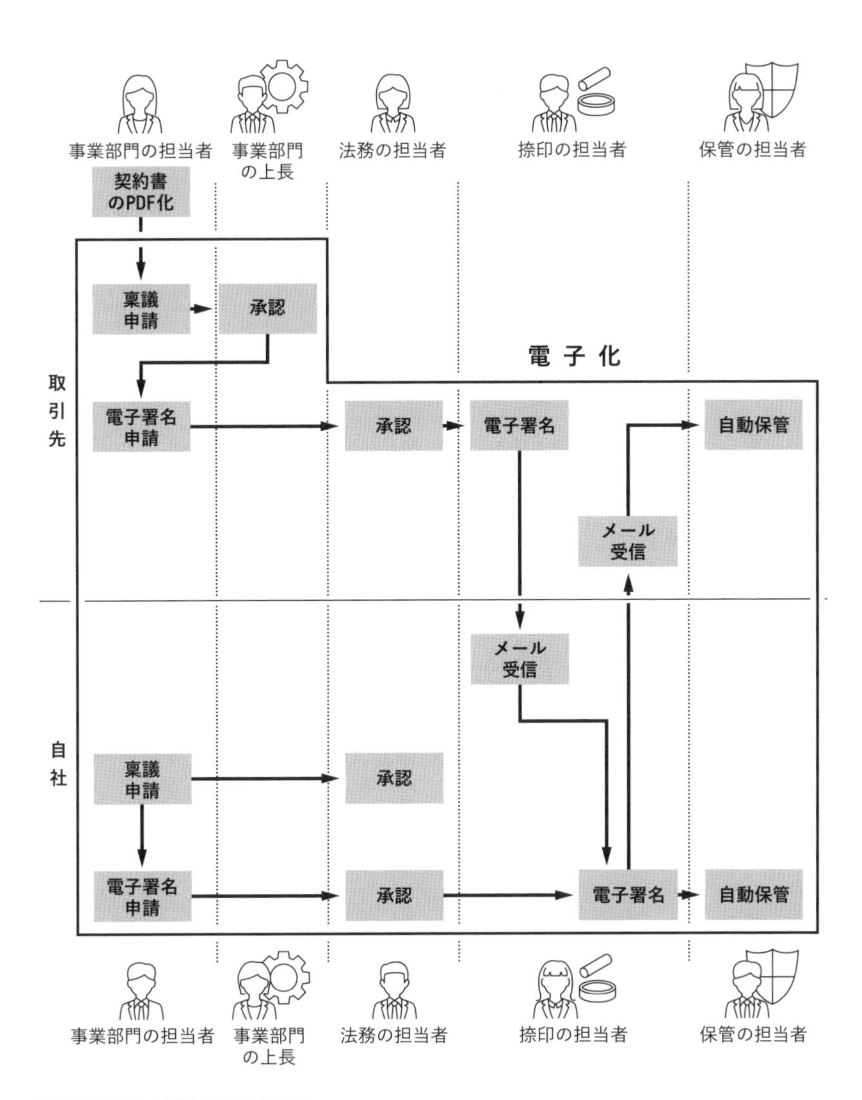

図表 2-15｜先方送付の契約締結フロー

5——契約管理

契約管理とは、ここでは締結された後の契約書の適切な運用（一元管理、期限管理、内容管理など）を実現するための仕組みを指します。その目的は、契約書の原本を確実に保管することに加えて、契約の履行に関する不確実性を低減し、企業経営におけるリスクを最小化することにあります。

[1] 契約管理の歴史

契約管理を始める際に問題になるのは、伝統的な契約管理と、今日の契約管理との間に目的においても、手段においても、大きな差異があることです。このために契約管理を実施しているかという問いに対してほとんどの企業から「当社では契約管理は十分できているのではないか」との回答が得られるものの、実態として企業の間で大きな違いが生じていることがあります。そこで最初に伝統的な契約管理と、今日における契約管理の違いについて説明します。

（ア） 伝統的な契約管理

伝統的に、契約管理は税務上の保管義務と訴訟に備えた証憑管理の必要に基づく「原本の保管」と同一視されてきました。税務上の対応はもとより、証憑管理の観点でも契約違反などによる取引先との紛争が発生した場合に、契約は最重要な証拠の一つですから、原本の保管はもちろん重要です。

また、2022年1月施行の電子帳簿保存法の改正により、この税務上の対応の実務についても対応が求められている状況です。この点は後述します。

（イ） 今日の契約管理

訴訟時に正しい対応ができることが必要であることは異論の余地がありません。他方で、そもそも訴訟に至るような事態を回避することが事業上、望ましいことも間違いありません。この観点からいえば、問題があった場合に契約書を取り出すことができるだけでは十分ではありません。

訴訟に至る事態の発生を未然に回避するためには、契約に自社が違反するリスクを低減すること、また取引先が適切に契約を履行しているかを監視することが必要になります。この場合に必要な契約管理は原本の保管とは大きく異なります。これが今日における契約管理の発想です。

契約の履行において違反を防ぐ観点からは、当該契約の履行に関係する担当者が、契約の内容を容易に確認できなければなりません。原本を総務部門などの一定の部署が一括で施錠管理することとは、いわば真逆の運用が求められるわけです。

こうした観点から、個別の担当者が自身の担当する契約を管理することに加え、企業全体として担当者の運用に間違いがないことを検証できる仕組みが必要です。

［2］契約管理の要素

今日の契約管理は具体的には一元管理、項目管理、期限管理、内容管理の4つのオペレーションから構成されます。

第一に企業が締結した契約書を全て契約管理部門（多くの場合には内部統制を司る法務または総務部門）の元に集約し、一元化します。しかし、単に契約管理部門の書類庫に契約書が格納されても、それだけで管理できているとはいえません。

そこで第二に、契約書の主要項目を台帳として整理し、「項目管理」する必要があります。これにより企業が締結した契約の全体像を把握することが可能になります。

加えて第三に、契約の全体像の把握に加えて、締結された契約書の契約状態、すなわち更新や終了などを管理する必要があります。契約の全体像の把握ができていたとして、それが有効でないと契約自体に意味がなくなってしまうためです。

第四に、特に契約上の義務が重い場合など自社の通常のオペレーションとは異なる運用が求められる場合にはその監査を行う必要があります。これを「内容管理」と呼びます。以下、それぞれの実行における課題と問題点をみていきましょう。

（ア） 一元管理

一元管理は、一義的には契約書が一か所に、すなわち契約管理部門に集約されているということです。ここでの集約は、原本である場合が多いですが、スキャンデータなどを契約管理部門が収集している場合も一元管理しているといえます。一元管理の実行上の課題は大きく分けて4点あります。

第一に契約の締結が完了した時点で必ずしも契約管理部門に集約されていないことです。締結完了後は事業部門の担当者が手元で保管している場合、契約管理部門に集約することは現行オペレーションの変更を伴い、ときには企業全体の協力が必要となり、容易ではありません。

第二に全ての契約書が集約できているかを確認する手段が限られることです。これは契約の相手方の意思や手続が介在することによります。たとえば、土壇場で契約の相手方が心変わりして締結されずに流れるケースがあります。逆に忘れたころに押印されて返ってくるケースも、望ましくはありませんが、しばしばあります。全ての契約書を回収したつもりでいても、漏れが発生している可能性は否定できません。

第三に契約書の件数の増加により、原本を一か所に保管していても実質的に管理しているとはいえなくなってくる場合があります。すなわち、管理している契約書の数が多すぎるが故に、把握できていないという状態が生じてしまうこともみられます。

第四に今日的な課題として、電子契約の登場によって「原本を保管している」だけでは一元化できていないという問題が発生しています。多くの場合、電子契約で締結された契約書は電子契約サービス上に保管されています。この場合、紙の契約書は書庫に、電子契約は電子契約サービスにそれぞれ分断して保管されることになってしまいます。様々な契約締結方法が生まれたことにより、一元管理には、より複雑なオペレーションが要求されることになります。

この4つの課題を解決するためには、紙の契約書を電子化して一元的なストレージに集約することが必要です。一元化するという観点では論理的には電子契約を印刷する方法も考えられますが、企業が継続する限り契約書が増加し続けることを考慮すると契約書の管理場所といった別の課題も生じてきます。全体的な利便性を考えると電子化する方がよいでしょう。

その上で契約管理台帳を作成します。この台帳を定期的に押印簿などと突き合わせ、契約の回収漏れを確認します。また年に1度程度、経理部門の取引元帳などと突合して、取引があるにもかかわらず、契約が存在しない取引先がないかを確認します。これによって台帳の漏れを排除することができます。また、経理部門のリソースが許すようであれば、経理部門が入出金のタイミングで常に契約台帳を確認することで抜け漏れをよりタイムリーに把握することができます。

上述のように、**一元管理を行うには、契約管理部門と関連部門の多大な労力と協力が必要となります。**ただ一か所に締結後の契約書を集めるだけの一見容易そうな一元管理も綿密な組織化と多くの努力が必要となる作業なので

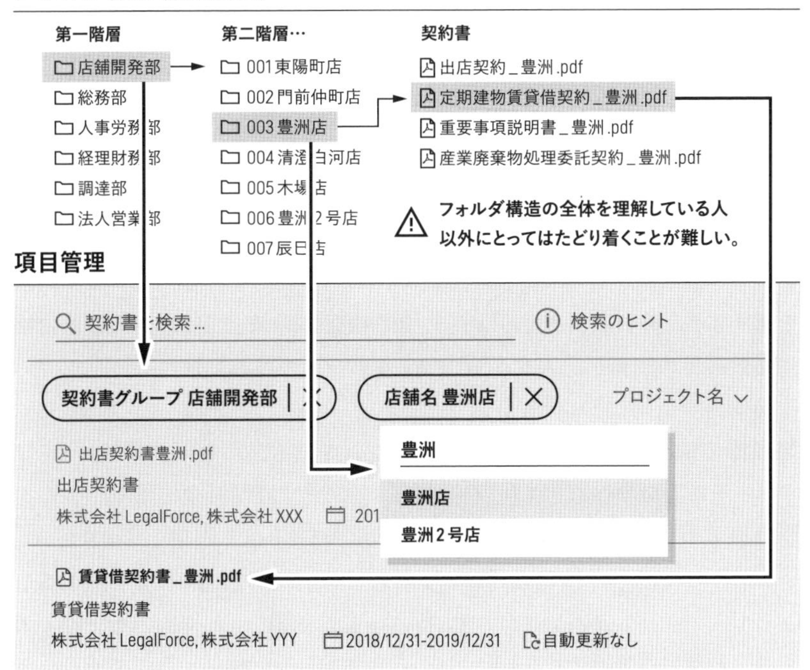

図表 2-16｜フォルダ管理と項目管理

Google Spreadsheetを用いた解決の例

契約書一覧（全社共有用）

	ファイル名	タイトル	当事者名（取引先）	契約締結日	自動更新	契約開始日	契約終了日	URL
2	法律顧問契約書.pdf	法律顧問契約書	弁護士 角田望	2019/09/30	yes	2019/10/01	2021/09/30	https://drive.google.com/open?id=1Lc
3	機密保持契約書_2号雛形2019_2_LF20192217.	機密保持契約書	ウシュアイア・グループ株式会社	2019/11/26	no	2019/11/26	2	
4	【ZeLo_Model】売買取引基本契約_AAA社.pdf	取引基本契約書	株式会社AAA	2020/02/01	no	2020/02/01	2	
5	ペンギンロボット契約20170421.pdf	フランチャイズ契約書	株式会社リオ・カジュゴス		yes	2017/04/21	2	
6	keiyaku_bariroche.pdf	取引基本契約書	合同会社バリローチェ	2019/07/08	yes	2019/07/09	2	
7	業務委託契約_ウシュアイア様.pdf	業務委託契約書	株式会社ウシュアイア	2018/04/01	yes	2018/04/01	2	
8	調達基本契約_ウシュアイア-LegalForce20200	売買基本契約書	株式会社ウシュアイア	2020/03/01	yes	2020/03/01	2	
9	購買基本契約_フィッツロイ社20180401.pdf	取引基本契約書	株式会社フィッツロイ	2020/04/01	yes	2020/04/01	2	
10	1120asgarract.pdf	法律顧問契約書	角田望	2019/09/30	yes	2019/10/01	2	
11	秘密保持契約書雛形_CY190409-2_LF回答_最	秘密保持契約書	株式会社プンタアレナス	2020/01/03	no	2020/01/03	2021/01/02	https://drive.google.com/open?id=1Lc
12	調達基本契約_ウシュアイア-LegalForce20200	売買基本契約書	株式会社ウシュアイア	2020/03/01	yes	2020/03/01	2021/02/28	https://drive.google.com/open?id=1Lc
13	【ZeLo_Model】売買取引基本契約_AAA社.pdf	取引基本契約書	株式会社AAA	2020/02/01	yes	2020/02/01	2022/01/31	https://drive.google.com/open?id=1Lc
14	(価格)取引基本契約書_サンプル_粗め(1).pdf	取引基本契約書	株式会社しょうひん売ります	2020/11/20	yes	2020/11/20	2021/11/19	https://drive.google.com/open?id=1Lc
15	ペンギンロボット契約20170421.pdf	フランチャイズ契約書	株式会社リオ・カジュゴス		yes	2017/04/21	2021/03/31	https://drive.google.com/open?id=1Lc
16	購買基本契約_フィッツロイ社20180401.pdf	取引基本契約書	株式会社フィッツロイ	2020/04/01	yes	2020/04/01	2021/03/31	https://drive.google.com/open?id=1Lc

契約書一覧_2021_01_08

・クラウドストレージに契約書を保管し、パス情報（URL）を項目として追加する。
・ユーザーごとにフィルタビュー 機能を利用し、他のユーザーに 影響しない形で絞り込み可能。

図表 2-17｜契約管理台帳の例

す。

（イ） 項目管理

多大な労力を費やして契約書の一元管理を実施したとしても、単に契約書を一元管理して台帳化しただけでは、契約管理ができているとはいえません。特に契約書の数が数百から数千件以上に及ぶ場合には、契約書を識別するための情報を付与して項目管理を行う必要があります。具体的には、**契約書を識別するための項目（契約相手方、契約類型など）を設定し、契約管理台帳に当該項目の情報を記入することです。**難しい話ではありません。

契約書を電子化している企業では共有サーバー上でフォルダ管理によって識別情報付与に近い運用を行う場合が多いです。このフォルダ管理によるアプローチには柔軟性などの利点がある一方で2つの問題もあります。フォルダ管理の1つ目の問題としては、複数の項目での絞り込みが自在にできないことが挙げられます。2つ目の問題としては、作成者以外にとってフォルダ構造が一見して理解しがたいことです。特に後者は組織として契約書を管理する場合には大きな障害になります。

この点を解消するには**図表2-17**のように契約管理台帳を表計算ソフトなどで作成し、列に項目を入力することが考えられます。この際に、前述の電子化してストレージに格納した契約書のパス情報を記録する列を設けて入力すれば、台帳から契約書の原本データに容易にアクセスすることができます。

契約管理台帳で管理するべき項目は、大きく契約書情報と管理情報に分けられます。契約書情報は、契約書から得られる情報であって、たとえばタイトル、当事者名、締結日、契約期間、終了日などを指します。一つの案件に複数の契約書が関連する場合は、関連する契約書の情報をメモに記入し、関連性を明示することも考えられます。管理情報は、契約書を管理するにあたり必要となる情報であって、たとえば、担当部門名、担当者名、稟議番号などを指します。担当者と担当部門は設定しないと、後述する期限管理ができないため、管理情報として重要です。契約は履行するために締結するものですから、履行を担当する部門の情報は適切に契約書を管理する観点では欠かせません。

（ウ） 期限管理

契約管理台帳で整理したい要素の中で特に重要なものが期限情報です。契約書の多くには期限が設定されており、これらは自動更新されるか、自動終了します。株式会社 LegalOn Technologies の調査では日本で企業が締結する契約書のうち自動終了するものは40%程度、30%程度の契約は自動更新が設定されており、残る30%は期限が不明確（有効期限の定めがないなど）です。

期限管理が特に重要な契約としては、特許やソフトウェアのライセンス契約、店舗の定期賃貸借契約、サービスのサブスクリプション契約、各種のリース契約などが挙げられます。

システム開発やコンサルティングなどの業務委託契約も注意が必要です。近年では社内の実際の業務運営まで、これら外部の専門家の支援を受けるケースがあります。このような場合に、3か月前の通知により自動更新を行わないことができる自動更新条項を含む契約を締結しており、終了手続が漏れていたことで思わぬ支出が発生してしまった、といった事例があります。

通常、自動更新の契約では更新を拒絶する期限（更新拒絶期限）が設定されています。たとえば「本契約の有効期間は、締結日から1年とし、甲又は乙のいずれかから1か月前までに本契約を更新しない旨の書面による通知がなされない限り、本契約は自動的に1年間更新されるものとし、以後も同様とする。」と記載されている場合、更新拒絶期限は契約終了日の1か月前になります。したがって、検討としてはこの更新拒絶期限日から、さらに余裕をみて（たとえば更新拒絶期限の1から2か月前に）更新の是非を検討することが望ましいでしょう。

このために台帳の管理責任者から各契約書の担当者や、所管部門の部門長あてに、月1回程度の頻度で直近、更新または終了を迎える予定の契約書について判断を行うようメールなどで通知することが考えられます。

期限管理の運営上の難しい点に、自動更新の契約における更新日の洗い替えがあります。契約に記載されている開始日や終了日は、台帳作成時に転記すれば足ります。しかし、更新日や更新拒絶期限は、更新するたびに変わります。したがって、これを更新のたびに修正していくことが必要です。この点は契約担当者が更新または終了をチェックする際に自ら書き直すことがスタンダードな運用と考えられます。

（エ） 内容管理

以上の全てが完了した上で最後に必要なのが内容管理です。ここで管理が必要な内容には大きく2種類あります。一つは、社内の標準業務から外れる特別な運用が求められる契約条項です。もう一つは、法令や、業界団体その他の規制などの観点で特別な対応が求められるコンプライアンスに向けた契約条項です。

標準業務運用を外れる条項

どういった条項の管理が必要になるかは自社の標準業務の運用に依存します。たとえば、競業避止義務は、多くの企業にとっては特例対応が必要な条件です。しかし、日常的に機密性が高い情報に触れるプロフェッショナルファームであれば、競業避止を巡る条件の管理は「日常の運用」になるかもしれません。

多くの企業では、自社ひな形の作成時に自社の標準業務運用を想定して問題を防止しています。自社ひな形には多くの場合、自らが不利とならないよう容易には自らが違反とならない条件を設定する場合が多いです。しかし、自社ひな形に照らして明らかにリスクが大きい条件も、相手方との力関係や取引の重要性に照らして認める必要がある場合があります。

このような場合には**リスク条項を締結前の段階で申し送り、契約管理台帳上にもその旨を記載し、更新と終了を管理する必要があります。**また、競業避止義務、最恵待遇、独占的なライセンス、再委託禁止などの重い義務を負っている場合は、違反の有無について、年次など定期的な監査を行うことが望ましいです。

コンプライアンスに向けた内容管理

下請法に基づく書面の管理や、証券取引所への上場や公共調達参加にあたって求められる反社会的勢力の排除がこれに当たります。**近年では海外との調達に当たって公正調達方針に関する合意書の取得や、贈収賄防止の覚書の締結などが求められるケースもあり、法令遵守観点での内容管理も比重が増えています。**

反社会的勢力排除の覚書を締結する必要が発生した場合は、更新や終了を待たずに条件を満たしていない取引先に対して新たな覚書の締結を依頼するケースが一般的です。この場合は締結が必要な先のリストを作成し、担当部門に締結を依頼して完了するまでを、一つのプロジェクトとして実行するケースが多いです。反社会的勢力排除の覚書の締結に難色を示す取引先とは、むしろ早期に関係性を遮断することが望ましいからです。

下請法に基づく書面の管理では、発注者側での5条書面（発注書）の管理と、納品後60日以内での支払いが重要になります。売買取引基本契約と紐付けて5条書面を保管し、経理部門などが確認できる状態を確保しておくことが望ましいです。また5条書面も台帳化し、支払いが済んでいないものは監視を可能にすることで、違反を防止することが求められます。もちろん自社の資本金額などによって下請法の適用対象ではない場合には、この措置は必要ありません。

[3] 契約管理業務フロー整備

ここまで今日における契約管理業務フローを概観しました。原本保管のみを実施している状況から、本当の意味での管理を意味する契約管理の四要素を満たした管理の全てを実施するには、いくつかの壁があります。ここでは、契約管理の実施に関わる典型的な問題点と、その乗り越え方を説明します。具体的には下記を取り上げます。

・契約書の電子化のハードル
・契約管理台帳の共有と権限管理
・運営担当者の設定
・電子契約の導入と契約管理

（ア）　契約書の電子化のハードル

契約書を一元管理する上で電子化は避けては通れません。特に10年以上の期間にわたって運営している企業では、紙の契約書の電子化が最初の大きな障害になります。**多くの企業で検討されるのは「今後締結する契約書は担当部門（契約管理部門の場合もあれば、事業部門の場合もあります）が電子化する」といったルールを整備することです。**ここで最大の問題は過去に締結された契約書です。この場合に企業は「空いた時間で進める」ことを所轄部門に指示することがあります。実はここに大きな問題があります。

たとえば10ページの契約書1通をスキャンするのに必要な時間は、見開きで取る前提で3分程度です。これが1,000通あった場合、必要な作業時間は3,000分、すなわち50人で1時間に上ります。当然ですがそれだけの「空き時間」を四半期や年度といった限られた時間軸の中で捻出することは難しいです。計算しなくても少し作業すれば非常に時間がかかる仕事であることは分かります。加えて、スキャンルールの策定と徹底、スキャンの内容のチェックやそれに伴うスキャンのやり直しなど理論上の時間以上の時間と手間がかかることは避けられません。そうするとこれは完成の見込みがない、非定常の、明確な納期がない業務になります。したがってこのような業務を指示された人員が明確な責任感と目的意識を持って完了する可能性は極めて低くならざるを得ないのです。

以上の背景から電子化の障害を乗り越えるためには「空いた時間で進める」のではなく、短期集中で従事させるか、電子化業務の全体を第三者に委託するかのいずれかが適切であると考えられます。短期集中で行う場合、たとえば業務閑散期に1週間なりを確保することが考えられます。ただし、人員に加えて作業用のスキャナも確保する必要があるため、所管部門のスキャナの台数を超えて作業者を増やすことが難しいです。

その点ではこの業務は単純な電子化（スキャン）ですから、予算を確保して外部のスキャン受託業者に委託することも一つの手段です。受託業者に委託する場合、一般的には一度、受託業者の担当者が管理されている契約書の実見を行い、対象となるキャビネットなどの書庫の大きさ、数、ファイリング形態などを元に作業量を見積もります。その上でスキャニングセンターに輸送し、一定期間（分量によりますが数週間程度の場合が多いです）でスキャンを完了します。原本はそのまま倉庫などで保管することを多くの業者が対応しています。もちろん、元のオフィスに返送することも対応しています。

費用は受託業者にもより変わりますので、見積もりをもらった上で、自社で実施する場合の人件費と比較して検討するとよいでしょう。なお、近年では契約管理台帳の作成までを請け負う業者もあります。

（イ） 契約管理台帳の共有と権限管理

電子化が完了した上で次に問題になるのが、台帳の共有です。電子化したデータファイルそのものは必要な従業員にのみ共有することが望ましいですが、原則として台帳は多くの従業員に共有するべきです。**この際に、台帳に対してどのような操作を許可するかが、従業員の側の利便性の観点と、無秩序な編集を防止する台帳の保全の観点とのトレードオフで問題になります。**

この問題は、表計算ソフトの選択によって解消できるものが大きいです。通常表計算ソフトとして利用できるものはGoogle SpreadsheetとMicrosoft Excelがあります。自社がいずれも利用できる環境であればGoogle Spreadsheetを利用することで、Microsoft Excelで運用した場合の問題点を複数解消できます。

第一に、Google Spreadsheetは権限管理が容易です。ユーザーごとに編集、閲覧、コメントなどの権限を簡単に設定できます。第二に、Google Spreadsheetにはフィルタビュー機能が存在し、ユーザーごとにフィルタを設定できます。台帳を閲覧するユーザーは多くの場合に自らが希望する条件での絞り込みを行います。これをユーザーごとに異なる条件で行って衝突しないようにするにはフィルタビューは便利です。3つ目に、2つ目の内容と重なりますが、誰かが閲覧している場合にも編集を行うことができます。この結果として編集が衝突して保存し損ねる、といった問題が発生しなくなります。

なお、契約書を管理するという特性上、台帳に関する権限管理も検討をする必要があります。特に、上場会社の場合には、契約の存在自体がインサイダー情報に該当し得るなど、契約書の取扱いについては気をつけなければいけない場面も多々あります。そこで、権限管理の方法としては、たとえば、契約書の存在自体を秘匿する必要性が高い契約が多い場合は台帳をそもそも切り分けることも考えられます。ただしこの場合は切り分けた台帳を横断しての検索は難しくなるため、一長一短です。後述しますが、このようなケースでは契約管理システムの導入も一考に値します。

（ウ） 運営担当者の設定

多くの契約管理の取り組みが、運営担当者が増えすぎることで失敗します。**契約管理は長期的に継続が必要な業務となるため、担当者を絞る一方で当該担当者の人事評価に契約管理への貢献を含める形にする必要があります。**これは業務品質確保の観点からも重要です。

たとえば、事業部門の契約の担当者に契約管理台帳に入力させるといった方法を取ると間違いなく記入漏れが発生します。事業部門側に依頼するにしても事業部門の事務担当者（営業事務など）に集約して入力させることが必要です。表計算ソフト上の台帳への入力は記入規則（例：「株式会社 LegalOn Technologies」「（株）LegalOn Technologies」「LegalOn Technologies」など）一つ取っても統一しなければ集計に影響します。このため台帳のメンテナンスは少数に限り、担当者間では入力方法についてマニュアルを定めて共有し、規則からずれる入力については改善を指示するなどして適切な運営を守る必要があります。

期限管理や内容管理についても同様です。当該担当者は多くの場合は各事業部門内に配置されており、当該部門の部門長などに報告します。しかし契約管理業務については、契約管理部門が定めたマニュアルに従うこと、また、これを事業部門の都合で変更する場合には契約管理部門に事前に相談することを徹底する必要があります。もちろん、事業部門の変更が合理的な場合は、これを支援することが求められます。たとえば、開発部門が行うライセンス契約の更新交渉は更新の1か月前に始めるのでは遅すぎるので6か月前に通知を飛ばしたい、営業部門では新たに顧客管理システムを導入して更新管理を行うので販売契約の更新通知は不要であるなど、実務の運用に応じた調整が生じることが考えられます。

(エ) 電子契約の導入と契約管理

近年増えている問題が、電子契約の導入と契約管理の関係です。電子契約サービスそのものにも近年では紙で締結した契約(からスキャンしたPDFファイル)のインポート機能が備わっています。したがって電子契約サービスを契約管理システムとして利用することは一つのオプションになります。

ただし、電子契約サービスは現状、相互に連携されたものではなく、サービスを横断して(たとえば○○サインから送った契約を××サインで受け取るなどして)締結することができません。このため相手方が指定する電子契約サービスを利用せざるを得ない場合には、異なるサービスにて契約が保存されていくこととなるため、一元管理の観点で問題が生じ得ます。

そのため、電子契約サービスはあくまで締結の手段として、契約管理台帳と契約管理システムはこれとは独立に設計することをおすすめします。

[4] 契約管理システムの導入による対応

本節では既存のツールを利用して契約管理を行う方法を解説してきました。一方で今日では契約管理システムが普及しつつあり、本節で説明した内容の多くを自動で、かつ高品質に完了することができる環境が整いつつあります。

もちろん全ての企業が契約管理システムを必要とするわけではありません。それは契約管理の企業活動に対する重要性の度合いや、契約の件数にも依存します。

今日の契約管理システムは多くの場合、契約書のPDFファイルをシステムにアップロードすることで自動的に主要な項目(タイトル、取引先、日付情報、自動更新の有無など)を抽出し、台帳化します。システムによってはこの際に全文の文字情報を取得し、検索可能にし、契約管理の利便性の向上を実施するものもあります。台帳で登録する情報が必ずしも契約書を探す際に役に立たない場合もありますが、そのような場合に、上記のような全文の文字情報に関する検索は有用です。

また、自動更新の有無などにより、次回の契約更新日や更新拒絶期限日などを計算し、ユーザーに更新や終了の注意喚起を送ります。これらの業務もシステムを導入しないケースでは手動で実施する必要があるため、大幅な省人化を見込むことができます。

表計算ソフトを用いる場合と異なって、台帳と契約書の双方において権限管理を施すことができるため、たとえば人事関連の契約書は台帳上も従業員に見せないようにしながら、共通の台帳上で管理する、といった対応も可能です。

直近では変更覚書などがアップロードされた場合に、原契約に該当する可能性がある契約書について、「関連する可能性がある契約書がある」ことをシステムがサジェストするといった機能を備えているものもあります。

しかし、**システムを導入することの最大の利点は、こういった先進機能もさることながら、業務フローの設計に関する検討を大幅に削減できることです。**たとえば自動更新の有無、取引先の入力規則といった事項をシステム側の仕様に委ねることができるため、全てを自前で構築する場合と比較して短期間かつ少人数で契約管理体制を構築できます。システム側で仕様がある程度決まっているため、運用担当者がミスなどを行う可能性も表計算ソフトなどを利用する場合と比べて少ないのも特徴です。

[5] 電子帳簿保存法――契約管理との関係

契約管理と関係が深い法律として、電子帳簿保存法という法律があります。電子帳簿保存法とは、簡単にいうと、税法上保存が義務付けられている帳簿書類などの書類について電子データで保存する方法などを定めた法律です。電子データで保存するというのは、各書類をPDFファイルなどの電子データの形式で保存することです。

近年、経理の電子化による生産性の向上を目指して、電子帳簿保存法および電子帳簿保存法施行規則の改正がされています。2020年には、電子取引の電磁的記録の保存要件の緩和などがなされ、2022年には、帳簿書類を電子的に保存する手続や要件の緩和などがされました。

これらの法改正もあり、また、業務の電子化のニーズが高まっている今、電子帳簿保存法は、企業の経理や法務において電子化を進める上で重要な法律です。

企業において、契約書は税法上、保管が義務付けられており、一定の企業は、その事業年度の確定申告書の提出期限の翌日から7年間は保管する義務を負います（法人税法126条1項、法人税法施行規則59条など）。この保管のために、紙による保存ではなく、電子帳簿保存法に基づき、電子データで保存することが考えられます。たとえば、本節［4］で解説したような契約管理システムを用いて契約書を電子データで保存することが一例です。また、電子契約で契約を締結した場合は、取引情報に関する電磁的記録（契約書の電子データなど）を保管する義務を負います（電子帳簿保存法7条）。

以下では、電子帳簿保存法の内容、法改正の内容と背景、また、改正により変化の生じた実務とその対応について解説します。

（ア）電子帳簿保存法の内容

契約管理と電子帳簿保存法の関係性を検討していくにあたり、電子帳簿保存法が規定している内容について概説していきます。

（ｉ）電子帳簿保存法が定める制度とは

電子帳簿保存法は、大きく分けて、2つの制度について定めています。**1つ目の制度は、国税関係帳簿書類の電子保存です（電子帳簿保存法4条）。2つ目の制度は、電子取引のデータ保存義務です（電子帳簿保存法7条）。**

1つ目の制度、国税関係帳簿書類の電子保存は、税法上、保存が義務付けられている国税関係帳簿（税法上備付けおよび保存をしなければならない帳

国税関係帳簿書類	国税関係帳簿	税法上備付けおよび保存をしなければならない帳簿
		例：仕訳帳、総勘定元帳、補助元帳など
	国税関係書類	税法上保存をしなければならない書類
		例：契約書、損益計算書、賃借対照表、請求書、見積書など

図表 2-18｜国税関係帳簿書類

簿。電子帳簿保存法2条2号）および国税関係書類（税法上保存をしなければならない書類。電子帳簿保存法2条2号）について、一定の要件のもとで、電子データやスキャンデータを紙の代わりに保管することを認めているというものです（電子帳簿保存法4条）。「国税関係帳簿」と「国税関係書類」を併せて「国税関係帳簿書類」といいます（電子帳簿保存法2条2号）。

2つ目の制度、電子取引のデータ保存義務は、電子取引のデータについて、保存する義務を定めているというものです（電子帳簿保存法7条）。

契約書については、紙の契約書に記名押印する形で契約を締結した場合は、前者の国税関係帳簿書類の電子保存が問題となり、電子契約により契約を締結した場合は、後者の電子取引のデータ保存義務が問題となります。

（ii） 国税関係帳簿書類の電子保存方法

上述のとおり、国税関係帳簿書類に関しては、一定の要件のもとで、紙に代わって電子保存が認められます。**国税関係帳簿書類の電子保存の方法には、電子帳簿等保存とスキャナ保存が存在します。**

電子帳簿等保存とは、国税関係帳簿書類を、自己が最初の記録段階から一貫して電子計算機（パソコンなど）を使用して作成する場合に、これを電子データとして保存することで、国税関係帳簿書類の保存義務を果たしたことになる制度です（電子帳簿保存法4条1項、同2項）。

スキャナ保存とは、既存の紙媒体の書類などをスキャンして読み取り、この読み取りデータを保存することで、国税関係書類の保存義務を果たしたことになる制度です（電子帳簿保存法4条3項、電子帳簿保存法施行規則2条4項、同5項）。

国税関係帳簿については、電子帳簿等保存のみが認められています。他方で、国税関係書類については、電子帳簿等保存、スキャナ保存どちらも認められていますが、決算関係書類、つまり、棚卸表、貸借対照表、損益計算書などは例外的にスキャナ保存が認められていません（電子帳簿保存法4条3項、電子帳簿保存法施行規則2条4項）。対応関係は、**図表2-19**を参照してください。

	電子帳簿等保存	スキャナ保存
国税関係帳簿	○	×
国税関係書類（決算関係書類を除く）	○	○
国税関係書類のうち、決算関係書類	○	×

図表 2-19｜国税関係帳簿書類の電子保存の種類の対応関係

（iii） 電子帳簿等保存とスキャナ保存の要件

次に、電子帳簿等保存とスキャナ保存が認められる要件について、解説していきます。

電子帳簿等保存の要件

電子帳簿等保存の具体的な要件は、その保存する対象により異なります。具体的には、**図表 2-20** のように各帳簿書類ごとに異なる要件が必要となります。

国税関係帳簿については、2022 年 1 月 1 日施行の電子帳簿保存法改正（以下「2022 年改正」といいます。）により、優良な電子帳簿（以下「優良電子帳簿」といいます。）とそれ以外の電子帳簿（以下「その他電子帳簿」といいます。）の 2 つに区分されました。各帳簿における電子帳簿等保存の要件は、**図表 2-20** のとおりですが、その他電子帳簿については、2022 年改正前に電子

要件	国税関係帳簿		国税関係書類
	優良電子帳簿	その他電子帳簿	
①関係書類などの備付け	○	○	○
②見読可能性の確保	○	○	○
③税務調査時のデータ提供	×*1	○*2	○*3
④訂正・削除履歴の確保	○	×*2	×
⑤相互関連性の確保	○	×*2	×
⑥検索機能の確保	○*1	×*2	×*3

*1　③要件を満たす場合は、以下で詳述する⑥（b）（c）要件は不要
*2　④から⑥の要件を全て満たす場合は③要件は不要
*3　⑥の一定の検索機能の確保を満たす場合は③要件は不要
国税庁「はじめませんか、帳簿書類の電子化!」令和 3 年 11 月（https://www.nta.go.jp/publication/pamph/sonota/0018004-061_01.pdf）

図表 2-20｜電子帳簿等保存の具体的要件

帳簿等保存として認められるために必要とされていた要件のうちいくつかが削られたことから、電子帳簿等保存において最低限必要とされる要件は、2022年改正前に比べ大幅に緩和されました（電子帳簿保存法施行規則2条2項など）。

それでは、**図表2-20**の①から⑥の各要件の具体的な内容について、説明していきます。この具体的な内容は、電子帳簿保存法施行規則に定められています（電子帳簿保存法施行規則2条2項など）。

①関係書類などの備付け、これは、国税関係帳簿にかかる電磁的記録を保存しているシステムの関係書類など（システム概要書、システム仕様書、操作説明書、事務処理マニュアルなど）を備え付けることです（電子帳簿保存法施行規則2条2項1号）。税務調査において国税関係帳簿を事後的に調査する際に、適正かつ効率的な調査を行うため、帳簿にかかる電磁的記録の処理方法や具体的な操作手順を明らかにした書面を備え付けておく必要があります。なお、当該システムを自社で開発している場合には、システムの概要を記載した書類（電子帳簿保存法施行規則2条2項1号イ）と開発に際して作成した書類（電子帳簿保存法施行規則2条2項1号ロ）の備置けが必要となりますが、自社で開発しているシステムではない場合は、これらの書類の備付けは不要となりますので、システムが自社開発か否かという点も、この要件との関係では重要です（電子帳簿保存法施行規則2条2項1号柱書）。

②見読可能性の確保、これは、国税関係帳簿にかかる電磁的記録の保存場所に、電子計算機、プログラム、ディスプレイ、プリンタおよびこれらの操作マニュアルを備え付け、記録事項を画面や書面に「整然とした形式及び明瞭な状態」で速やかに出力できるようにしておくことです（電子帳簿保存法施行規則2条2項2号）。電磁的記録を確認するためには、コンピューターのディスプレイなどで判読可能な状態で表示される必要があります。その表示を確保する観点からこの要件が必要とされます。なお、「整然とした形式及び明瞭な状態」というのは、書面により作成される場合の帳簿書類に準じた規則性を有する形式で出力され、かつ、出力される文字を容易に識別することができる状態をいうとされています（2022年6月24日付電子帳簿保存法取扱通達（以下「電子帳簿保存法取扱通達」といいます。）4-8）。記録事項の出力はディスプレイへの画面表示や画面印刷、いわゆるハードコピーが認められます。（国税庁「電

子帳簿保存法一問一答【電子計算機を使用して作成する帳簿書類関係】」令和4年6月、問11参照)。

③税務調査時のデータ提供、これは、税務職員による質問検査権に基づく電磁的記録のダウンロードの求めに応じることができるようにしておくことです(電子帳簿保存法施行規則2条2項3号)。ダウンロードの求めに応じることができるとは、税務職員が確認可能な状態で電磁的記録を提出することであり、たとえば、CSV形式などのファイル形式での提供を意味しています(電子帳簿保存法取扱通達4-13、4-14と国税庁「電子帳簿保存法一問一答【電子計算機を使用して作成する帳簿書類関係】」令和4年6月、問21を参照)。

④訂正、削除履歴の確保、これは、国税関係帳簿を作成するときに、一定の条件を満たす電磁計算機処理システムを使用することです(電子帳簿保存法施行規則5条5項1号イ)。つまり、(a)記録事項の訂正や削除を行った場合には、これらの事実および内容を確認できること、(b)通常の業務処理期間を経過した後に記録事項の入力を行った場合にはその事実を確認できること、という2つの条件を満たす必要があります。書類の不正改ざんを防ぐため、削除や訂正履歴機能を有したシステムを使用しなければなりません。具体的にどのようなシステムを用いる場合にこの要件を満たすことになるかについては、電子帳簿保存法取扱通達8-8、8-9、8-10などを参照ください。なお、(b)の「通常の業務処理期間」とは、2か月を最長として、各企業において社内規程などで任意に定めることが可能です(国税庁「電子帳簿保存法一問一答【電子計算機を使用して作成する帳簿書類関係】」令和4年6月、問29、30、電子帳簿保存法取扱通達4-18参照)。

⑤相互関連性の確保、これは、電子化した国税関係帳簿の記録事項と当該帳簿に関連する他の国税関係帳簿の記録事項との間において、相互に関連性を確認できることです(電子帳簿保存法施行規則5条5項1号ロ)。たとえば、総勘定元帳に記載された取引金額などの記載と、仕訳帳に記載された取引金額などの記載が、一連番号などの情報によって同一の取引にかかる記録事項であることを明確にしておくことなどがあります(国税庁「電子帳簿保存法一問一答【電子計算機を使用して作成する帳簿書類関係】」令和4年6月、問31、電子帳簿保存法取扱通達8-11)。

⑥検索機能の確保、これは、国税関係帳簿にかかる電磁的記録について、

一定の要件を満たす検索機能を確保することです（電子帳簿保存法施行規則5条5項1号ハ）。つまり、(a) 取引年月日、取引金額、取引先により検索できること、(b) 日付または金額にかかる取引年月日、取引金額、取引先を範囲指定により検索できること、(c) 2以上の任意の取引年月日、取引金額、取引先を組み合わせた条件により検索できること、を満たす必要があります。(a) について、2022年改正前は、「取引年月日、勘定科目、取引金額その他のその帳簿の種類に応じた主要な記録項目」とされていましたが、改正により「取引年月日、取引金額、取引先」に限定されました。「取引年月日、取引金額、取引先」とは具体的に各国税関係帳簿においてどの項目が該当するかについては、電子帳簿保存法取扱通達8-13を参照ください。(b) について、「範囲指定により検索できる」とは、課税期間ごとの国税関係帳簿別に日付または金額の任意の範囲を指定して条件設定を行い検索ができることをいいます（電子帳簿保存法取扱通達8-14）。(c) については、(a) の「取引年月日、取引金額、取引先」から少なくとも2つの項目を任意に選択して検索をかけることができることをいいます（電子帳簿保存法取扱通達8-15）。

なお、これらの各要件の必要性については、**図表2-20**のとおり、その国税関係帳簿の種類によることになります。その他電子帳簿について、④から⑥の要件を全て満たしているときは、③の要件は不要となります（電子帳簿保存法施行規則2条2項柱書）。また、優良電子帳簿について、③要件を満たしているときは、⑥要件のうち、(b) (c) 要件は不要となります（電子帳簿保存法施行規則5条5項1号柱書）。

また、国税関係書類の電子帳簿等保存の具体的要件は、その他電子帳簿と同様となります（電子帳簿保存法施行規則2条3項）。ただし、⑥要件について、取引年月日その他日付を検索の条件として設定することおよびその範囲を指定して条件を設定することができる検索機能を確保している場合は、③要件は不要となります（電子帳簿保存法施行規則2条3項後段、2条2項柱書）。

スキャナ保存の要件

次に、スキャナ保存の要件についてみていきます。電子帳簿等保存と同じく、スキャナ保存の具体的な要件も、その保存する対象により異なります。具体

要件	重要書類	一般書類
①記録事項入力時期	○	×*3
②一定水準以上の解像度・カラー画像による読み取り	○	○*4
③タイムスタンプの付与	○*1	○*1
④読取情報の保存	○	○*5
⑤訂正・削除履歴の確保	○	○
⑥入力者など情報の確認	○	○
⑦相互関連性の確保	○	○
⑧見読可能性の確保	○	○*6
⑨検索機能の確保	○*2	○*2
⑩関係書類の備付け	○	○

*1 入力期間内に、記録事項を入力したことを確認できる場合は③要件は不要
*2 税務職員による質問検査権に基づく電磁的記録のダウンロードの求めに応じることができるようにしている場合は、⑨（b）（c）要件は不要
*3 ①要件は不要（適時に入力すれば足りる）
*4 ②（b）要件は不要（グレースケールでの保存が可能）
*5 大きさに関する情報の保存は不要
*6 グレースケールでの保存であれば、ディスプレイおよびプリンタはカラー対応不要

国税庁「はじめませんか、書類のスキャナ保存！」令和3年11月（https://www.nta.go.jp/publication/pamph/sonota/0018004-061_02.pdf）

図表 2-21｜スキャナ保存の具体的要件

的には、**図表2-21**のように書類ごとに異なる要件が必要となります。

スキャナ保存の対象となる国税関係書類は、重要書類と一般書類の2つに分類されます（一般書類の定義について、電子帳簿保存法施行規則2条7項）。重要書類は、契約書、納品書、請求書、領収書のように資金や物の流れに直結や連動する書類をいい、一般書類は、見積書、注文書、検収書のように資金や物の流れに直結や連動しない書類をいうとされています（国税庁「はじめませんか、書類のスキャナ保存！」令和3年11月（https://www.nta.go.jp/publication/pamph/sonota/0018004-061_02.pdf））。重要書類と一般書類で、スキャナ保存の具体的要件が異なります。

それでは、**図表2-21**の①から⑩の各要件の具体的な内容について、説明していきます。この具体的な内容は、電子帳簿保存法施行規則に定められています（電子帳簿保存法施行規則2条6項など）。

①記録事項入力時期、これは、当該国税関係書類の「作成又は受領後、速やかに」、または、「当該国税関係書類の作成又は受領から当該入力までの各事務の処理に関する規程を定めている場合」にあっては、「その業務の処理に係る通常の期間を経過した後、速やかに」記録事項の入力を行うことです（電子帳簿保存法施行規則2条6項1号）。記録事項の入力においては、スキャナで読み取るだけでなく、後述するタイムスタンプの付与および訂正や削除履歴の確保の要件を満たす電子計算機処理システムを使用することが必要です（電子帳簿保存法施行規則2条6項2号、国税庁「電子帳簿保存法一問一答〔スキャナ保存関係〕」令和4年6月、問21）。また、ここでいう「速やかに」とは7営業日以内、「業務の処理にかかる通常の期間」とは、各企業において採用している業務処理サイクルの期間をいい、2か月が最長とされています（電子帳簿保存法取扱通達4-17、4-18、国税庁「電子帳簿保存法一問一答【スキャナ保存関係】」令和4年6月、問23）。

②一定水準以上の解像度およびカラー画像による読み取り、これは、①の記録事項入力において使用するシステムが、(a)解像度が200 dpi相当以上であること、(b)赤色、緑色、青色の階調がそれぞれ256階調（24ビットカラー）以上であること、をいずれも満たすスキャナ機能を有するシステムであることです（電子帳簿保存法施行規則2条6項2号イ）。

③タイムスタンプの付与、これは、①の記録事項入力において使用するシステムにおいて、「当該国税関係書類の作成又は受領後、速やかに」、または、「当該国税関係書類の作成又は受領から当該タイムスタンプを付すまでの各事務の処理に関する規程を定めている場合にあっては、その業務の処理に係る通常の期間を経過した後、速やかに」総務大臣が認証する時刻認証業務にかかるタイムスタンプの付与を行うことです（電子帳簿保存法施行規則2条6項2号ロ）。書類の改ざんなどを防止する観点から定められています。このタイムスタンプの付与期間については、2022年改正により、記録事項の入力期間と同様の期間となりました。また、電子データについて訂正または削除を行った場合に、これらの事実および内容を確認することができるクラウドなどにおいて、入力期間内にその電子データの保存を行ったことを確認することができるときは、タイムスタンプは不要とされました（電子帳簿保存法施行規則2条6項2号柱書、電子帳簿保存法取扱通達4-28、国税庁「電子帳簿保存法一問一答【ス

キャナ保存関係】」令和4年6月、問30、問31)。このタイムスタンプの要件が実務的には重く、利用の促進を阻んでいた側面がありますが、この改正により、利用が促進されることが期待されます。

④読取情報の保存、これは、①の記録事項入力において使用するシステムにおいて、国税関係書類を読み取った際の解像度、階調、および当該書類の大きさに関する情報を保存することです(電子帳簿保存法施行規則2条6項2号ハ)。

⑤訂正や削除履歴の確保、これは、①の記録事項入力において使用するシステムが、以下の条件のいずれかを満たすことです(電子帳簿保存法施行規則2条6項2号ニ)。つまり、(a) 記録事項の訂正や削除を行った場合には、これらの事実および内容を確認できること、または、(b) 記録事項の訂正や削除ができないこと、という2つの条件のいずれかを満たす必要があります。要件を満たすための詳細は、電子帳簿保存法取扱通達4-25、4-26、4-27、国税庁「電子帳簿保存法一問一答【スキャナ保存関係】」令和4年6月、問33から35を参照ください。

⑥入力者など情報の確認、これは、記録事項の入力を行う者またはその者を直接監督する者に関する情報を確認できるようにしておくことです(電子帳簿保存法施行規則2条6項3号)。具体的には、入力者などを「特定できるような事業者名、役職名、所属部署名及び氏名などの身分を明らかにするものの電子的記録又は書面により、確認することができるようにしておくこと」をいいます(電子帳簿保存法取扱通達4-30)。

⑦相互関連性の確保、これは、国税関係書類にかかる電磁的記録の記録事項と、当該国税関係書類に関連する国税関係帳簿の記録事項との間において、相互に関連性を確認できることです(電子帳簿保存法施行規則2条6項4号)。たとえば、相互に関連する書類および帳簿の双方に伝票番号、取引案件番号などを付して、関連性を確認することができるようにしておく必要があります(電子帳簿保存法取扱通達4-31)。各国税関係書類について、関連する国税関係帳簿とは具体的にどのようなものがあるかについては、電子帳簿保存法取扱通達4-32を参照ください。

⑧見読可能性の確保、これは、以下をいずれも満たすことです(電子帳簿保存法施行規則2条6項5号)。つまり、(a) 国税関係書類にかかる電子的記

録の保存場所に、電子計算機、プログラム、映像面の最大径が35センチメートル以上のカラーディスプレイおよびカラープリンタならびにそれらの操作説明書を備え付けること、(b) 電磁的記録について、整然とした形式であり、当該国税関係書類と同程度に明瞭であり、拡大または縮小して出力することが可能であり、4ポイントの大きさの文字を認識可能な状態で速やかに出力できるようにしておくこと、のいずれの要件も満たす必要があります。

⑨検索機能の確保、これは、スキャナ保存にかかる国税関係書類について、以下の要件を満たす検索機能を確保することです（電子帳簿保存法施行規則2条6項6号）。つまり、(a) 取引年月日その他の日付、取引金額および取引先（以下「記録項目」といいます。）を検索条件として設定できること、(b) 日付または金額にかかる記録項目については、その範囲を指定して条件を設定することができること、(c) 2つ以上の任意の記録項目を組み合わせて条件を設定することができること、のいずれも満たす必要があります。記録項目とは具体的に各国税関係書類においてどの項目が該当するかについては、電子帳簿保存法取扱通達4-34を参照ください。(b) について、「範囲指定により検索できる」とは、課税期間ごとの国税関係帳簿書類別に日付または金額の任意の範囲を指定して条件設定を行い検索ができることをいいます（電子帳簿保存法取扱通達4-10）。(c) について、これは (a) の「取引年月日その他の日付、取引金額、取引先」から少なくとも2つの記録項目を任意に選択して検索をかけることができることをいいます（電子帳簿保存法取扱通達4-11）。なお、税務職員による質問検査権に基づく電磁的記録のダウンロードの求めに応じることができるようにしている場合は、(b) (c) 要件は不要となります（電子帳簿保存法施行規則2条6項柱書）。

⑩関係書類の備付け、これは、電子帳簿等保存の①要件と同様で、国税関係書類にかかる電磁的記録を保存しているシステムの関係書類など（システム概要書、システム仕様書、操作説明書、事務処理マニュアルなど）を備え付けることです（電子帳簿保存法施行規則2条6項7号、同2項1号）。

なお、これらの各要件の要否や内容については、**図表2-21**のとおり、その書類の種類によることになります。一般書類については、当該電磁的記録の作成および保存に関する「事務の手続を明らかにした書類」の備付けを行うことにより、①要件は不要であり、適時に入力すればよいとされていたり、②

要件については、グレースケールでの保存が可能とされていたり、④要件については、大きさに関する情報の保存は不要とされ、⑧要件については、ディスプレイおよびプリンタはカラー対応不要であるといったように、各要件の一部が緩和されています（電子帳簿保存法施行規則2条7項)。「事務の手続を明らかにした書類」のサンプルが、国税庁「電子帳簿保存法一問一答【スキャナ保存関係】令和4年6月」問54に掲載されています。

(iv) 電子取引のデータ保存義務

「電子取引」とは、注文書や契約書などの取引情報の授受を電磁的方式により行う取引をいいます（電子帳簿保存法2条5号)。インターネットなどによる取引、電子メールにより取引情報を授受する取引などが電子取引に当たります（電子帳簿保存法取扱通達2-2)。本章**4**［**4**］でも言及しました、「電子契約」によって契約書を締結する取引も「電子取引」に当たります。

企業は、このような「電子取引」を行った場合、一定の要件に従って、電子取引の取引情報のデータを保存しなければなりません（電子帳簿保存法7条)。

なお、従来、電子取引の取引情報を書面に出力する方法で保存する方式が認められていましたが、2022年改正により、この方法での保存方式は廃止されました。一定の要件の下で、2022年1月1日から2023年12月31日までの経過措置が設けられていますが、今後は、契約書についても、電子契約で締結した場合は、出力した書面を保存するのではなく、電子データを保存しなければなりません。

本書執筆時点では、電子取引の取引情報のデータを出力した書面を保存している企業も少なくないと考えられますが、この経過期間のうちに、データ保存ができる体制や制度を準備する必要があります。

次に、電子取引のデータ保存の要件について解説します。この電子取引のデータ保存の要件として、**図表2-22**のとおり、大きく以下の4つがあります。この具体的な内容は、電子帳簿保存法施行規則に定められています（電子帳簿保存法施行規則4条1項など)。

①真実性の確保、これは、電子データは容易に改変することができることから、その内容が真実であることを担保するための措置をとることです。具体的

要件	例外
①真実性の確保	
②関係書類の備付け	自社開発プログラムの場合に限る
③見読可能性の確保	
④検索機能の確保	基準期間の売上高が1,000万円以下である事業者について、税務職員による質問検査権に基づくデータのダウンロードの求めに応じることができるようにしている場合は、この要件は不要

図表 2-22｜電子取引のデータ保存の具体的要件

には、以下のいずれかの措置をとることをいいます（電子帳簿保存法施行規則4条1項）。すなわち、(a) 電子データの記録事項にタイムスタンプが付された後、取引情報の授受を行うこと、または、(b)「当該取引情報の授受後、速やかに」、または、「当該取引情報の授受から当該記録事項にタイムスタンプを付すまでの各事務の処理に関する規程を定めている場合」にあっては、「その業務の処理に係る通常の期間を経過した後速やかに」、電子データの記録事項にタイムスタンプを付すとともに、電子データを保存する者かその監督者に関する情報を確認することができるようにすること、または、(c) 電子データの記録事項を訂正や削除をする場合、これらの事実や内容を確認することができること、または電子データの記録事項について訂正や削除をすることができないことのいずれかを満たすシステムを使用して、取引情報の授受と保存を行うこと、または、(d) 正当な理由のない訂正や削除の防止に関する事務処理規程（ルール）を定めて運用を行い、「当該電磁的記録の保存に併せて当該規定の備付けを行うこと」のいずれかの措置をとることが求められます。(b) でいう「速やかに」とは7営業日以内、「業務の処理に係る通常の期間」とは、各企業において採用している業務処理サイクルの期間をいい、2か月が最長とされています（電子帳簿保存法取扱通達7-2、7-3、国税庁「電子帳簿保存法一問一答【電子取引関係】」令和4年6月、問52）。(c) でいうシステムについては、「電磁的記録の記録事項を直接に訂正又は削除を行った場合には、訂正前又は削除前の記録事項及び訂正又は削除の内容がその電磁的記録又はその電磁的記録とは別の電磁的記録（訂正削除前の履歴ファイル）に自動的に記録されるシステム等」が例示として挙げられています

(電子帳簿保存法取扱通達7-4、「電子帳簿保存法一問一答【電子取引関係】」令和4年6月、問34)。(d)でいう事務処理規程の運用については、自社の規程のみによって運用する場合や取引相手との契約によって防止する場合が考えられ、その具体的な方法については、電子帳簿保存法取扱通達7-5、「電子帳簿保存法一問一答【電子取引関係】」令和4年6月、問28、29を参照ください。

②関係書類の備付け、これは、自社開発のプログラムを使用する場合に限られますが、システム関係書類(システム概要書など)を備え付けることです(電子帳簿保存法施行規則4条1項、同2条2項1号)。電子帳簿等保存の①要件と違う点は、システムの概要を記載した書類のみの備付けで足りる点です。

③見読可能性の確保、これは、取引情報にかかる電子データの保存場所に、電子計算機、プログラム、ディスプレイ、プリンタおよびこれらの操作マニュアルを備え付け、記録事項を画面や書面に「整然とした形式及び明瞭な状態」で速やかに出力できるようにしておくことです(電子帳簿保存法施行規則2条2項2号、同4条1項)。電子帳簿等保存の②要件と同様です。

④検索機能の確保、これは、電子データの記録事項について、以下の要件を満たす検索機能を確保することです(電子帳簿保存法施行規則4条1項、同2条6項6号)。つまり、スキャナ保存の⑨要件と同様ですが、(a)記録項目を検索条件として設定できること、(b)日付または金額にかかる記録項目については、その範囲を指定して条件を設定することができること、(c)2つ以上の任意の記録項目を組み合わせて条件を設定することができること、のいずれも満たす必要があります。なお、税務職員による質問検査権に基づく電磁的記録のダウンロードの求めに応じることができるようにしている場合は、(b)(c)要件は不要となります(電子帳簿保存法施行規則4条1項柱書)。さらに特有の点としては、基準期間の売上高が1,000万円以下である事業者について、税務職員による質問検査権に基づく電磁的記録のダウンロードの求めに応じることができるようにしている場合は、④要件の全てが不要となるというものがあります(電子帳簿保存法施行規則4条1項柱書)。

（v） 電子帳簿保存法違反の罰則

2022年改正により、スキャナ保存が行われた国税関係書類に係る電磁的記録または保存された電子取引の取引情報に係る電磁的記録について、隠ぺいまたは仮装があった場合の、申告漏れなどに課される重加算税が10%加重となっています（電子帳簿保存法8条5項）。

たとえば、税務調査において法人税などの過少申告があり、隠ぺいまたは仮装があった場合は、通常の過少申告加算税に代えて35%の重加算税が課されることになりますが（国税通則法68条1項）、当該過少申告が電子取引の取引情報に係る電磁的記録についての隠ぺいまたは仮装によりなされたものであるときは、さらに10%加重され、45%となることになります。

上記のとおり、場合によって、より重い重加算税が課されるおそれがあり、企業にとっては大きな負担となってしまうため、注意が必要です。

（vi） 関連法令

電子帳簿保存法と関連の深い法令として、「民間事業者等が行う書面の保存等における情報通信の技術の利用に関する法律」と「民間事業者等が行う書面の保存等における情報通信の技術の利用に関する法律の施行に伴う関係法律の整備等に関する法律」があります。この2つの法律は併せて「e-文書法」と呼ばれます。

このe-文書法は、法令により民間に義務付けられている書面の保存について、紙に代えて、電磁的記録による保存（紙の文書をスキャナで読み取り保存することも含む。）を認める法律です。

電子帳簿保存法は、税法上保持が義務付けられている国税関係帳簿書類を対象とするもので、e-文書法は、会社法や商法などに基づき保存が義務付けられている文書が幅広く対象となります。契約書は、国税関係帳簿書類の一種ですので、電子帳簿保存法の対象文書となりますが、たとえば、取締役会議事録は会社法に基づき保存義務が課されているものですので、e-文書法の対象文書となります（民間事業者等が行う書面の保存等における情報通信の技術の利用に関する法律3条、会社法施行規則232条13号、会社法371条1項）。

（イ） 電子帳簿保存法の改正の内容とその背景

ここまで、現在の電子帳簿保存法の内容について、触れてきましたが、現行の電子帳簿保存法に至るまでの改正の内容とその背景についても、説明していきます。

（ⅰ） これまでの法改正の流れ

電子帳簿保存法は、国税関係帳簿書類について電子データによる保存を認めることを目的として、1998年に公布、施行されました。

制定当初は、電子データとして作成された帳簿書類のデータ保存を対象としており、紙の書類をスキャンしての保存は考慮されていませんでした。しかし、経理などのバックオフィスにおいてデジタル化の要請が進む中、電子帳簿保存制度の活用を促進するため、2005年改正でスキャナ保存制度が導入されました。これを皮切りに、数度にわたり、要件緩和などの改正が行われています。

これまでの主な改正としては、2005年改正（一定の要件の下でスキャナ保存制度を導入）、2015年改正（スキャナ保存についての要件緩和）、2016年改正（スキャナ保存についての要件緩和）、2019年改正（過去分重要書類について、一定の要件を満たすことでスキャナ保存を可能）、2020年改正（電子帳簿保存法施行規則の改正で、電子取引のデータ保存の保存要件緩和）、2022年改正（電子帳簿等保存、スキャナ保存、電子取引のデータ保存の要件緩和など）があります。

以下で、近年行われた2020年改正および2022年改正について詳しく解説していきます。

（ⅱ） 2020年改正について

令和2年税制改正の中で、電子帳簿保存法施行規則が改正され、2020年3月31日に公布、2020年10月1日に施行されています。**この改正は、経理の電子化による生産性の向上を目指すもので、電子取引のデータ保存について、保存要件を緩和するものです。**これにより、企業は電子取引を導入するハードルが低くなったといえます。

改正された内容としては、主に、電子取引のデータ保存の要件のうち、真実性の確保に関する要件の緩和が挙げられます。

具体的には、改正前は真実性の確保のためには、取引情報の授受後遅滞なくタイムスタンプを付す措置、または訂正や削除の防止に関する事務処理規程を定める措置のいずれかが必要とされていましたが、改正によって、2つの選択肢が追加されました。つまり、①電子データの記録事項にタイムスタンプが付された後、取引情報の授受を行う措置、または、②電子データの記録事項を訂正や削除した場合の事実や内容を確認できること、もしくは電子データの記録事項について訂正や削除をすることができないこと、のいずれかを満たすシステムを使用して取引情報の授受と保存を行う措置により、真実性の確保が満たされることとなりました。

従来厳しく規定されていた要件を緩和することで、実務上、電子取引のデータ保存を容易にし、利用の促進を促すことが目的であったと考えられます。この背景には、「納税者利便の向上及び官民を通じた業務の効率化を図るため、……税務関連手続の電子化を推進」する中で、「請求書等の電子化を推進し、企業の生産性向上を後押しするという観点から、電子帳簿等保存制度の見直し」がなされた（財務省「令和2年税制改正の解説　令和2年度税制改正について」6頁参照）というものがあります。

（iii） 2022年改正について

令和3年税制改正の中で、電子帳簿保存法も改正され、2021年3月31日に公布、2022年1月1日に施行されています。**この改正は、経理の電子化による生産性の向上を目指すもので、電子帳簿等保存、スキャナ保存、電子取引のデータ保存についての手続や要件を緩和し、電子帳簿保存制度が使いやすくなる一方、電子取引の取引情報を書面に出力する形で保存する方式は廃止され、また、不正に対するペナルティは強化されています。帳簿書類について、紙での保存から電子保存への移行を推進するものだといえます。**

電子帳簿等保存に関する改正、スキャナ保存に関する改正、電子取引のデータ保存に関する改正、についてそれぞれ改正された内容を簡単にみていきます。

まず電子帳簿等保存について、税務署長の事前承認制度が廃止されました。2022年改正前は、電子データ保存をするためには、所轄税務署への申請、税務署長の承認を受ける必要がありました。しかし、2022年改正によって、この事前承認は不要となりました。

さらに、優良電子帳簿の制度ができ、その他電子帳簿として保存する要件は大幅に緩和されました。

次にスキャナ保存について、電子データ保存と同じく、税務署長の事前承認制度が廃止されました。さらに、タイムスタンプの付与要件、検索機能の確保要件などについて要件が緩和されるとともに、適正事務処理要件が廃止されました。そして、スキャナ保存された国税関係書類に係る電磁的記録に関連した不正（隠ぺいや仮装）があった場合の重加算税の加重措置ができました。

最後に、電子取引のデータ保存について、真実性の確保要件、検索機能の確保要件が緩和されました。真実性の確保要件については、取引情報の授受後のタイムスタンプの付与について、改正前は「授受後遅滞なく」と定められていましたが、「速やかに」または「当該取引情報の授受から当該記録事項にタイムスタンプを付すまでの各事務の処理に関する規程を定めている場合」にあっては、「その業務の処理に係る通常の期間を経過した後、速やかに」と改正され、期間の余裕ができました。検索機能の確保要件については、検索条件の範囲が、改正前は、「取引年月日、勘定科目、取引金額その他のその帳簿の種類に応じた主要な記録項目」とされていましたが、「取引年月日その他の日付、取引金額および取引先」に限定されました。また、基準期間の売上高が1,000万円以下である事業者については、税務職員による質問検査権に基づくデータのダウンロードの求めに応じることができるようにしている場合は検索機能の確保要件が不要となりました。さらに、電子取引の取引情報について、書面に出力し、その書面を保存する方式が廃止されました。これによって、電子取引の取引情報については電子データを保存しなければならなくなりました。そして、スキャナ保存と同様に、電子取引の取引情報に係る電磁的記録に関連した不正（隠ぺいや仮装）があった場合の重加算税の加重措置ができました。

（ウ） 電子帳簿保存法の改正により変化の生じた実務とその対応

上述のように、昨今、電子帳簿保存法の改正により、実務上の契約管理体制に変化が生じてきています。

（ⅰ） 電子帳簿保存制度導入のメリット

経理の効率化のために、企業においても電子帳簿保存制度を積極的に導入していきたいものです。電子帳簿保存制度の導入によって、紙で保管する煩雑さから解放され、電子データで効率的に管理することができます。これによって、経理業務の効率化、リモートワークへの対応、オフィスの省スペース、環境負荷の軽減、といったメリットが生じます。

（ⅱ） 電子帳簿保存制度導入のデメリット

他方で、電子帳簿保存制度導入にはデメリットもあります。具体的には、電子データを保存し、管理するためのシステム導入の費用、労力、社内ルールの見直しの必要性、社員に対する保存方法変更の周知や教育の必要性、システム障害やインターネット上の情報漏えいのおそれ、といったデメリットが考えられます。

しかし、昨今の書類の電子化の流れや法改正をみると分かるように、書類の電子化は社会的に推進され、この流れは今後もさらに加速することが予想できます。その意味で、上記デメリットを理由として書類の電子化を行わないという選択肢を今後取ることは難しい時代の流れが来ることが想定されます。多少のデメリットについては乗り越える努力が今後要求されることになるでしょう。

（ⅲ） 改正による実務への影響

デメリットは存在するものの、前述した近年の改正により、電子帳簿保存制度はますます導入しやすくなっています。また、**電子契約の普及が進む中で、企業は、電子契約によって締結された契約書データを、電子帳簿保存法に従い適切に保存する必要があります。**

契約管理システムを用いて契約管理を行うときは、当該システムが、電子帳簿保存法の定める要件を満たすものかを確認することが望ましいでしょう。特に、電子保存についてはタイムスタンプの付与、訂正や削除履歴の確保、検索機能の確保の各要件を満たすシステムであるか、電子取引のデータ保存については、真実性の確保、検索機能の確保の各要件を満たすシステムであるかなどを確認したいところです。

契約管理については、電子契約を進めるとともに、電子帳簿保存法に則り、電子契約にかかる電子データの保存を適法に行う必要があります。そして、紙で契約を締結する場合のスキャナ保存制度の導入も、各要件を確認しながら進めていきましょう。

第3章

契約実務における テクノロジーの 活用

1——契約実務とリーガルテック

ここまで、現在の契約実務と課題について、各工程ごとに様々な視点から解説してきました。現代の契約実務は、多くの関係者がいること、事業が複雑となっていること、案件が高度化していることに伴い、高度化が進んでいます。

このような契約実務を、適切に運用していくために、人の努力だけではなく、テクノロジーの力を利用することは非常に有効です。一方で、リーガルテックなどのテクノロジーを組織で導入するにあたっては運用に乗せるまでにいくつかの障害があるのも事実です。本節では、リーガルテックのもたらす価値、リーガルテック導入の壁、リーガルテックの活用方法について解説します。

［1］リーガルテックとは

リーガルテックとは、法律と技術を組み合わせた言葉のことで、IT 技術を用いて法務関連業務の質や速度を向上させる IT サービスの総称です。元々は米国で生まれたリーガルテックですが、近年、コロナ禍のもとでリモートワークが導入され、電子契約サービスなどの需要が拡大したことで、日本でも注目を浴びています。

一方で、近年、契約は複雑化かつ多様化しており、また、時代の変化も伴って、契約実務を人力のオペレーションのみで適切に行うことは困難になってきています。その中で、リーガルテックは契約実務における課題をテクノロジーの力で解決するものとして期待されています。

（ア） リーガルテック概要

リーガルテックは米国が発祥とされており、2000 年代のはじめに拡大しました。日本でも 2016 年以降、リーガルテックの市場は成長しており、様々な企業が、テクノロジーを市場に提供しています。

市場成長の要因としては、コロナ禍のもとでのリモートワークにおけるテクノロジー需要の増加だけではなく、労働人口の減少やワークスタイル改革などの時代の変化によって、企業がこれまで以上に生産性の向上を求められていることにあります。こうした状況下で、生産性向上のために、法務業界においてもITやAI技術を活用して業務を効率化したいというニーズがあり、リーガルテックが近年注目を浴びています。

一口にリーガルテックといっても種々のサービスがあります。ここでは、契約実務に関する、契約審査受付、契約審査、契約締結、契約管理の各フェーズに分類してどのようなサービスが活用されているのかについて紹介します。

(i) 契約審査受付フェーズ

契約審査受付フェーズでは案件受付サービスが活用されています。案件受付サービスは依頼部門からの依頼を集約し、案件をデータベース化するものが一般的です。案件受付サービス上で依頼部門と法務部門内のコミュニケーションを取ることができ、案件の受付から契約締結までのやりとりを案件と紐付けて保存ができるようになっているものもあります。

これまで依頼部門からはメールや電話、その他のコミュニケーションツールで法務部門に依頼がされ、案件依頼の概要や、案件に紐づく契約、関連資料は共有サーバーで保管されてきました。ここには、2つの課題がありました。1点目が案件依頼部門から口頭で直接法務担当者に依頼がされていたり、受付のツールが人によって異なる場合があり、情報が散逸、属人化してしまうことです。2点目が、共有サーバーに案件の経緯が全て格納されていなかったり、格納されていたとしても共有サーバーの検索性が悪く、過去の案件を探し出すことができないことです。

案件受付サービスの活用によって、案件受付サービス上に依頼部門からの依頼を集約し、案件をデータベース化することができ、過去案件を活用可能な状態にすることができます。加えて、共有サーバーの検索性の問題を解消するために、案件受付サービスでは検索性が優れた機能が搭載されていることもあります。

(ii) 契約審査フェーズ

契約審査フェーズでは契約審査を支援するサービスが活用されています。契約審査支援サービスは、AIなどのテクノロジーを用いて契約書の条項の抜け落ちなどの見落としを防ぐためのサポートをしてくれ、汎用的な修正用のサンプル文を提示してくれるものが一般的です。自社の基準を登録して契約審査に活用したり、自社の過去の契約書から修正用の文例を検索できる機能を備えているものもあります。

個人の経験に依存しがちな契約審査ですが、契約審査支援サービスの活用によって、人による見落としを防ぐサポートを行い、経験によらず、契約審査の品質を向上させることができます。

（iii） 契約締結フェーズ

契約締結フェーズでは電子契約サービスが活用されています。電子契約サービスとは、クラウド上で契約締結を完了できるサービスのことを指します。電子契約サービスには、契約書保管機能が付帯しているものもあり、電子契約の作成から契約書の管理までをシームレスに行うことができます。

電子契約サービスの活用によって、契約締結業務の手間を削減できるほか、これまで書面で行っていた契約締結業務を全てクラウド上で行えるようになるため、リモートワーク下でも出社することなく契約締結業務を行うことが可能です。

（iv） 契約管理フェーズ

契約管理フェーズでは、契約管理サービスが活用されています。契約管理サービスとは、契約書をスキャンなどにより電子化して格納し、サーバー上で管理するサービスのことです。契約書のデータをアップロードするだけで、契約書に記載されている当事者名や契約締結日などの項目を抽出し、自動でデータベースを構築してくれるものや、期日管理を自動化してくれるものもあります。

契約管理サービスを活用することで、契約書の整理や保管、管理台帳の作成などにかかる手間が削減されるほか、契約の内容管理も効率的に行うことができるようになります。

（イ） 契約実務における課題

このようにリーガルテックが注目を集める中で、適切な契約実務を運用することの重要性も高まってきています。契約実務においては、契約締結までのプロセスの中で生じるやりとりや対応履歴のデータを蓄積し、それらを組織として活用してプロセスの改善を行うという循環を回していくことが理想的です。一方で、これを既存のオペレーションで行うには3点の課題があります。**1点目に、情報の集約が困難であること、2点目に過去の知見の活用が困難であること、3点目に審査プロセスの標準化が困難であることです。**ここでは、それぞれの課題がどのようなものかを具体的に紹介していきます。

1点目の課題は、情報の集約が困難であることです。契約実務における情報の集約を行う上で、全ての契約について案件の起こりから締結までの審査プロセスで生じる依頼部門とのやりとり、対応履歴が集約され、一元管理されていることが必要です。これまでの一般的なオペレーションにおいては、案件はメールで受け付け、依頼部門とのやりとりはメールまたは口頭で行い、契約書は法務部門の共有サーバー上で保管され、契約締結後、締結済み契約書は契約管理部門のキャビネットや共有サーバーで保管されていました。しかし、このオペレーションでは2点の要因から情報の集約が困難であることが多いです。第一に、案件が属人化してしまいやすいことです。メールによって案件を受け付けた際には案件を受け付けた担当者のメールフォルダにメールが格納されてしまいます。そのため、受け付けた担当者しか過去のメールを確認することができず、また、もし担当者が退職した場合には案件の履歴が消失してしまいます。第二に、情報が散逸してしまいやすいことです。上述のオペレーションにおいては、案件に関するやりとりはメールに、締結前の契約書の各バージョンは法務部門の共有サーバーに、締結済み契約書は契約管理部門の共有サーバーに、と本来一つの案件に紐づいている各種の情報がそれぞれ異なる場所に格納されることになります。場合によっては、口頭で依頼部門とやりとりをしており、案件に関するやりとりがどこにも残っていないという事態も起こり得ます。これらの問題を解決するために、共有サーバーなどにメールを格納するオペレーションを取っている企業もありますが、格納漏れが生じるなど、完全性を担保できていないことも多いです。このように、これまでの一般的なオペレーションでは案件の属人化、情報の散逸が起こりやすく、情報を集約して管理することが困難になっています。

2点目の課題は、過去の知見の活用が困難であることです。契約実務にお

一般的なオペレーション

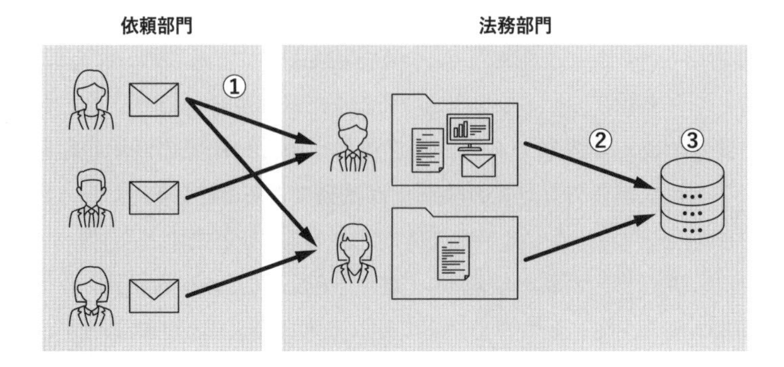

既存のオペレーションの課題

①	案件が属人化しており、担当者以外から経緯を確認できない。
②	案件の共有サーバーはあるが、情報が散逸したり、格納漏れが起きてしまいがち。
③	共有サーバーの検索性が悪く、過去の案件を探し出すことができない。

図表 3-1｜情報の集約と知見の共有における課題

ける知見の共有においては、締結されるまでの審査プロセスにおける依頼部門とのやりとりや対応履歴が締結済み契約書とセットで整理して保管され、内容管理や組織の先例としてその後の審査プロセスで活用できる状態になっていることが求められます。しかし、既存のオペレーションでは、これらの情報は共有サーバーに保管されており、また、締結済み契約書のみがキャビネットに保管されていることもあります。これらは検索性が非常に悪い上、契約書や条項の検索に適した状態で整理することが難しく、情報は格納されているものの、活用可能な状態になっていないことが多いです。

3点目の課題は、審査プロセスの標準化が困難であることです。ここでいう審査プロセスの標準化とは、審査プロセスが仕組み化され、法務部門の誰もが組織として一貫した判断基準のもとで均一の品質で審査ができるようになっていることを指します。契約実務においては、組織に蓄積した情報を活用して契約締結までのプロセスの改善を回していくことで組織力を強化し、法務組織として常に最良の対応ができるようにしていくことが理想的です。この中で、プロセスの改善を回すために、プロセスが標準化されていることが必要ですが、特に審査プロセスを標準化することが困難です。これまで審査プロセスは個人の知識と経験に依存して行われてきました。この属人化を排除するためには、蓄積され不文律となっている過去事例を整理、活用し、組織的な審査プロセスを構築する必要がありますが、上述のとおりこれは簡単ではありません。また、先進的な法務組織では、こういった不文律を明文化し、よく使われる条文を集めた条文集や確認項目を網羅したチェックリストを整備していますが、案件の難易度や取引の複雑さが高まるにつれ、パターンが多岐にわたることから、人の手で網羅的に整備し続けていくことにも限界があります。このように、審査プロセスを標準化することは既存のオペレーションの中では組織として膨大な工数が必要となり、難易度が非常に高いです。そのため、審査プロセスは個人の知識と経験に依存して実施せざるを得ず、人から人へ技術を継承していくことで品質を担保する職人芸のようになっているのが現状です。

このような課題があることから、既存のオペレーションで理想の契約実務を実現することには限界があります。

（ウ） リーガルテックのもたらす価値

一方で、テクノロジーの力で法務領域における課題を解決するために種々のリーガルテックサービスが生まれてきました。ここではリーガルテックがどのような価値をもたらしているかについて説明します。

第一に、契約業務の各プロセスの効率化です。契約書をデジタルデータ化するための手間の削減、契約審査のサポートによる審査スピードの向上、契約締結業務の電子化による事務作業の手間の削減、期日管理の自動化などリーガルテックは各プロセスにおいて業務を効率化します。

第二に、ナレッジマネジメントの強化です。システム上に案件を集約し、案件に付随するやりとりや対応履歴をセットで保管できるようになることで、組織として知見を蓄積していくことが可能になります。また、これらの知見を自動で整理し、検索性を向上させることで、誰もが組織における知見を活用可能な状態にします。知見の蓄積、活用を促進することで、ナレッジマネジメントの実現に貢献します。たとえば、法務部門において、特殊な機械の売買契約を審査する際に、どういった点に気をつければよいのかというのは、経験の浅い担当者には分からないということがあります。このような状態において、ナレッジマネジメントを徹底できていない法務部門の場合、その担当者は、サンプル探しなどにおいて、経験のある先輩方にアドバイスを求めにいくこととなるでしょう。すぐにアドバイスがもらえれば問題ないということもありますが、必ずしも適切な先輩がすぐに捕まるとは限りませんし、テレワークが進んでいる昨今においては「軽く確認したい」ということが簡単ではない場面も多々あります。しかしながら、ナレッジマネジメントを徹底できている法務部門においては情報の集約されているシステム上にて、必要となる情報を検索し、発見し、適用することが担当者ベースでできますので、生産性、品質という点で組織を強化することができます。

第三に、契約審査の品質のばらつきの抑制です。AIの技術によって契約書の条項の抜け漏れの洗い出しをサポートすることで、見落としを防止し、契約審査の品質を向上させます。また、自社の契約審査基準を登録して審査に活用できる機能を備えているものもあり、併せて活用することで見落としを防ぐだけでなく、審査基準を統一し、担当者ごとの品質のばらつきを抑えることが可能です。

第四に、統計情報の分析の容易化です。システム上で契約締結までのプロセスを完結させることで、対応履歴が集積され、類型ごとの契約審査の件数や案件対応にかかった日数、修正の傾向分析のためのデータを集めやすくなります。今後のリーガルテックの発展に伴い、こういった法務組織としての品質の可視化や自社の審査傾向の分析などの自動化も可能となると考えられます。

このようにリーガルテックがもたらす価値は、業務の効率化にとどまらず、ナレッジマネジメントの強化や契約審査品質の向上、統計情報の分析の容易化という価値を組織にもたらします。

［2］リーガルテック導入の壁

ここまでリーガルテックのもたらす価値について説明してきましたが、**一方でこれらは導入してすぐに価値を発揮するわけではありません。**また、組織導入にあたってはオペレーションの変更や関係部署との調整などのコストも発生します。しかし、リーガルテックは、こうしたコストを払ったとしても理想的な契約実務を実現し、法務組織を強化していくために導入する価値があります。ここではリーガルテックを組織に導入するにあたっての困難さ、組織導入の意義について説明します。

リーガルテックを活用し、適切にオペレーションを構築して運用することで理想的な契約実務を実現することが可能ですが、組織導入にあたってはいくつかのハードルがあります。

第一に、オペレーションの変更コストです。リーガルテックのサービスはSaaS製品（Software as a Service）であることが多く、自社のオペレーションに合わせてカスタマイズ可能なオンプレミス製品ではないため、製品に合わせて自社のオペレーションを変更する必要があります。これまでの慣れ親しんだオペレーションが変更になることにより部内で混乱や反発が発生することも考えられるため、しっかりとメンバーに説明をすることに加え、変更後のオペレーションを定着させるための浸透施策も必要になってくるでしょう。また、導入する業務範囲によっては、オペレーションの変更の影響範囲は法務部門内にとどまらないこともあるため、他部署との調整や浸透のためのコストが発生することもあります。このようなオペレーションの変更コストがかかってくるため、初期的には部署や業務範囲を絞って導入をするのがおすすめです。はじめから大規模に導入を進めてしまうと、その分オペレーションの変更範囲も広くなることで変更コストが大きくなり、挫折してしまう可能性が高くなります。そのため、スモールスタートしながら問題点を把握し、それらを解決していきながら徐々に範囲を広げていくことが成功の秘訣です。なお、仮に導入するリーガルテックサービスがカスタマイズ可能なオンプレミス製品であったとしても、オペレーションの変更コストを一切払拭できるかというとそういうわけでもありません。すなわち、既存のオペレーションが望ましくない場合には、見直しの実施を含めてオペレーションの変更を検討する必要があるため、この検討に相応のコストがかかることが予想されます。とりわけ、オペレーションの変更にアイディアがないという場合には、オンプレミス製品の導入に相当な困難が生じるものと考えられます。

第二に、効果が確認できるまでのタイムラグです。どんなサービスでも新しいサービスを使いこなせるようになるまでは一定程度時間がかかり、慣れるまではむしろこれまでよりも作業の効率は落ちるものです。たとえば、今では使いこなせているスマートフォンですが、最初に旧来の携帯電話（いわゆるガラパゴス携帯）からスマートフォンに変更した際には文字入力一つとってもそれまでより時間がかかっていたのではないでしょうか。それと同様に、リーガルテックも導入当初はそれまでのオペレーションと比べて効率が落ちることが考えられます。加えて、スマートフォンの操作よりも契約実務に新たなシステムを導入することの方が難しいことは間違いないです。そのため、しばらくは効率の低下を受け入れて使い続けることが必要です。このように、効果が確認できるまでにタイムラグが発生するため、導入の目的を明確化し、ときにはトライアルを活用して目的が達成できそうか導入前にテストをすることもあります。

［3］リーガルテックの活用方法

上述のとおり、リーガルテックを組織導入するためにはいくつかの超えるべきハードルがあります。しかし、契約実務における課題は既存のオペレーションでは解決が難しく、理想的な契約実務の実現にはリーガルテックの活用が欠かせません。そのため、ハードルを乗り越えてでも、法務組織の強化のために導入を進める意義がリーガルテックにはあると考えます。

リーガルテックの導入によって理想的な契約実務を実現するために、まず実現したいフローの全体像を描き、その中でどのようにリーガルテックを活用していくかを考えておくことが必要です。 ここでは、一例としての理想的な契約実務フローとリーガルテックの活用方法について紹介します。

（ア） 理想的な契約実務フロー

理想的な契約実務とは、①全ての案件と契約が一元管理されて検索可能になっており、②契約審査が標準化されたプロセスで行われ、③不正なく、ルールが遵守されて押印管理が行われ、④抜け漏れなく期限管理、内容管理がされており、⑤この契約のライフサイクルのデータを活用してオペレーションの改善が回されている状態です。この理想的な契約実務を実現するためのフローを示したものが**図表3-2**です。

まず、案件を受け付ける際には、全ての案件とそのやりとりや対応履歴が一

	契約審査受付	契約審査	契約締結	契約管理
理想の状態	・すべての案件とそのやりとりが一元管理されている ・それらが誰でも参照可能になっている	・標準化されたプロセスの下で、組織として一貫した審査がされている	・押印規程が遵守されている ・不正なく押印管理がされている	・期限管理が抜け漏れなく行われている ・履行時に義務違反が行われていないか確認されている
理想の契約実務フロー	・担当者ごとではなく法務部門の案件の窓口を設ける ・審査の中で生まれる契約書、やりとり、関連資料をセットで保管する	・過去の類似案件とその経緯を併せて案件を割り振る ・類似案件がなければ経験豊富な部員に割り振り、経緯を組織に蓄積する	・押印規程を整備し、それが遵守されているか監査を行う ・締結する契約書の差し替えが行われていないかを確認するフローを設ける	・契約書を電子化し、一元管理する ・期限管理を自動化する ・履行時に注意が必要な義務について、監査がされている
	契約ライフサイクルにおけるデータを計測する仕組みを整え、改善に活用する			

図表 3-2 | 理想的な契約実務フロー

元管理され、誰からでも参照できるようになっていることが理想的です。なぜなら、契約実務フローを整備する主要な目的が、契約審査時や内容管理などを行う際に、法務組織として一貫した対応ができるようにし、また、過去に行った検討の繰り返しを防止することであるためです。具体的には契約審査を行う際には、案件の全体像を把握して過去に行った交渉を再度行うという蒸し返しを防止し、関連契約との整合性を取って審査をできるようにする必要があります。また、内容管理時には案件の全体像を把握して、義務違反をしないようなフローを構築し、トラブル発生時には案件の経緯を参照することでスムーズな対応が行えるようにしておくべきです。

そのために、依頼部門と法務部門の担当者がそれぞれで案件のやりとりをするのではなく、法務部門として案件の受付を集約し、交渉の中で生まれる複数のバージョンの契約書や関連資料が漏れなく共有可能な場所に格納されていることが必要になります。さらに、案件のやりとりと契約書、関連資料が紐付けられていると理想的です。これを実現するために、案件の受付の際に、法務部門のメーリングリストで受付をし、共有サーバーに契約書、関連資料、メールのやりとりをセットで格納することを徹底している企業もあります。

次に、契約審査においては、標準化されたプロセスが構築されていることが理想的です。なぜなら、組織として一貫した対応をするためには、個人の知識と経験によって契約審査を行うのではなく、組織の知見を活用して、誰もが同じように契約審査を行えるように仕組み化がされていることが必要であるためです。具体的には、案件振り分け時に過去の類似案件があれば、その類似案件に関する過去の情報やファイルと併せて担当者に審査の案件振り分けを行い、類似案件に沿って審査をできるようにすることや、過去の類似案件がなければ、経験が豊富な担当者に案件を振り分けして、その審査履歴をそれ以降の契約審査に活用できるように交渉の経緯を含めて組織に蓄積していくというような仕組みを構築することが必要です。先進的な法務組織においては、組織に溜まった過去の審査履歴を体系化し、確認項目を網羅したチェックリストを作成し、より個人間での審査品質の差がでないように組織の知見を活用している例もあります。

そのために、組織として過去案件を整理し、活用可能な状態にしておくことが必要です。過去の類似案件があったとしても、見つからなかったり、見つけるのに時間がかかってしまうと品質と効率性を担保することができません。ただ共有サーバーに格納しているだけでは検索性が悪いため、過去案件の検索性を上げるために、案件の管理台帳を作成して、担当部署や相手方企業名で検索できるようにしている企業もあります。このように、過去案件が整理されていることは審査プロセスの構築にとって非常に重要であるため、案件の整理と契約審査担当者を分業化することも有効でしょう。

さらに、押印規程が遵守され、不正なく押印管理がされていることが重要です。なぜなら、契約書に押印がされることで二段の推定の効果が働き、裁判で契約書が証拠として重要な意義を有することとなるためです。しかし、押印規程で定められた手続を踏まずに押印がされてしまったり、締結直前に承認された契約書が差し替えられてしまったりといった不正が起こることも少なくありません。そのため、押印担当部門による押印規程の整備、それが遵守されているかの監査、締結契約書の差し替え確認といった押印規程の遵守と不正防止のための仕組みが必要となります。

加えて、締結済み契約書に関して、期限管理が抜け漏れなく実施され、履行時に義務違反が発生しないような仕組みが整えられていることが理想的です。なぜなら、締結前のプロセスで契約書に含まれるリスクを最低限に抑えられていたとしても、期限管理や内容管理が適切に行われていないと不必要なコストが生じてしまうためです。具体的には、更新期限を過ぎてしまったために、解約予定だった契約が更新されてしまい、無駄な料金が発生してしまったり、知らぬ間に義務違反が発生していたために、損害賠償の支払い義務が生じてしまったといったコストが発生する可能性があります。また、契約更新や契約内容の変更時に契約書を探すのに時間がかかってしまうというコストも生じえます。

期限管理が抜け漏れなく実施され、履行時に義務違反が発生しないようにするためには、次の3点が必要になります。第一に、契約書は電子化され、整理されて一元管理されている必要があります。紙の原本のまま保管されていると、契約書を紛失してしまったり、契約書を探そうとした際に見つけることができなくなってしまうためです。これを実現するために、契約管理部門が締結された契約書を集約し、電子化をして、共有サーバーなどに整理して格納していくフローの構築が必要になります。第二に、期限管理が自動化されていることが必要です。膨大な契約書の期限管理を人力で行おうとすると必ず抜け漏れが発生します。これを実現するために、期限が迫っている契約がある場合に、自動で期限を通知してくれるようなツールを導入することが理想的です。第三に、履行時に注意が必要な義務について契約管理部門で監査がされている必要があります。契約を履行する部門に、自ら契約内容を確認してもらいながら義務違反が生じないように契約を履行してもらうのは、困難であることが多いです。これを実現するために、定期的に注意が必要な義務について契約管理部門側で棚卸しを行い、契約を履行する部門に契約内容を通知し、遵守されているかを確認するフローを構築することが必要です。

最後に、契約ライフサイクルにおけるデータを活用してオペレーションの改善を回し続けていくことが重要です。組織によって最適なオペレーションは変わるため、理想的であるといわれているオペレーションを採用したとしても始めから効果が現れるとは限りません。そのため、自社のオペレーションにおける課題を見つけ出し、自分たちの組織に合わせて改善を繰り返していくことが必要です。そのために、契約ライフサイクルにおけるデータを可視化して、どこに課題があるかを分析可能にしておく必要があります。先進的な法務組織では、契約類型や依頼部署、案件の難易度ごとに案件の受付から完了までの日数をフェーズに分けて計測し、担当者ごとに分析して、担当者のアサインの最適化や自社ひな形の作成、確認項目を網羅したチェックリストの作成の優先順位の策定に活用しています。また、締結済み契約書に残存したリスクを分析し、自社ひな形やチェックリストのメンテナンスに活用している企業もあります。

理想的な契約実務を実現するためには、各フローごとに課題を見つけ出し、最初に理想的なフローの全体像を描いた上で、一つずつオペレーションを構築していくことがおすすめです。理想的なフローを描く際には、本項で紹介した理想的な契約実務フローを参考にしてみてください。

（イ） 理想的な契約実務フローにおけるリーガルテックの活用

前項で理想的な契約実務フローを紹介しましたが、リーガルテックを活用することでより効率的で効果的なフローを実現することができます。リーガルテックを活用した理想的な契約実務フローを示したものが**図表3-3**になります。

まず、案件の受付にリーガルテックを活用することによって、より確実に案件を一元管理し、全ての案件を誰からも参照することが可能になります。また、案件に紐付けてやりとりや対応履歴を保管することができます。既存のオペレーションでは、メールでの依頼により情報が属人化してしまったり、メールと共有サーバーで情報が散逸してしまうという問題が発生していました。しかし、リーガルテックを活用し、案件の受付を一元化することで、リーガルテック上に情報を一元管理し、誰からでも参照できるようになります。さらに、リーガルテック上で依頼部門や法務部門内のコミュニケーション、契約書のバージョン管理を行うことができるため、案件に紐付けてやりとりや対応履歴を保管することができます。

次に、契約審査においては、標準化されたプロセスを構築し、組織として一貫した対応を実現することができます。これまで、契約審査は個人の知識と経験に依存して行われることが多く、人によって品質にばらつきが生じたり、人によって回答内容が異なるといった問題がありました。上述したようなチェックリストを作成する場合でも、審査対象の契約書の難易度や取引の複雑さが高まるにつれ、人の手で網羅的に整備し続けることに限界がありました。この点、リーガルテックを活用することで、AIの技術によって契約書の条項の抜け漏

	契約審査受付 →	契約審査 →	契約締結 →	契約管理
理想の状態	・すべての案件とそのやりとりが一元管理されている ・それらが誰でも参照可能になっている	・標準化されたプロセスの下で、組織として一貫した審査がされている	・押印規程が遵守されている ・不正なく押印管理がされている	・期限管理が抜け漏れなく行われている ・履行時に義務違反が行われていないか確認されている
理想の契約実務フロー	・担当者ごとではなく法務部門の案件の窓口を設ける ・審査の中で生まれる契約書、やりとり、関連資料をセットで保管する	・過去の類似案件とその経緯を併せて案件を割り振る ・類似案件がなければ経験豊富な部員に割り振り、経緯を組織に蓄積する	・押印規程を整備し、それが遵守されているか監査を行う ・締結する契約書の差し替えが行われていないかを確認するフローを設ける	・契約書を電子化し、一元管理する ・期限管理を自動化する ・履行時に注意が必要な義務について、監査がされている
	契約ライフサイクルにおけるデータを計測する仕組みを整え、改善に活用する			
リーガルテックの活用の効果	・契約審査受付をリーガルテックで行い、案件のやり取り、契約書の対応履歴をリーガルテック上で一元管理して誰からでもアクセス可能にする	・AIを活用し、契約書の条項の抜け漏れを防止する ・データベースを自動で整備し、過去案件の活用を容易にする	・電子締結サービスを活用して契約書の電子化にかかる手間を削減する ・契約管理サービスと連携して集約の手間を削減する	・契約管理サービスで期限を自動で抽出、通知して期限管理を自動化する ・契約書を集約、整理して履行管理を容易にする
	契約ライフサイクルにおけるデータの集計の手間を削減する			

図表 3-3 | リーガルテックを活用した理想的な契約実務フロー

れを画一的な基準に基づいて洗い出して見落としを防止することができ、契約審査の品質のばらつきを減らすことができます。また、リーガルテック上で案件を集約することで、案件や契約書のデータベースが自動で作成され、カテゴリー別に整理してくれるうえ、条文ごとに検索が可能であるなど、検索性を高めて管理することで、過去の案件の活用が容易になります。このように、リーガルテックによって、条項の抜け漏れの洗い出し、過去案件の活用により、組織として一貫した対応を実現することが可能になります。

さらに、契約書の電子化と集約の手間を大幅に削減し、期限管理の自動化と履行時の義務違反の防止が実現できます。これまで、契約書は締結時に紙で印刷され、締結がされていたため、電子化して集約しようとする手間が非常にかかっていました。電子契約サービスの活用により電子化の手間がなくなり、契約管理サービスとの連携をすることで締結後に自動で契約書が格納されていくため、集約する手間も大幅に削減されます。また、エクセルによる台帳管理などでは期限管理の自動化の実現は難しく、膨大な数の契約書の内容管理を行うのは困難でした。契約管理サービスでは契約書を格納していくだけで、契約書に記載された期限を自動で抽出し、期限が近づくと通知をしてくれるため、期限管理を自動化でき、さらに、契約書を整理して格納してくれるため、検索性が上がり、内容管理も容易になります。

加えて、リーガルテックの活用によって、契約ライフサイクルにおけるデータの活用が実現できます。これまで、分析のためのデータの集計に大きな手間がかかっていたり、収集できないデータも多くありました。リーガルテックを活用することで、案件の対応時間に関するデータを容易に集計できるようになるため、オペレーションの改善のためのデータ分析に活用が可能です。また、契約審査や締結済み契約書の統計情報を集計できるようなサービスを利用していくことも考えられます。そういったサービスを利用することで、自社の基準と実務の差異を分析したり、自社ひな形の整備、メンテナンスにも自社の統計情報を活用できるようになると思われます。

このように理想的な契約実務フローの実現にあたっては、リーガルテックの活用が非常に効果的です。既存のオペレーションで実現しようとすると手間がかかっていたり、実現が困難であることもリーガルテックの活用により容易に実現できることもあります。次項では、契約実務における実際のリーガルテックの活用事例から、実際にどのように理想的な契約実務フローを実現しているかを紹介していきます。

2―― 契約実務におけるリーガルテックの活用事例

ここまで、リーガルテックについては、活用することでメリットがあると同時に、その導入の壁があることについて、理解していただけたのではないでしょうか。次に、導入の壁を超えて、実際に、契約実務において、リーガルテックを活用している事例を紹介していきます。

［1］契約審査におけるリーガルテックの活用

日本たばこ産業株式会社　日本マーケット　部長代理（法務担当）　稲村　誠

（ア）　事業内容と契約審査に携わる体制

55,000人を超える従業員が所属する日本たばこ産業株式会社（以下「JT」といいます。）グループは、130以上の国と地域でたばこ事業を展開しており、主要事業であるたばこ事業のほか、医薬品事業および加工食品事業と、大きく分けて3つの事業を行っています。JTグループの法務部門は日本およびスイスを中心に世界各地に設置されていますが、今回は日本本社に設置されている法務部門である、Market Legal（たばこ事業の日本マーケットを管轄）でのリーガルテックの活用などを紹介します。なお、私の所属するMarket Legalでは、私のほか9名のメンバーで日本マーケットでのたばこ事業全般に係る法務業務を担当しており、有資格者含めいずれのメンバーも一定の法務経験を有しています。

（イ）　従来の契約審査方法と契約審査に関して認識していた課題

Market Legalでの従来の契約審査方法は、まずMarket Legalのメンバー全員宛となる集合アドレスへビジネス部門からメールで契約審査の依頼がなされ、担当者が審査した後、ビジネス部門へメールで返信するとの方法で行われてきました。しかしながら、**こうしたメールベースの方法ですと事例や知見の蓄積が個々人のメールフォルダにとどまってしまうため（CCにチームメンバーを含めたとしても、その当時所属していたメンバーに限られてしまう。）、他のメンバーや新たに法務担当となった者が過去事例について包括的に検索することが困難であるなどの問題がありました。**また、契約書でどのような文言や条項を使用するかは各人が参考とした過去の契約書や書籍によって区々でしたが、同種の契約についてはなるべく文言などを統一することで、**メンバー間の**

知識や経験（あるいは趣味）の違いによるブレを小さくし、会社全体としての契約リスクを一定レベル以下に管理する必要性も感じていました。

（ウ） リーガルテック導入の理由

当社では、デジタルソリューション導入により業務効率化を目指す取り組みが2015年頃から全社的に始まっていました。法務部門においては、自動翻訳やクラウドワークフローなど、様々なツールを既に取り入れていましたし、また、当時主に米国においてリーガルテックが話題になり始めていたことから、いずれ当社においてもリーガルテック導入が課題となるだろうと考えていました。

導入当初の狙いとしては、経験の浅いメンバーが行う契約審査では最低限のレベルが担保でき、また、経験を積んだメンバーが行う契約審査でも、抜け漏れのチェックなどが自動的に行われることで、より精度の高い審査に資するだろうと考えていました。また、ツールを用いたナレッジシェアにより、メンバー全員が基本的に同じ情報を参照することになるので、契約書の文言などのブレを小さくすることにもつながると期待していました。

加えて、契約審査に限らず、Market Legalが扱う案件全般について一括で知見を蓄積してデータベース化し、かつビジネス部門にもこのデータベースを開放することで、法務見解の一貫性や質の維持はもとより、ビジネス部門においても、似たような過去事例がある場合には当該事例を参考にすることで、法務部門へ相談や確認するステップを踏まずにビジネスを迅速に進められるようになります。Market Legalだけでなく、関係するビジネス部門にも広く利用可能なデータベースあるいはプラットフォームを構築することができれば、法的リスクを合理的にコントロールしながらビジネス全体の迅速化にも役立つ、いわばwin-winの状況を作り出せるのではないかと考えていました。試行錯誤の結果、Market Legalでは、既存の企業法務向けサービスではなく、我々の業務フローに適した形にカスタマイズできるシステムを導入することで、メールに代わる法務相談のプラットフォームを構築することができ、現在に至っています。

（エ） リーガルテック導入による変化

システムの導入により、契約書レビューは、ビジネス部門からのレビュー依頼とMarket Legal担当者の回答を法律相談のプラットフォーム上で行う方式に一元化されました。もう少し具体的に説明しますと、プラットフォーム上でレビュー依頼がなされる（相談者がプラットフォームに相談事項登録→Market Legal担当者に自動通知）と、Market Legalの担当者はシステム上で過去の契約や類似契約の有無をチェックし、必要に応じて過去事例を検索、確認します。その後、それらのデータを用いて、契約書レビューを実施し、システム上にレビュー後の契約書データをアップロードします。この方式により、**契約書レビューに係る一連のデータがほぼ全て記録されるため、過去事例の検索性が格段に向上するとともに、メンバー全員が同じデータに容易にアクセスできるようになりました。**

（オ） グループ会社への導入など

Market Legalでのシステム導入を法務業務効率化のベストプラクティスのひとつとして、グループ会社へ紹介する活動もしています。その結果、これまでに国内の主要子会社2社で同様のシステムが導入されており、また海外グループ会社へ日本でのリーガルテック活用事例として運用を紹介したところ、各国の法務担当者からも高い関心が示されました。**こうした活動を通じて、単に我々Market Legalだけにとどまらず、JTグループ全体としての法務業務の効率化と法的リスク管理能力の向上を推進していければと考えています。**

なお、国内子会社でのシステム導入時の経験も踏まえて補足しますと、リーガルテックのスムーズな導入と定着のためには、リーガルテック活用への心理的ハードルの低減が特に重要と感じています。

たとえば、**経験豊かな法務パーソンは自身の契約審査の手法（自分の型）を確立しており、システムによる支援は本人にとっての業務効率を一時的に下げることにもなり得るため、リーガルテックの活用に消極的になるケースが比較的生じやすいのではないかと思います。**しかし、リーガルテック導入をチーム全体としての具体的な成果にまでつなげていくためには経験豊かな法務パーソンの協力は欠かせません。彼、彼女らが培ってきた経験知がツールにきちんと言語化されて蓄積され、他のメンバーが容易に参照、利用可能とすることで、リーガルテックを一般的な補助ツールを超えて、そのチーム固有の有力な“武器”にまで成長させることが可能となるからです。

我々が新しいシステムを導入した当初も、皆が皆すんなりと利用していたわけではありません。使い続けていく中で、システムとの付き合い方が肌感覚で徐々に分かってきます。そうした時間を経て、各人がシステムとの付き合い方の旨い塩梅を見つけ、いつの間にか欠かせないツールとなっていたというのが実情です。導入当初の一番難しい時期を乗り越えていくためには、自分たちが理想とする法務像とリーガルテックとを具体的に結び付ける努力とともに、日々の業務での実際の有用性をメンバーに実感してもらうことが何より重要でしょう。たとえば、うまく活用しているメンバーからコツを共有してもらい、比較的抵抗感の少ない機能から使い始めてみるなどの工夫も必要ではないかと思います。

なお、本稿の執筆にあたっては、日本たばこ産業株式会社 Market Legal の同僚である太田皓士さんに多大なサポートを頂きました。この場を借りてお礼申し上げます。

［2］契約審査におけるリーガルテックの活用

合同会社ひがしの里　代表
セガサミーホールディングス株式会社　経営監査室経営監査部　プロフェッショナル　東郷　伸宏

（ア）　事業内容と契約審査に携わる体制

セガサミーホールディングス株式会社は総合エンタテインメント企業として、エンタテインメントコンテンツ事業、遊技機事業、リゾート事業を柱に国内外で事業を展開しています。従業員数は当社単体で453名、グループ全体で10,285名、連結売上高は3,209億円（従業員数、売上高ともに2022年3月期）です。

当社の法務部には11名（2022年10月現在）が所属しており、主に契約審査を担当しています。

(イ) 従来の契約審査方法と契約審査に関して認識していた課題

「契約レビュー」と「契約ドラフト」を合わせて、会社独自のワークフローシステムで「契約審査申請」を受け付けており、申請内容は契約書の「審査」もしくは「新規作成」を依頼部門が選択します。当社では「権利義務を生じさせる合意を証する書面」を契約書と定義し、契約書に該当する書面は原則として契約審査を必要としています。ただし、例外として以下に該当する場合には審査不要としています。

- 契約書に該当しない書面(権利義務を生じさせないことが多い書面として例示)
- 定型発注書面(一定の条件に該当した場合にのみ使用可能)
- 同一部門、同一種類の取引に関して、過去に審査されている契約書
- 軽微な修正事項のみ(相手先名称、金額、日付など実態に即して事業部門が決定すべき事項の修正)

また、新卒あるいは中途入社により法務部門に配属された方や、部門内のローテーションにより、担当するグループ会社や事業が変更になった方など、審査担当者の経験値を含む「審査力」に応じて、ベテランによる二次審査を実施しています。

契約審査に関して認識していた課題は「今後の法務機能の在り方」です。2018年4月に「国際競争力強化に向けた日本企業の法務機能の在り方研究会報告書」が公表されたことを受け、今後の法務機能の在り方を再定義しなければならないと危機感を持ちました。一方で、これが重要な転換点となり、変革を促進する貴重な機会になるのではないかとも感じていました。

当時は契約審査業務を通じて組織に貢献できており、当該業務が法務部門の存在意義であるかのように高依存する状態となっていました。その業務負荷は契約審査不要の条件を設定しているにもかかわらず高止まりしていました。しかしながら、**これからの企業法務が果たすべき使命に向けて、経営層や事業部門からの期待に応えるためにも業務と組織を変革し、法務部門がリスクの高い案件に注力できる状態を確保することで、会社全体のビジネス推進のスピードを向上させなければなりませんでした。**

（ウ） リーガルテック導入の理由

法務部門の業務と組織を変革しなければならない状況の中、法務部門を管掌する役員から示された方針のひとつが「先端技術の導入による定常業務の省力化」でした。新しいシステムやテクノロジーの導入に際し、どのように役員の承認を得るのか。現在においても多くの企業の担当者が苦労されていると思います。当社は、経営陣からこのような方針が示され、非常に恵まれた環境でありましたが、この背景には「創造は生命×積極進取」という、セガサミーグループの「価値観・DNA」がありました。誰もが体験したことのない感動を創造し続け、世界へ届ける。失敗を恐れず、困難に対しても積極果敢に立ち向かう。「新しいものは自分たちから」と、勇気を持って前進し、何事も最後までやり遂げていく。この「価値観・DNA」の体現として示された方針だったのです。

セガサミーグループの存在意義は「感動体験を創造し続ける〜社会をもっと元気に、カラフルに。〜」。感動体験を生みだすためには、相手の期待を超えることが非常に重要ですが、リーガルテックとして登場した新しいシステムやテクノロジー、そしてその先にあると描かれた企業法務のあるべき姿は、業務の変革と組織の在り方を模索していた担当者にとって、まさに「感動体験」そのものでした。

現代における業務の効率化と組織の変革は、システムやテクノロジーの導入活用が起点であり、必要不可欠なものとなっています。費用対効果の検証は当然ながら、ツールである以上、最大限の効果を引き出せるかは使う側次第でもあります。そのため、まずはリーガルテックを導入することを前提としてスタートラインに立つことが重要であると考えています。

（エ） リーガルテック導入による変化

他社と比較すると導入開始の早かった当社ですが、残念ながら劇的な業務の効率化などは達成できておらず、決して成功事例となっているわけではありません。導入後も模索を続け、認識できた課題を「変化」であるとするならば、システムやテクノロジーをツールとして利用するためのリテラシーが必要不可欠であることを認識しました。**現状の業務手順を前提とせず、効果を最大限引き出すためにシステムやテクノロジーの利用を中心とした手順に抜本的に組**

み替える柔軟性を持ち、契約審査業務を分析し、人が介在しなければならない重要な契約と論点を選別する。そんなリテラシーが必要です。

当社においては、リテラシーの向上を図るために、セガサミーグループの企業内大学である「セガサミーカレッジ」の講座を活用しています。セガサミーらしい「革新者」として、目まぐるしく変化する社会において感動体験を創造し続けるためにも、「継続的に自らのスキルを高め、変革の起点となることを目指す」というコンセプトのもと、組織変革、課題設定力、問題解決力、定量分析、デザインシンキングなど、多様な講座の受講管理に取り組んでいます。

リーガルテックの導入はゴールではありません。その先にある「事業に寄り添い、事業を加速する法務」となるためには、次に何をしなければならないのかを考えるようになったことも「変化」であるといえます。当社においては、2019年11月「国際競争力強化に向けた日本企業の法務機能の在り方研究会報告書～令和時代に必要な法務機能・法務人材とは～」が公表されたことも受けて、顧問弁護士の協力を得ながら、「法務部門におけるパートナー機能構築プロジェクト」を立ち上げました。外部弁護士を招聘し、リーガルリスクマネジメントについて講義や演習などを実施しています。経営や事業が成し遂げたいことの範囲を広げる機能や実現可能な範囲内での最大化を目指す機能の構築と合わせ、実務においてその機能を担う担当者を経営法務人材へと育成することに取り組んでいます。

［3］契約審査受付と契約審査におけるリーガルテックの活用

株式会社サンクゼール　管理本部　経営サポート部　総務法務人事課　係長
伊藤　祥

（ア）事業内容と契約審査受付と契約審査に携わる体制

当社グループは、「愛と喜びのある食卓をいつまでも」をコーポレートスローガンとして、ワイン、ジャム、パスタソースなどの商品を取り扱う「サンクゼール」ブランドと「ザ・ジャパニーズ・グルメストア」をコンセプトに各地のうまいもの、こだわりの食材を取り扱う「久世福商店」、および米国を中心としたグローバル展開を目的とする「Kuze Fuku & Sons」の3つの商品ブランドを持ち、日本全国に156店舗（2022年12月末時点）の自社店舗（直営54店舗、FC102店舗）を有する食のSPA（製造小売）を展開する食品製造販売事業を行っています。また、自社店舗（FCを含む。）以外にも、大手食品卸企業や小売企業に対する卸販売、自社サイトおよび楽天サイトを通じたEC事業、地方の生産者と消費者をつなぐオンラインマーケットプレイス「旅する久世福e商店」、そして米国を中心とする海外など、様々なチャネルを通じて商品の販売を行っています。当社は2022年12月に東京証券取引所グロース市場への新規上場をしており、従業員数は816名（パート・アルバイトを含む）（2022年12月末日時点）です。

契約実務を担当する体制としては、独立した法務部はありませんが、総務法務人事課内に私を含めた法務担当が2名おります（2022年12月末日時点）。そのほか、同課の総務担当および品質保証課の中にも1名ずつ契約担当を置いており、この2名も補助的に契約実務を担当することがあります。

（イ） 従来の契約審査受付、契約審査方法とそれらに関して認識していた課題

従来は、契約審査は法務担当のみが行っており、契約審査受付は依頼部門から法務担当宛へのメールベースで行っていました。相手方ひな形での契約書締結の場合は、メールに相手方ひな形の契約書データが添付され、また、自社ひな形での契約書締結の場合は、メールに相手方が修正依頼を記載した自社ひな形の契約書データが添付されている形です。

このような契約審査の実務においては、当社における法務の体制は、これまで1から2名体制を続けてきたところ、**事業拡大に伴い業務が増加していく一方で、特に1名体制の時期は、マンパワー不足から契約審査が進まず案件がストップしてしまうということが課題としてありました。**また、それとも関連しますが、法務担当でなければ契約審査ができないという属人化した状況にも課題を感じていました。そのほか、**法務が2名体制の時期においては、担当者ごとに審査の質（審査の厳しさや契約書文言のテイストなど）にバラつきが生じてしまうことも課題でした。**

また、従来の契約審査受付方法にも課題を感じていました。といいますのも、契約審査受付時に依頼部門から来る依頼内容の粒度は、依頼部門の主体性に依存し、区々であったためです。案件の詳細や依頼部門サイドの意見、

要望がなければ的を射た契約審査はできないため、結局、受付後に詳細を確認するため依頼部門と何度もキャッチボールする必要が生じ、多大なコミュニケーションコストがかかっていました。

（ウ） リーガルテック導入の理由

リーガルテック導入の端緒ですが、これは法務1名体制が続いていた中でのマンパワー不足の解消、延いては「契約審査＝法務」という属人化解消の必要があったためです。

併せて、導入の背景には、全社的なDXの推進もありました。

社内に「全社DX推進室」が発足し、管理部門を含め、全社的にDXを進める動きが加速したことと、上述のマンパワー不足や属人化解消の必要性とが相まって、導入が進んだ形となりました。

（エ） リーガルテック導入による変化

リーガルテック導入により、当社に生じた変化をいくつかの視点から紹介します。また、今後生じる変化への期待についても簡単に触れます。

（i） マンパワー不足の解消、脱属人化、品質担保

上述のとおり、システム導入当時の主目的は法務のマンパワー不足の解消や脱属人化にありました。導入と同時に法務担当以外の2名（同課の総務担当および品質保証課の中から選任）を契約審査の担当に加え、契約審査3名体制を構築し、こうした課題（マンパワー不足の解消、脱属人化、および品質の担保）を解消することができました。

ちなみに、この法務担当以外の2名からは、契約審査を始めるようになって「今までこんな大変なことをしてくれていたんですね。」と言われることもあり、リーガルテックの導入に伴い、法務担当の業務の難しさを知ってもらえる副次的効果もありました。

（ii） 新人の教育

また、導入後しばらくして、法務担当1名が入社し、再び2名体制となりましたが、その際、従来なら契約審査に係る様々な教育のための時間が必要と

なるところ、システムを用いたナレッジシェアにより、効率的かつスムーズに教育することが叶い、早い段階で、即戦力として活躍してもらうことができました。

(iii) 解消された手間

マメな方であれば、リーガルテックツールがなかったとしても、有用な条項に出会うたび、こまめに記録やストックをすることで過去の情報を活かしていくということも可能だと思いますが、私には多忙な日々の中でのそうしたこまめな記録やストック作業は煩わしさを感じてしまい中々できません。こうした心理の弊害は大きく、ファイルをいちいち開く手間や、何度もフォルダを移動しないといけない手間など、無視できないものです。手間がかかるがゆえの小さな横着の蓄積は、結果として契約審査の品質を低下させてしまいます。しかし、**リーガルテックツールを利用していくだけで自然に過去の情報が蓄積され、利用しやすいデータとなりますので手間もすっかり解消されました。**こうした結果として品質の向上を実感できたことも、システムの導入、活用による変化でした。

(iv) 社内の業務効率化の意識や気運の高まりによる案件審査受付のコミュニケーションコストの削減

上述のとおり、従来の契約審査受付方法の課題の一つとして、実務担当者との間のコミュニケーションコストがありました。この点についても、リーガルテックの導入によって社内における業務効率化の意識や気運が高まり、その結果、「契約書依頼チェックシート」という新しい社内ルールの導入を後押ししてくれました。このシートは、契約審査において重要と思われる項目を列挙したフォーマット(データ)であり、依頼部門が契約審査受付時に記入のうえ、審査対象の契約書と併せて契約審査担当宛に送ることをルール化したものです。項目は、たとえば「取引商流やスキーム(誰と、いつ、何を、どこで、どうするのかについて、必要に応じて関係図も交えて説明)」、「開示や受領する秘密情報(どのような秘密情報を開示し受領するのか。開示するのは主にどちらなのか)」、「中途解約の場合の通知期間(相手方から中途解約される場合、弊社としてどのくらいの期間があればよいのか。弊社から中途解約する場合、相手方としてどのくらいの期間があればよいのか)」などです。**こうした項目を満たしたフォーマットの活用は、契約審査サイドの助けとなるだけでなく、依頼部門サイドとしても、案件や**

契約書の内容をより主体的に精査する動機付けとなるため、導入した効果を感じています。

（v） 今後生じる変化への期待

「現状維持バイアス」という心理的概念があるように、人は本能的に変化を恐れる生き物だそうです。新たな仕組みの導入には、社内プレゼン、同種のサービスの比較検証、社内規程や諸ルールの整備、社内への浸透と想像するだけで多くのハードルがあります。

しかし、一度システムによる変化に触れれば、効果を実感し、初めて携帯電話を手にしたときのようなワクワク感すら生まれてきます。

法務の領域は、これまでアナログの時代が長かったですが、リーガルテックの導入は、法務実務に一石を投じるようなものだと感じています。小さな波紋は少しずつでも確実に広がりをみせていきます。同じように、リーガルテックの導入も、初めは小さな効果にとどまるかもしれません。しかし、それを使う我々が「積極的に活用しよう」という気概を持ちさえすれば、やがて大きな円になって、企業の最後の砦として、組織にプラスの変化をもたらしてくれるものであると感じています。

［4］ 契約管理におけるリーガルテックの活用

株式会社大創産業　法務部法務課長　牛水　志保

（ア） 事業内容と契約管理に携わる体制

当社は、100円ショップDAISOを国内で4,042店舗、海外26の国と地域で2,296店舗（2022年2月末現在）を運営しており、このほかにTHREEPPY、CouCouといった300円ショップ、そして、新たにStandard Productsというブランドを立ち上げ、それぞれ店舗を運営しています。従業員は、2022年2月末現在で585名の正社員が在籍しています。

当社では、契約書について、店舗の賃貸借に関する契約書とその他の契約書で分けて管理しており、店舗の賃貸借に関する契約書は、店舗の賃貸借を担当する部門が管理し、それ以外の契約書について、法務部で管理しています。

当社の法務部は、現在、社員8名とパート社員1名の計9名が在籍し、コンプライアンス啓発活動や内部通報対応などを担当するコンプライアンス課と契約審査や訴訟対応、知財業務などを担当する法務課の2課体制となっています。契約管理については、法務課が担当しています。

(イ) 従来の契約管理方法と契約管理に関して認識していた課題

私が大創産業に入社した2019年当時、店舗の賃貸借に関する契約書の管理については、すでに契約管理システムを導入し、契約書や関連する資料をPDFデータに変換してシステム上で検索や閲覧が可能でした。

一方で、法務部で管理している店舗の賃貸借以外の契約書については、エクセルで作成した契約台帳に、保管する契約書のタイトル、契約先などの情報を入力し、PDFデータなどの保管は行わず、契約書の原本を契約先名称のあいうえお順にファイリングして、そのファイルを書庫で保管していました。また、売買取引基本契約書や秘密保持契約書のように、原則、当社の定型フォーマット(ひな形)を使用し、まとまった数の取引先と同じ書式や内容で締結している契約類型については、契約台帳の作成は省略し、契約書のデータ保管は行わず、原本を契約類型ごとに取引先コード順や取引先名称順にファイリングし、そのファイルを書庫で保管していました。

法務部で保管している契約書について、担当部署から問い合わせがあったときは、問い合わせを受けた法務部の担当者が、契約書原本を保管している書庫に出向いて、契約先の名称や契約類型を頼りに8,000件を超える契約書原本の中から指定された契約書を探し出していました。また、原本の紛失を避けるため、契約書のコピーを取ったり、PDFデータに変換したりして、担当部署に渡していました。全ての契約書が契約台帳に記載されているわけではないことと、保管している契約書の数が多いこともあり、指定された契約書を探し出すのも一苦労で、一つの契約書を見つけ出すのに30分以上かかることもありました。週に数回は、こういった問い合わせがあり、そのたびにかなりの時間を取られていたため、契約書をデータ化して検索性を高め、問い合わせがあったときにすぐに対応できるようにしたいと思っていました。

（ウ） リーガルテック導入の理由

契約管理業務の担当は、法務部に異動になってまだ日が浅かったこともあり、日々の契約書の審査や他の担当業務に追われて、契約書の保管が後回しになりがちでした。1年足らずのうちに、ファイリングされないまま放置された契約書が500件ほどになり、担当部署からの問い合わせ対応にも支障をきたすようになりました。

そこで、当時3名の法務部員全員で手分けをして、各自の業務の合間に、約1か月かけて、契約書の台帳入力とファイリングを行いました。作業をやりながら、同じ時間をかけて整理をするなら、契約管理システムを導入して、契約書を検索できるようにしたいと考えるようになりました。

当社が新たに導入を決めた契約書保管システムは、PDFデータをシステムにアップロードするだけで、必要な契約情報を自動で読み取るので、入力が不要という点が非常に魅力的でした。なぜなら、契約情報を入力するには、ある程度契約書を読み込みながら行う必要があり、当社では、この作業が契約書の保管が進まない最大のネックとなっていたからです。

（エ） リーガルテック導入による変化

リーガルテック導入により、当社で生じた変化を法務部と担当部署の2つの側面で紹介します。

（ｉ） 法務部の変化

当社では、契約書保管システム導入に伴い、紙で保管していた契約書を全て契約書保管システムに登録しました。その結果、各部署で直接契約書保管システムを検索して、契約書を確認できるようになったため、法務部としては、部署からの問い合わせのたびに業務を中断して、書庫に契約書の原本を探しに行ったり、契約書をコピーして送ったりする必要もなくなり、業務の効率化につながりました。

また、契約書情報が自動で入力されるので、契約書の内容を確認しながら契約台帳を入力するといった手間もなくなりました。契約情報入力のストレスから解放されたのか、新たに保管すべき契約書が、未処理のまま放置されることもなくなりました。

また、担当部署から、「こういうことが問題となっているので、他の契約書の関連条項を参考にしたい。」といった依頼が入ることがあります。たとえば、「損害賠償について、参考になりそうな条文例をいくつかもらえませんか。」といった依頼が入ったときに、これまでは、紙の契約書原本を、担当者の記憶を頼りに探すしかありませんでした。契約書保管システム上で、PDFデータが全てテキストデータに変換されるので、キーワードで検索すれば、該当する条項が入っている契約書を簡単に見つけられます。

保管している契約書が必要となるのは、重要な局面であることが多いので、迅速かつ正確に確認できることは、企業にとって非常に重要なことだと思います。リーガルテックをうまく活用することで、業務の効率化を図ることはもちろんですが、各部署からの様々な要求に迅速かつ的確に応えていくことが可能になると思います。

（ⅱ） 担当部署の変化

当社では、契約書保管システム上に部署ごとのフォルダを作成し、契約書をそれぞれの部署フォルダに分けて格納しています。

これにより各部署が、自部署で締結している契約書をシステム上で確認できるようになったため、法務部に問い合わせをする必要がなくなりました。

また、契約書保管システム導入前は、契約を締結したつもりが、取引先に送ったまま締結できていなかったり、締結した契約書を担当者が手元に置いたまま保管されず、中には紛失してしまっているものもありました。契約書保管システムの導入により、**各部署で契約書をいつでも確認できるようになったため、保管されていない契約書に気づいて取引先と契約締結を進めたり、締結した契約書を確実に法務部に提出して保管するという意識が高くなったと感じています。**

［5］契約管理におけるリーガルテックの活用

スパイダープラス株式会社　弁護士、執行役員（法務責任者及び海外事業責任者）　高橋　俊輔

（ア） 事業内容と契約管理に携わる体制

当社は、建設業の現場業務をDXする施工管理SaaS「SPIDERPLUS」の開発、販売を主力事業としています。2021年3月に建設DX銘柄として世界で初めて上場（東証グロース市場）しています。当社の従業員数は、2022年9月末時点で230人（非正規含む。）となります。当社の契約管理の体制ですが、法務および総務機能を併せた総務法務部の中に法務を専任で行う法務チームがあり、法務チームメンバー2名およびその上長として総務法務部長がいます。そして、法務チーム、総務法務部長の上に当社の法務組織、DXの設計を含むリーガルマターに関する最終判断を行う責任者として法務責任者（執行役員）がいます。法務のミッションとして、あらゆるリーガルマターをコントロールし、事業の成長につなげるという趣旨で、社名やプロダクト名にも倣い、「企業価値の最大化にLegalをPlus」を掲げています。リーガルリスクから企業を守るという「守り」の役割のみならず、企業の事業戦略に法務が積極的にコミットすることで企業の事業成長につなげるという「攻め」の役割を果たすという思いが込められています。

（イ） 従来の契約管理方法と契約管理に関して認識していた課題

従来は、一元的に契約管理ができている状態とはいいがたい状況でした。以下、その詳細について説明をしますが、当社では、契約管理を、いわゆる紙媒体などそれ自体を指す物理的な意味での「契約書」にかかる管理と、企業と契約先との間の権利義務関係に関する法的な意味での「契約」にかかる管理を峻別していますので、かかる区別に沿って説明します。

（ⅰ） 「契約書」管理における課題について

契約書が「管理」できている状態というのは、必要なときに締結済みの契約書が速やかに参照できる状態と考えています。かかる状態をあるべき姿としたときに、当社の従来の契約書の管理は、参照したい契約書の検索が煩雑であり、契約書の保管コストが高い状態であったといえます。

まず、従来の当社の契約書管理について説明しますと、紙媒体による契約書については、契約締結後、当社で保管する契約書については管理番号を付しておき、管理番号、契約先、契約書タイトル、契約締結日、および契約期間などの情報をExcelの「管理台帳」に入力した上、ドッジファイルに綴って保管していました。なお、電子契約などといった紙媒体によらない契約書については、電子契約締結後、電子契約の際に利用しているクラウドサーバー上で保存されている状態ではありましたが、「管理台帳」に記載はしていませんでした。

ここでの課題としては、先ほど述べたとおり、**まず、過去の締結済みの契約書の検索にかかる煩雑さが挙げられました。**具体的には、紙媒体の契約書とクラウドサーバー上にある契約書が別々に管理されていたことにより、参照したい契約書があるときに、まずは「管理台帳」を確認し紙媒体による契約書の有無を確認し、紙媒体による契約であれば当該紙媒体の契約書が保管されているドッジファイルを引っ張り出して検索していき、もし「管理台帳」に記載がなければ電子契約によるものと判断してクラウドサーバー上で検索をかけていくといった具合でしたので、煩雑さは否めませんでした。また、紙媒体による契約書をドッジファイルで検索する際、管理番号順で整頓されていればいいのですが、人の手作業によりドッジファイルに綴っていたため、どうしても綴りミスが生じ、管理番号順では発見できず、ドッジファイルを片端から開けていくという作業が定期的に発生していました。

さらに、紙媒体契約書をドッジファイルのみで保管することの課題としては、紛失リスクというのも挙げられたと思います。幸いにして、当社では過去の締結済みの契約書を検索した際に、探索に相当な時間を要することはあったとしても契約書自体は見つけることができましたが、今後ますます事業が拡大し、締結する契約書が加速度的に増えていくことを想像したときに、はたして全契約書を紛失することなく確実に保管するためにどれだけの保管コスト（ドッジファイルに契約書を綴る手間、管理番号順に従った整理整頓の手間、契約書の出し入れによる紛失防止のための出し入れ管理表の作成と記録にかかる手間など）がかかるのかと思うと、速やかに新しい方法による契約書管理体制を構築する必要がありました。

（ii）「契約」管理における課題について

従来、当社では、契約、すなわち契約先と当社との権利義務に関する法律関係についての「管理」が十分とはいえませんでした。ここでいう「管理」というのは、締結した契約内容を遵守し、その契約の終期または更新時期を把握し、必要があれば、事業内容の変化などに応じて契約内容を改定することなどを指します。

上記（i）で述べたとおり、従来は契約に関する情報として、紙媒体にかかる契約書については、管理番号、契約先、契約書タイトル、契約締結日、契約期間のほか、備考として更新時期および関連書類といった欄を設けて、「管理台帳」に記録をしていました。また、電子契約による契約書については、クラウドサーバー上に保存はされていましたが、そこに登録していた情報は契約書タイトル、契約先、契約締結日にとどまり、更新日または契約日の終期および関連契約の有無などといった情報はありませんでした。

以上のような契約管理の状態ですと、定期的に人の手によって「管理台帳」を確認し契約期限がいつ迫っているのかといった事項の確認やクラウドサーバー上に保存されている契約のPDFファイルを開いて契約の更新日などを確認していくという作業をせざるを得ず、限られた人的リソースの中でかかる作業が十分に行えていたとはいいがたい状況でした。

また、従来の法務または総務を管掌する部においては、契約締結後の契約を「管理」するという意識が十分とはいえなかったため、契約締結後の契約「管理」は契約締結を依頼してきた他の事業部門などに委ねられている部分が大きく、各部門ひいてはそこに所属する各社員の属人的なリーガルリテラシーなどに依存していたのが実情といえました。

そうしますと、契約の更新などを検討するタイミングを逸するリスクや契約改定交渉をする機会を失うリスクが常にありました。言うまでもないことですが、契約というのは企業の権利義務を設定するものであり、**契約締結後の上記契約「管理」までできてはじめて企業をめぐるリーガルリスクのコントロールができているといえますし、事業成長に応じて、企業の契約関係を修正する、具体的には、適切な契約内容に改定する、不必要な契約は終了させるなどしてこそ、事業成長の原動力となる法務といえるのではないかと考え**、従来の仕組みのままでは、当社の法務が掲げるミッションを全うできないと危機意識を持っていました。

（ウ） リーガルテック導入の理由

上記（**ア**）で述べた当社の法務のミッションを考えた際に、あるべき姿は、一元的に漏れなく契約書および契約いずれについても「管理」ができている仕組みでした。すなわち、過去に締結済みの契約書を必要なときに速やかに参照でき、また、締結した契約内容を遵守し、その契約の終期または更新時期を把握し、必要があれば、事業内容の変化などに応じて契約内容を改定することなどが簡便に漏れなくできている仕組みを目指すべきであると考えました。

そのためのギャップとして、上記（**イ**）で述べた課題感があり、これを乗り越えられる方策を検討した際、大別して、人の手（マンパワー）に寄せて解決するのか、それとも、テクノロジーに寄せて解決するのか、どちらに寄せたアプローチがよいのかを考えたところ、人の手（マンパワー）では加速度的に増えていく契約数に到底追いつかない上、どこまでいってもヒューマンエラーのリスクを抱えることになることから、テクノロジーに寄せていくアプローチを採るという一択でした。

（エ） リーガルテック導入による変化

これまで述べた経緯もあり、当社では契約管理ができるリーガルテックサービスを導入しました。

実際の運用としては、これまで締結した契約書全てを当該サービスのクラウドサーバー上に登録し一元性を担保しつつ、契約に関する必要な情報を入力していきました。もっとも、上場する数年前から当社の事業規模は格段に成長しており、当社が締結済みの契約書数は優に1,000を超え、全ての契約について契約当事者、担当部署、契約締結日、自動更新の有無、変更申出期限、契約の終期、契約のステータス（終了か否か）、関連契約、および必要な事項といった情報を一遍に登録することは人的リソースを考慮すると現実的には困難でした。そこで、取り急ぎ、契約書自体は全てPDF登録を済ませることで必要なときに速やかに参照できる状態にはした上で、契約に関する情報については、最低限のものとして、契約先、契約締結日、自動更新の有無、変更申出期限および契約の終期までは登録することにしました。その上で、未整理や未登録となる事項である契約のステータス（終了か否か）、関連契約の有無、および必要なメモ事項などについて、順次登録をしていくこととしました。具体的には、最低限の契約に関する情報登録を済ました後、登録されている契約書の中には契約としての有効期限を終えたものや更新期日が迫っているものなどが混在した状態となっていたところ、毎月、法務で更新や終期の期日が迫っている旨のアラートがでる契約について各担当部署に更新の有無などを確認するようにし、その際、関連契約情報などについても登録をするようにして、1 年くらいのタイムスパンで過去の締結済みの全契約について必要な情報を登録し終え、万全の管理体制を整備するという運用にしました。なお、新規契約については締結の都度、初めから必要な契約に関する情報を登録しています。

以上のようなリーガルテックの導入の結果、「契約書」管理については、①一元的管理の実現ができ、必要なときに契約書を速やかに参照することができ、②紙媒体自体の出し入れがなくなり紛失リスクがなくなりました。「契約」管理については、③契約の更新や終期を把握でき、契約改定の検討、不必要な契約を終了させるといった効果を実感できています。また、上記①に関連してですが、PDF 登録した過去の締結済みの契約書について、検索ワードシステムが搭載されたサービスであったことから、**新しい契約書のドラフティングの際に類似の条項を含む過去の締結済みの契約書を参照することが容易にでき、当社のリーガルスタンスに沿った質の高いドラフティングにも貢献しています。**

今後の当社の思いとしては、法務による一元的管理とは逆説的に映るかもしれませんが、何もかもを法務に丸投げをするのではなく、各担当部署において自分たちが推進役として締結した契約にかかる管理について最後まで責任を持って追いかけ続けるような仕組みにしたいと考えています。自分たちが担当した契約にかかるリスクの検討や当該契約を引き続き更新するかどうかなどの判断が求められることで、各社員のリーガルリテラシーが向上するとともに、取引の投資対効果などを検討することとなり、一人ひとりのビジネスパーソンとしての基礎体力が向上し、さらなる企業の成長につながるものと考えています。

第4章

契約実務とテクノロジー

1―― 契約実務におけるリーガルテックへの期待と展望――標準化とナレッジマネジメント

一橋大学大学院法学研究科教授　小林　一郎

企業法務の現場でAIの導入が進んでいます。こうした動きは「リーガルテック」と称され、法務実務の大きな変革を促すものとして注目されています。オックスフォード大学の研究チームによれば、法律家によるAIを活用したリーガルテックは、①法務実務の効率化を求めて既存の法律家の業務を代替（substitution）するもの、②法律家がユーザーとして利用（consumption）することを通じて法律家の業務効率を高めるもの、③AIの活用を通じて新たな法務実務を創造（production）することにつながるものの3通りに分類されるとしています。いずれも、法務業務の効率化や業務内容そのものの変革に寄与するものとして期待されています。

法務業務の自動化は、大量の文書を取り扱う際にその効力が発揮されます。既に様々な分野で実践されています。1つは、訴訟やコンプライアンス調査のために、AIを活用して文書精査の効率化をはかるものです。我が国でも第三者委員会による調査案件やデューディリジェンスなどで、AIを活用したメールや文書の精査が行われています。2つめに、リーガルリサーチにおけるAIの活用が挙げられます。コロナ禍での在宅勤務の進展に伴い、いつでもどこからでもアクセス可能なオンラインベースの法律情報データベースのサービスへの需要が高まっています。判例データベース、電子ジャーナルの購読サービス、電子書籍サービスなどの導入が特に大企業において進んでいます。

ただ、**こうしたAI活用の現状は、どちらかというと既存の実務の代替（substitution）による効率化を促すものであり、法律家によるAIのユーザーとしての利用（consumption）に着目したものにとどまっているように思われます。**そこで、3つめとして、リーガルテックをより長期的視点から真の意味で戦略的に導入するという視点で、新たな法務実務の創造（production）を念頭に置かなければなりません。その意味において、AIの活用方法として、企業法務の核心的な業務ともいえる契約書審査や契約管理の局面に注目が集まることは自然な流れであると思われます。そして、すでに企業法務の現場では、契約書の作成支援や締結済契約の管理の効率化を主眼としたリーガルテックサービスの導入を通じて、既存の実務を代替し、新しい法務実務を創造していくことへの期待が高まっているように思われます。本節では、契約実務においてリーガルテックが、新たな実務の創造（production）を生み出すものとして、なぜ期待されているのか、今後どのような展望が見通されるのかについてみていきたいと思います。

［1］企業法務における契約実務と標準化の必要性

あらゆる技術は、それが世の中に浸透していく過程において、必ず規格化と標準化というプロセスを経ていきます。契約も、取引関係を設計する基本技術である以上、例外ではありません。

契約を取り交わすための実務は、広く法律家によってその手法が共有されることが想定されている以上、そこには新規参入者を含め、あらゆるプレーヤーにとって、その意味内容や仕組みを瞬時に理解できるようなプラットフォームが必要となります。標準化は、判例を通じてルール化が図られるような場合もありますし、当事者が自律的に取引を設計していく中で構築されていく場合も想定され、様々な起源を有するものですが、それを実務に定着させるためには、法律専門家による地道な積み重ねによって、概念の整理と理論化を図り、共通言語を形成していくことが求められます。

イノベーションに伴う契約実務の規格化と標準化を促進させることの代表例として、ブロックチェーン上に搭載されたスマートコントラクトの機能が挙げられます。スマートコントラクトは、事前に定められた条件が満たされた場合に次のアクションが実行される仕組みをプログラムとしてブロックチェーンに組み込むことで、暗号資産を代表とする様々な資産に関する権利移転や決済の実行を自動化し、その結果を仲介者を介在させることなく確認することを可能にします。こうした機能は契約実務の規格化と標準化に著しい進化をもたらすものとして期待されているところです。ただ現状では、スマートコントラクトはもっぱら契約の履行の場面での活用が念頭に置かれているようです。企業法務の現場に法務DXをもたらすためには、リスク管理の高度化という観点から、やはり契約締結前の交渉過程におけるイノベーションが望まれます。その意味において、契約交渉、契約審査のプロセスにおいて重要な役割を担っている「契約書式」の規格化、標準化とその活用手法についての変革が重要な課題となります。

契約書式の規格化と標準化は、取引費用の削減という課題と重なり合っており、契約実務は、常に業務効率化を志向していきます。取引当事者としても、契約を明確なものに仕上げるにあたっての障害はできる限り除去しておきたいと考えるでしょう。契約を成立させるまでの時間とコストを極小化し、実務的に十分マネージ可能なものとするためには、過去の経験と実務の蓄積が反映された標準モデルを有効活用したいところです。特に、反復継続する商取引については、迅速さが求められる分だけ、契約書式の規格化と標準化の圧力はそれだけ強くなります（小林一郎「契約実務におけるリーガルテックの活用とその将来展望（上・下）リーガルテックによる契約実務の標準化と契約交渉スタイルの変容」NBL1217号38頁、1218号40頁（2022））。

契約実務における「標準化」とは、模範となる契約書式や契約条項のモデルをたくさん持ち、各企業の法務担当者がそれぞれ工夫を凝らして、新たな契約を創造していくというものです。たとえば、英米の契約に一般的にみられる、不可抗力条項、完全合意条項、裁判管轄条項などの「ボイラープレート（boilerplate）」と呼ばれる条項は、積み重ねられてきた契約実務の歴史が、定型的な条項として生き残ったものです。我が国においても、企業法務の黎明期から現代に至るまで、業界団体や官公庁が各種契約書モデルフォームを作成し、実務指針として公表し、実務を進化させてきました。2000年代になると、M&Aやファイナンスなどの領域で、欧米の契約実務が加速度的に流入しました。欧米のモデルフォームを応用しながら、日本語ベースの契約書式が整備されていきました。標準化された契約書式は契約交渉の基準点となり、取引当事者は、標準化された契約書式との乖離や差分を確認しながら、自らの交渉上の立ち位置を確認し、交渉に臨んできました。

普段実務において当たり前のように接している「契約書」とは、標準化された契約書式を活用して、契約条項をまとめた文書のことを指します。そもそも、契約合意は本来、方式において自由であるにもかかわらず、「契約書」という定型的な要式が広く普及しているのは、契約書が、標準化された契約書式を活用して作り出されるものであり、実務の業務効率化にとって好都合だからであるという一面があります。法律家の業務は、契約書式の標準化を通じて、大幅な効率化を達成してきました。ゆえに、**新しい時代の契約実務を考える上でも、契約書式の活用のプロセスにおいて、どのようにイノベーションをはかっていくべきかについて思いを巡らせていくことは、重要な着眼点であると考えられます。**

［2］契約書式の役割

契約書式を活用し、契約書（契約条項）によって権利関係をクリアカットに規律していこうとする実務慣行は、必ずしも自然発生的に普及していくようなものではありません。なぜなら、契約書を作成するためには、それなりの実務コストを要し、さらに、実務コストを低減させるためには制度的なバックアップが必要となるからです。契約書式を活用せずとも、取引ルールを示す証拠資料が豊富に存在し、いざという時の紛争解決が問題なく図られるのであれば、あえて契約書式を活用する必要もありません。契約条項の中で権利義務を網羅的に記述していこうとするインセンティブも十分には持ち得ないでしょう。

すでに述べたように、契約実務を円滑に遂行させるためには、十分な実務標準化の達成が前提となりますが、契約実務の標準化には、以下のような二段階のステップがあると考えられます。第一段階は、契約の基本概念や実務上のプラクティスを共通言語として持ち合わせることです。第二段階は、さらに実務的見地から、契約書式や契約条項のモデルフォームを整備することです。第一段階を超えて、さらに第二段階にまで標準化を及ぼすべきかどうかは、まさに費用対効果の問題となります。

この点、英米法系の国々で、歴史的に、契約条項が重宝されてきた背景として、口頭証拠排除原則（parol evidence rule）の存在が寄与していることは、一般に広く理解されているものと思われます。口頭証拠排除原則では、契約書（契約条項）が当事者の権利義務関係を十分に反映したものであると判断された場合、契約条項外の付随証拠の採用は制限されます。付随証拠を排除することのできる制度的な基盤が整っていれば、当事者は、契約条項をしっかりと記述することで、交渉時の付随証拠を難なく排除していくことができます。そしてそれは、裁判時の立証にあたってのコストセーブをもたらします。

逆にいいますと、口頭証拠排除原則が十分に担保されていない状況下では、当事者も裁判所も、常に付随証拠を契約の一部として念頭に置いた行動を取ることが想定されます。付随証拠を排除したい場合であっても、契約条項にアドバンテージが与えられていないのであれば（つまり、当事者が「完全合意条項」のような取り決めを行っても、その有効性に疑義が呈されてしまうような状況であれば）、いざ契約紛争が生じ裁判となった場合において、契約書以外の付随証拠を打ち消そうとするには、そのための説明と労力が必要となるでしょう。そうであれば、なにも最終契約書にこだわらずとも、付随証拠を契約内容と整合性が取れるような形で整備していくことの方が費用対効果に勝るのではないかとの判断もあり得るのです。

このように契約書にどのようなアドバンテージを与えるかは、政策的要素が大きいと考えられます。口頭証拠排除原則のような契約書の地位を保証する制度的な手当てがない限り、詳細な契約条項を置くことへのインセンティブは必ずしも高まりません。権利義務をなるべく確定的なものにできる手段が他にあれば、必ずしも契約書にこだわる必要もないのです。そうすると、口頭証拠排除原則が採用されていない我が国のような法制度において、契約書が重宝されるとすれば、そこにはどのような制度的バックアップがあるのかが問われてきます。

現代の企業実務において、契約書式を活用した契約書という様式が重要視されるのは、紛争解決の予測可能性の確保への要請という点だけにあるのではありません。企業が契約条項を詳細に設けることで、自らの活動内容を裁判所以外のステークホルダーにも広く分かりやすく伝え、説明責任を果たしていくという付随的な目的が大きく寄与していると考えられます。株主利益優先のコーポレートガバナンスの構造は、企業経営者が自らの経営判断について株主に対して説明責任を負っていると考えられますが、そうしたガバナンス構造は、企業法務が契約書審査を中心に実務を構築するにあたっての追い風となったものと考えられます。

経営者は、ビジネスにおいて新たに契約関係を創設していくにあたり、当該取引が抱える潜在的リスクの所在とリスクへの対応策を株主に対して明確に説明していかなければなりません。ゆえに、「契約書」という、権利義務を分かりやすくクリアカットに規定した文書は、相対的に重要性を増し、実務において重宝されていきます。そして、取引の構造そのものも、なるべく契約条項を通じて権利義務を完結に記載できるような、分かりやすくシンプルなものがより望まれることとなります。もちろん、取引そのものは複雑化し、大規模プロジェクトにでもなれば当事者も増え、取り扱うべき権利義務も増え、契約書の頁数も膨れ上がっていきます。しかし、契約書における権利義務の規律の仕方は極めてメカニックな様相を有しています。大規模なM&Aやファイナンスであっても、前提条件、表明保証、誓約事項などによって規格化、標準化され、第三者からみてもリスクの所在が把握しやすいものとなっているのです。

契約書審査を重視する実務慣行は、自らの取引活動を第三者に対して見える化するという意味において多大なる付加価値を与えてきました。契約書式を活用するという実務は、分かりやすくかつクオリティの高い契約を実現させようとする営みであったといえます。そして、契約書審査を中心に据える企業法務の実務は、業務効率化の圧力を受け、実務の進化とともに、契約書式の規格化、標準化という現象を加速させてきました。使い回された条項が、広く世の中に普及し、ボイラープレート化して共有されてきました。

そこで、この契約実務の「標準化」という課題が、なぜ日本の企業法務にとって重要な課題として注目されているのか、その行き着く先はどのようなものなのかについて、リーガルテックの活用を含めた将来展望とあわせて考察していきたいと思います。

［3］契約書の作成過程と背景文化

欧米と日本の実務とでは、契約書式の活用の仕方がやや異なります。意外に思われるかもしれませんが、日本の契約実務は、意外と契約書というものを大切にしているのではないかとも感じられるところです。

伝統的には、川島武宜の「日本人の法意識」などにもありますように、欧米は契約書を重視し、日本は義理と人情を重視するなどといわれてきたこともあり、なにかというと、日本は契約書を重視せずに、話し合いで解決するのであるといった印象を持つ方も多いかと思います。こうした見方は、一面正しい観察であるようにも思われますが、切り口を変えると、日本の契約実務について違った見え方もあるように思われます。

ここで、想定される取引類型として、売買や業務委託のような、定型的な、ローリスクの契約類型、取引類型を想定してみてみましょう。欧米の大企業の作る契約書は一般にリスクの細かいところまで拾われており、詳細であるが、日本の契約書は、もう少し柔らかい表現が多いという感想をお持ちの方もいらっしゃるかもしれません。たしかにそのような一面はみられるのですが、欧米でそのような実務が成り立つのは、契約法制度の要請によるものが大きいことに加え、特に定型的な契約類型においては、練り上げるような形での交渉が、必ずしも十分に行われない傾向があることにも着目する必要があります。

海外取引に関わった方は、少なからず経験があるかとは思いますが、欧米大企業は、一方的な契約書のファーストドラフトを提示し、その後一切の交渉に応じないことがよくあるといわれます。もちろん、日本においても、大企業間の取引などでは条件が折り合えずに契約締結ができないような場合があるとは思います。ただ、そのような場合、たとえば基本契約のようなものについて、日本企業同士の取引であれば、契約書を締結せずに見切り発車をしても、最終的には基本契約が締結できる場合が多いのですが、外国企業との間では結局契約締結できないことが多いというエピソードを聞きます。また、書式の戦いは欧米では一般的な現象ですが、日本では、それが裁判上で現れることはほとんどありません。

なぜそのようなことになっているのかは、大変興味深い論点です。この点について、以下のような分析が可能であると思われます。

欧米の実務は、契約書式の送付を「申込み」の意思表示と評価し、相手方の黙示の承諾を通じて契約への組み入れをはかりますが、日本の契約実務は合意形成を重視し、大企業は契約書を丁寧に作成、交渉し、取り交わそうとします（小林一郎「契約成立における申込みと承諾の役割――黙示の合意認定手法の比較法的考察」NBL1231号44頁、1234号48頁（2022））。

国際スタンダードともいえる欧米の一般的な契約法の世界では、しばしば申込者は、「申込みの支配者（master of offer）」などと称されます。取引条件を決めるのは申込者で、承諾する側は、申込者の申込みに対して、受諾するか、拒絶するかの2択しかありません。もちろん、変更を加えた新たな申込みというフェーズもありますが、いずれにせよ、申込者が行う申込内容は契約条件を規律付けることとなります。ゆえに、欧米の大企業は、申込者として、自社の書式を相手方に提案し、それに対して承諾者に対しYes or Noの対応を迫ろうとします。こうした考え方を、裁判例が陰ながらサポートしています。契約の成立が争われる事例において、裁判官は、どの言動が申込みで、どの言動が承諾に当たるかを特定します。そして、一方当事者が出した契約書式を申込みとして評価し、その後、取引が実行された場合には、履行をもって黙示の承諾を構成し、一方当事者の契約書式が契約内容として取り込まれることとなります。

これに対して、我が国の実務では、一方当事者が送付した契約書式について、相手方の同意がない限り、そうした書式がそのまま契約条件となるということは考えにくいように思われます。実際に裁判例を検索してみれば分かりますが、一方当事者が送付した契約書式に対して、相手方が明確な同意の意思を示さないまま、取引が進められたような事例について、一方当事者の契約書式が契約内容になるという裁判例は、我が国では少ないように思います。むしろ、契約は成立させるものの、契約書式は「例文にすぎない」としてその効力を否定するということが伝統的な実務として行われてきました（例文解釈）。民法改正では、約款組入要件についての条項が新設されましたが、約款組入要件は、事業者間のひな形のやりとりには適用されることがないと考えられています。

我が国において、契約とは、「練り上げられていく」という発想が、他国と比較しても、非常に強いと考えるべきです。両当事者がじっくりと交渉した上で、仕上げられた契約書がない限り、お互いを規律する契約条件を示す文書はどこにも存在しないということになりかねません。このように、我が国の契約実務は、欧米のそれとはだいぶ様相を異にするということを念頭に置く必要があります。

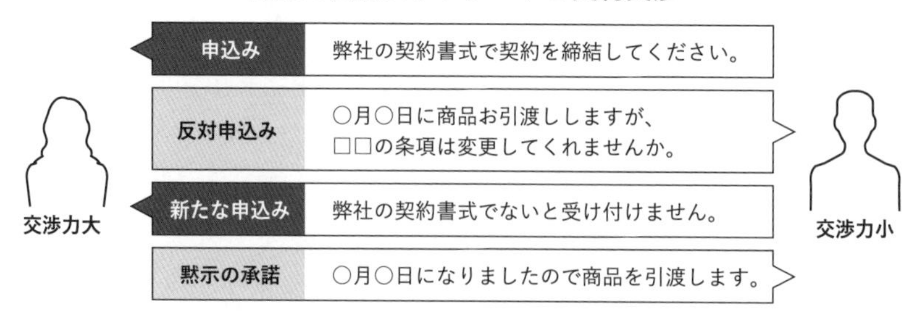

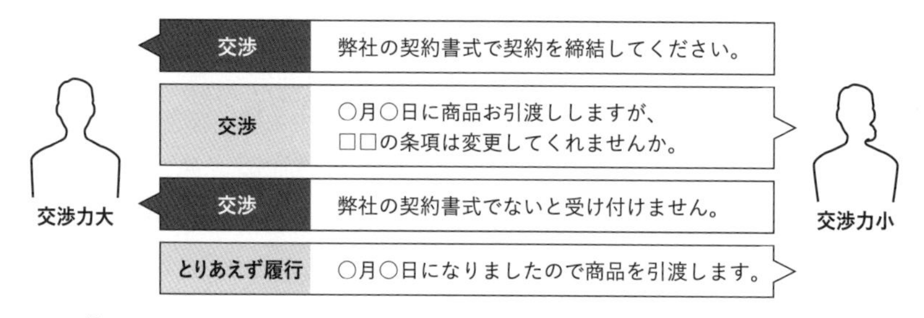

図表 4-1 | 契約交渉スタイルの相違

［4］契約リスク管理と契約実務の進化

そのような中、我が国は、契約リスク管理としてどのようなアプローチをとるべきでしょうか。それは自ずと欧米のアプローチとは異なるものとなると考えられます。

日本の実務では、コンセンサスがしっかりと形成されない限り、契約を縛る条件がはっきりしないということになります。もちろん、黙示の合意というキーワードがあり、日本の裁判所においても、黙示の合意を駆使して妥当な契約内容を作り上げていくということは行われています。ただ、その手法において、裁判官の認定判断が慎重であるという問題があるのです。自社の契約書式を契約内容として押し込められるような制度をとっていないのですから、契約条件を何かしらとりきめるためには、お互いがしっかりと交渉して契約を作り上げていくことが求められるわけです。

このように見てみると、契約リスク管理の水準を社会全体として高めるための方策は、欧米と日本では若干アプローチが異なってくることが分かります。

欧米は、契約法の規律そのものを高めていくという手法が有効に機能します。といいますのも、交渉力のあるプレーヤーであれば、自社の書式を労を要さず契約に反映できます。自社の書式を契約にそのまま折り込ませることができる可能性が高まるとともに、自社書式が適用された取引と自社書式が適用されなかった取引を明確に峻別して比較分析することが容易になります。相手方の書式をそのまま受け入れざるを得ない場合もあるでしょうが、そうした契約の履歴もデータベースに記録され、事後の比較検証の対象として活用されます。日本のように、契約書を一つ一つ練り上げながら完成させていく傾向が強い実務スタイルであれば、データベースに残された過去の契約の記録は一つ一つが個性的であり、その内容も千差万別の様相を呈するのに対し、書式をそのまま適用させることができる欧米型の実務スタイルの場合には、自社書式と他社書式を対比検証する材料をより多く獲得することができ、自社書式の業界内の位置付けや課題を把握しやすくなります。かくして、実務標準は交渉力のあるプレーヤーを中心に迅速に形成されます。契約の標準化は低コストで達成できますが、標準化されたコンテンツが、やや一方的であるという問題を抱えます。この問題を解決する最も直裁的な方法は、裁判所がフェアネスの観点から妥当な結論を誘導していくということです。裁判所には、契約解釈において、黙示の規範を活用し、フェアな結論を担保していくことが求められます。

実際に、欧米の契約法は、我が国の契約法と比較しても、判例の蓄積も圧倒的に多いですし、黙示の合意に関する規範が形作られています。判例リステイトメントであったり、統一法であったりと、いろいろな形でコード化が進められ、規範の整備が進んでいます。日本ではあまり馴染みがなく、使い勝手が悪いとされるウィーン国際売買条約も、判例の蓄積が進み、判例法理という形での整理が進められています。また、米国の契約法は、商品の品質について、商業性や特定目的適合性などの黙示の保証規範が整備されています。

これに対して、日本の企業間取引においては、(あくまで相対的なものではありますが) 一方的な契約書式を契約へ組み入れるような実務は、あまり通用していないと考えられます。そのかわり、当事者は丁寧な交渉を通じて契約書を作り上げていくことが求められます。そうして作り上げられた契約書が標準書式として、まさに実務の指針となるわけです。

もちろん、裁判所も、契約がもたらす様々な不公平の問題などについて、フェアな結論を導こうと鋭意努力はしているのですが、そのアプローチが規格化されておらず、規範としてコード化されていません。特に契約の成立を画する規範はほとんど整備されていないといってよいでしょう。信義則の活用も契約規範としてではなく、不法行為の規範として処理されているのが現状です。もっぱら裁判官の心証に委ねられることによって合意が認定されがちであり、それは、申込みと承諾という明確なルールで規律された欧米の契約法の世界とはだいぶ異なることとなります。

したがって、**日本では、契約を丁寧に仕上げる実務を高めていくためには、これまで人間の法律家が行っていた業務の一部をAIや機械に代替させ、企業実務の標準化プロセスを変革していくことが課題となります。**契約作成段階の効率化が注目され、契約書自動レビューや自動ドラフティングなどの機能が重視されます。

[5] 契約締結後のナレッジマネジメントの重要性

このように、日本の契約実務においては、他国に比して、契約書の標準化という要請が強いのですが、そうした実情を背景に、日本の企業法務向けリーガルテックにおいては、自ずと、契約自動レビュー、自動ドラフティングなどの契約作成支援機能が注目されてきたわけです。そうしたニーズは、我が国として健全な契約管理体制を整備していくためには欠かせないインフラとして注目されていることも当然のことです。

ただ、契約実務の標準化を推し進めるといいますと、効率化の側面がクローズアップされてくるとは思いますが、リーガルテックに求められる役割期待は、それにはとどまらないのではないかと思われます。**今後、日本の契約実**

務がさらに進化をとげ、その契約リスク管理機能を強化させていくためには、リーガルテックが提供する実務標準化の基盤が、既存の実務の新たな法務実務の創造（production）として付加価値をもたらし、まさに社会インフラとして実務を支えていかなければならないと考えられます。

米国でのリーガルテックの展開に目を向けますと、契約作成支援サービスよりも、ナレッジマネジメントの側面により注目が寄せられているようです。契約実務を契約書ドラフティング、交渉、締結からその後のフォローアップに至るまでの、まさに契約の一生を一気通貫でマネージする、いわゆるコントラクトライフサイクルマネジメント（Contract Lifecycle Management：CLM）という管理手法に注目が集まっています。

ナレッジマネジメントが企業法務の重要な課題となることは、全く新しい話ではなく、大企業の法務部門であれば、古くからナレッジマネジメントの担当者を置いて、契約書のひな形を整備したり、マニュアルをつくったりといった形で、法務マネジメントに力を入れてきた経験は少なからずあったはずです。そうした過去からの積み重ねを、リーガルテックが、加速度的に進化させていくというシナリオとなります。

我が国の企業法務は、自動レビュー機能のような契約書作成支援機能だけではなく、契約実務をさらに進化させるためには、締結契約を振り返って、改善に繋げるプロセスを構築していくことが課題となります。

［6］AIと人の棲み分けと企業の契約リスク管理

では、このような新しい契約実務は、将来どのような進化をとげていくのでしょうか。特にAIと人との間でどのような業務の棲み分けがなされるのかが興味深い課題として取り上げられます。

この点について、**リーガルテックは、契約実務の欠かせないインフラ基盤としての役割が期待される一方で、そうしたインフラ基盤をうまく活用していくのは、最後は人間であるということについて留意する必要があります。**

法律業務の核心をなす法律解釈では、ある規範を想定し、現実の事例を規範に当てはめることで解を見出す三段論法の手法が用いられます。しかし、当てはめる規範の多くは簡潔な記述にとどまり、ある事実を単純明快に当てはめて直ちに適切な回答が得られるようなものではありません。同じような事例であっても、ある事例は違法とされ、ある事例は適法であるとされることがごく一般に起こります。最近ではChatGPTのような生成型AIも登場し、コンテンツ作成のような創造的な作業の領域での劇的な進化が期待されています。しかし、AIがコンテンツを作成するに当たって、与えられた事実を正しく評価し、適切に規範に当てはめるためには、言葉の意味を正確に把握することが必要となります。機械学習によって言葉の持つ意味を機械に正確に理解させようとするためには、人間の営み全般についての情報を幅広く機械にインプットしなければならず、その範囲は無限大に広がることが想定されます。その時々の時代背景や世論、そして人間の感情にも配慮しながら、人間によるレビューを不要とするレベルにまでコンテンツのクオリティを引き上げていくことは、現時点での技術水準ではまず困難であると考えられますし、そうした状況が克服される見通しも立っていないと考えるべきでしょう。

ただ、そのような中でも、機械学習における自然言語処理といわれる領域は、契約文書の解析作業の効率化に寄与していることも事実です。自然言語処理技術の発展によって、機械は、単語と単語の相関関係を解析して、文書の文脈を把握することができるようになりました。文脈を理解できれば、契約書類における各条項の表現の誤りや、契約書全体の構造上の矛盾を発見することができます。さらに、自然言語生成の領域は、契約書のドラフティングの過程を劇的に効率化できる潜在能力を有しています。

そして、自然言語処理の活用の延長線上には、他人が作成した契約書をファイナリストとしてレビューし、完成させるという契約書レビュー作業の完全自動化が課題として浮かび上がってくるものと思われます。しかし、契約書の自動レビューとはいっても、機械がAIを用いて自らの手で自己完結的に実現できるレビュー作業には、限界があるのではないでしょうか。契約交渉において契約書文言を修正していくプロセスは、契約相手の反応に左右されます。対象商品やサービスの内容をAIが正確に理解し、契約相手の意図まで見据え、文言を選びながら契約書を修正していく作業は、法律解釈の作業と同様に、言葉が持つ概念と人間の営み全般についての深い理解が必要となります。AIができることは、あり得る典型的な論点を一般論として指摘できるにとどまり、具体的な解決策にまで踏み込むことは難しいと考えるべきでしょう。

ただ、AIは法律解釈のような演繹的な作業は苦手ではありますが、ルールメイキングのための帰納的な作業は得意です。契約リスク管理の世界では、過去の同種同様の契約について、交渉時に起こったエピソードと結果として締結された契約書データを大量に学習させ、これらを統計的に分類し、整理することで、一定の教訓を導き出すことができます。そうしたAIの機能は、契約実務のナレッジマネジメントの領域において特に親和的であり、その効力を遺憾なく発揮することが期待されます。

AIには契約のドラフティング作業のほか、標準的な契約書式をベースとした条項の乖離分析や交渉ポジションの整理など契約交渉の下地づくりの役割を担わせ、法務担当者は個別論点の本格交渉のほか、内部統制のグランドデザインへの機能発揮が求められるという役割分担が、企業の法務リスク管理の世界におけるAIと人の棲み分けのあるべき姿になるものと考えられます。

［7］まとめ

企業の契約実務の進化にあたっては、契約書式の標準化プロセスが重要な役割を果たしています。特に、合意形成が重視される日本の契約実務では、丁寧に契約書を作成、交渉し、取り交わす文化が比較的根強く、AIによる契約書作成支援へのニーズが高いと考えられます。そのため、日本の企業法務におけるリーガルテックは、契約書作成支援を軸に展開されてきました。

リーガルテックは、企業法務の重要なインフラ基盤を形作ります。日本のリーガルテックが真の意味での法務DXとして発展を遂げていくためには、契約書作成支援のインフラをさらに発展させて、蓄積された契約データをナレッジとして如何に有効活用させていくことに目を向けていくことが求められているように思われます。

たしかに、リーガルテックによって、従来法律家が行っていた作業の一部は、AIに代替されていくかもしれませんが、創造性や難易度の高い作業をAIが代替していくことは困難です。AIには、契約書ドラフティングの徹底した効率化を図るツールとしての役割に加え、蓄積された契約データをベースとして、標準条項の標準型からの乖離分析など、契約交渉にあたっての意思決定の要素となるナレッジを提供する役割が期待されます。そして、AIが提供するナレッジを有効活用するのは、紛れもなく人間の役割となります。そしてさらにAIは、法律家にとっての新たな付加価値のある業務を創造していく潜在的な可能性を秘めているとも思われます。

現在様々な事業者によって展開されているリーガルテックは、契約実務の重要なインフラ基盤として欠かせないものとなっています。人工知能（AI）の持つポテンシャルに鑑みれば、**日本の法務DXを、単なる業務効率化のレベルに留まらず、変容する契約の役割期待に合わせ、あるいは新たな契約実務の創造に向けた基盤として有効活用していくことが模索されていくべきでしょう。**法務DXは、やみくもに追求されるべきものではありませんが、何のためにそれが必要であるのか、ゴールを見定めておくことは重要であると考えられます。

2――契約実務へのリーガルテック活用の課題――リーガルテックと法規制

早稲田大学大学院法務研究科教授　石田　京子

契約実務においてリーガルテックを活用することは、前章で述べられたとおり、業務の効率性を図り組織としての生産性を高めていく上で極めて有効です。では、日本社会全体においてこのような生産性を高めることを考えたとき、どのような課題があるでしょうか。以下では、契約実務におけるリーガルテックの活用促進にあたっての法制度上の課題について、欧米の動向も交えて解説します。

[1] はじめに：AIは法律家になれるか？

AIは、法律家になれるでしょうか。現状の答えはNOです。現状においては、AIは新しい法理論を考え出すような創造性や、法律相談に訪れた人に寄り添う共感力、チームになって一緒に協力し合う協調意識などは持ち得ていません。これらは全て、法律家が法律業務を行う上では不可欠のスキルといえますから、その意味ではAIは法律家にはなれません。実際、リーガルテックの発展が目覚ましいアメリカで、弁護士業務のどの程度を自動的な機械で処理できるのかを調査したものがあります。結論としては、様々な弁護士業務のうち、機械で処理できたのは13%に過ぎなかったということです（Dana & Frank Levy, *Can Robots Be Lawyers? Computers, Lawyers and the Practice of Law*, 30 Georgetown Journal of Legal Ethics 501（2017））。

でも、AIは法律家を強力に支援することができます。人が目で探すよりもはるかに短時間で法令情報や判例情報を提示することができるし、2つの文書の比較なども、人よりもずっと早く正確に行うことができるでしょう。それではAIがこのような法律家を補助する仕事を行うこと―すなわち、リーガルテックの提供―は、現状の法制度との間でどのような問題があるでしょうか。

[2] リーガルサービスを規律する法について

現在のところ、リーガルサービスは、弁護士法72条によって規制されています。以下ではごく簡単に、その歴史的経緯と、なぜそのような規律が必要なのかを解説します。

（ア） 弁護士法72条の歴史

この国で初めて法律家を規律するルールができたのは、明治5年（1872年）のことです。司法職務定制と呼ばれる法令の第10章において、証書人（後の公証人）、代書人（後の司法書士・行政書士）、代言人（後の弁護士）についての規定が定められました。その後、代言人という名が「弁護士」に改められ、1893年に旧々弁護士法が制定されます。このときは、弁護士の職務範囲は裁判所における活動とされていたため、裁判外での法律業務については何ら問題にされませんでした。それが1933年に旧弁護士法に改められた際、裁判外の法律事務も弁護士の職務範囲となったため、弁護士以外の者が法律業務を行うことを規制する必要性が生じ、同年「法律事務取扱ノ取締ニ関スル法律」が成立しました。これが、日本で弁護士以外の者の法律事務の取り扱い（いわゆる非弁行為）を規制した初めての法律になります。その後、1949年に現行の弁護士法が定められた際に、法律事務取扱ノ取締ニ関スル法律により規律されていた内容は、ほぼそのまま弁護士法72条から74条に規定されることとなりました。

ここで重要なことは、1933年（昭和8年）に制定された法律の文言が、法律事務の取り扱いを規制するルールとして未だにほぼそのまま残っているという事実です。昭和8年には、当然スマートフォンもなければ、インターネットも存在しません。現在の弁護士法72条の規律は、今日のリーガルテックのようなサービスの提供は、まったく想定されていない時代の産物なのです。

（イ）　なぜ、非弁護士によるリーガルサービスが制限されるのか

ではなぜ、弁護士法72条は、弁護士でない者が法律事務を取り扱うことを禁じているのでしょうか。リーディングケースとなる昭和46年7月14日大法廷判決（刑集25巻5号690頁）では、同条の立法趣旨について、以下のような説明がなされています。

「弁護士は、基本的人権の擁護と社会正義の実現を使命とし、ひろく法律事務を行なうことをその職務とするものであつて、そのために弁護士法には厳格な資格要件が設けられ、かつ、その職務の誠実適正な遂行のため必要な規律に服すべきものとされるなど、諸般の措置が講ぜられているのであるが、世上には、このような資格もなく、なんらの規律にも服しない者が、みずからの利益のため、みだりに他人の法律事件に介入することを業とするような例もないではなく、これを放置するときは、当事者その他の関係人らの利益をそこね、法律生活の公正かつ円滑ないとなみを妨げ、ひいては法律秩序を害することになるので、同条は、かかる行為を禁圧するために設けられたものと考えられる」。

つまり、弁護士はその資格を取得するにあたり、強制加入団体である弁護士会入会のための審査を受け、職務を行うにあたっては弁護士としての職務上の行為規範を遵守することが義務付けられていますが、一般人にはそのようなルールは適用されません。**無資格者が私利私欲のために他人の法的紛争に介入すれば、当事者の法的権利が侵害されるおそれがあることはもとより、社会の法的秩序が害される可能性があります。**このことから、弁護士でない者による法律事務の取り扱い—いわゆる非弁行為—は禁じられているのです。

［3］リーガルテックと弁護士法72条

上に述べた最高裁判所の判決によれば、弁護士法72条の構成要件は、①弁護士でない者が、②報酬を得る目的で、③72条本文所定の法律事務の取り扱いまたはその周旋行為を、④業とすることです。③の前段について条文の文言を引用するならば、「訴訟事件、非訟事件及び審査請求、再調査の請求、再審査請求等行政庁に対する不服申立事件その他一般の法律事件に関して鑑定、代理、仲裁若しくは和解その他の法律事務」を取り扱う行為が規律されています。以下、リーガルテックとの関係で問題となる③の「その他一般の法律事件」および「鑑定、代理、仲裁若しくは和解その他の法律事務」の解釈について検討します。

（ア）「その他一般の法律事件」について

弁護士法72条が、訴訟事件、非訟事件、行政庁に対する不服申立事件に加えて「その他一般の法律事件」に関して法律事務を取り扱うことや周旋を禁じていることから、「その他一般の法律事件」には何が含まれるのか、長年議論されてきました。「法律事件」とは、法律上の権利義務に関して争いや懐疑がある案件または新たな権利義務関係の発生する案件をいうとされており、これに該当するとされた裁判事例としては、自動車損害賠償保険金の請求およびその受領行為（東京高判昭和39年9月29日高刑集17巻6号597頁）、建物賃貸人の代理人として賃借人との間で賃貸借契約を解除し、建物からの退去・明け渡しの事務を行うこと（広島高判平成4年3月6日判時1420号80頁）、他人に代わりウェブサイトに掲載された記事を削除するための業務の依頼を受ける旨の契約を行ったこと（東京地判平成29年2月20日）、コインパーキングの経営者または管理業者から委託を受けて不正利用者に対する違約金等の請求、回収およびこれに伴う交渉を依頼されてこれを受任したこと（大阪高判平成30年9月21日高検速報平30号330頁）などがあります。

「その他一般の法律事件」の意味するところについて、実定法上「事件」と呼ばれている案件およびこれらと同視しうる程度に法律関係に争いがあって、事件と表現されうる案件でなければならないとする説（いわゆる「事件性必要説」）があります。これは、現代社会においてはおよそあらゆる事項が法律に関わっているといっても過言ではないのだから、権利義務関係の対立のある案件は全て「法律事件」に該当するとすれば、処罰の範囲が著しく拡大してしまうことを理由とする考え方です。平成15年12月の司法制度改革推進本部・法曹制度検討会（第24回）においては、法務省から、予測可能性を確保するためにも事件性必要説が相当であり、「その他一般の法律事件」といえるためには、争いや懐疑が具体化または顕在化していることが必要であるとの見解が示されています。

一方で、「事件性」という不明確な要件を持ち込むことは、処罰の範囲を曖昧にするものであって、罪刑法定主義の精神に反すること、実際に非弁行為を行う事件屋と呼ばれる者が「事件性がない」と主張して自らの非弁行為の処罰を免れようとするであろうことを理由に、本条の適用に事件性は必要ないと考える説（いわゆる「事件性不要説」）も主張されています。このような議論がある中で、最高裁判所平成22年7月20日決定は、非弁護士がビルの所有者から委託を受けて、そのビルの賃貸人らと交渉して賃貸借契約を合意解除した上で各室を明け渡させるなどの業務を行った事案において、「交渉において解決しなければならない法的紛議が生ずることがほぼ不可避である案件」であるとして、弁護士法72条にいう「その他一般の法律事件」に関する業務を行ったとして、同条違反の罪が成立すると判断しました。この決定は、事件性必要説に親和的なものと解説されますが、争いや懐疑が具体化または顕在化していることまでは要せず、具体的事情下において法的紛議が生ずることがほぼ不可避である案件であることをもって「その他一般の法律事件」該当性を判断しています（『最高裁判所判例解説刑事篇平成22年度』116頁以下〔三浦透〕）。

近年の裁判実務としては、昭和46年大法廷判決で示された立法趣旨に則り、非弁護士による介入が当事者の利益を侵害したり、社会の法的秩序を害したりするような場面において弁護士法72条の成立を認めており、明示的に事件性必要説に立っているとはいえなくとも、平成22年調査官解説が示すとおり、事件性必要説に親和的な解釈適用をしてきているといえます。刑事罰が適用される弁護士法72条について文言どおりの規律をすると、処罰対象となる行為は極めて広範に及んでしまい、健全な経済活動をも不当に制限してしまいます。「その他一般の法律事件」について「具体的事情下において法的紛争が生ずることがほぼ不可避である案件」に対象を絞ることは、予測可能性を高め、そのような事態を防ぐ観点から、適切な方向性を示しているといえるでしょう。事件性不要説による罪刑法定主義の精神に反するとの指摘については、「その他一般の法律事件」としてどのような行為が規律されるかという問題は結局解釈に委ねられるものであり、刑事罰規定の適用にあたり具体的な要件や基準を解釈として示すことは他の規定においても行われていることですので、批判は該当しないと考えます。

（イ）「鑑定、代理、仲裁若しくは和解その他の法律事務」について

弁護士法72条における「鑑定、代理、仲裁若しくは和解その他の法律事務」の意味については、それぞれ、「鑑定」とは法律上の専門知識に基づいて法律事件について法律的見解を述べること、「代理」とは、当事者に代わり当事者の名において法律事件に関与すること、「仲裁」とは、当事者間の紛争を仲裁判断によって解決すること、「和解」とは、争っている当事者に互いに譲歩することを求め争いを止めさせることをいうと解されています（日本弁護士連合会調査室編著『条解弁護士法〔第5版〕』653頁（弘文堂、2019年））。そして、「その他の法律事務」とは、法律上の効果を発生、変更する事項を処理することをいうとするのが判例ですが（東京高判昭和39年9月29日）、これに限定されず、確定した事項を契約書にするように、法律上の効果を保全、明確化するための処理も法律事務と考えるべきとの考え方も示されています（髙中正彦『弁護士法概説〔第4版〕』364頁）。最近の裁判実務としては、紛争に関する相談や打合せ、司法書士への指導助言、内容証明作成、反訴状・答弁書・抗告申立書などの作成について、弁護士法72条本文にいう「その他の法律事務」に該当するとした判断があります（東京地判平成27年1月19日判時2257号65頁）。やはりここでも、昭和46年大法廷判決の示した立法趣旨に立脚し、非弁護士による他人の紛争への不当な介入の一形態として「その他の法律事務」は解釈され、「鑑定、代理、仲裁若しくは和解」と同程度に法律上の効果を与える処理を意味すると解するべきでしょう。これだけ法化社会が進んだ今日において、一般的な法律事務処理行為を広く処罰の対象と解することは適切とはいえません。

また、同様の趣旨から、「鑑定」については、法律的見解とは、個別具体的な内容について示されるものを意味するのであり、一般的に法令上の規律や裁判例などを示すことは、弁護士法72条で禁じられる「鑑定」には該当しないと解するべきでしょう。

（ウ） 技術革新に基づくリーガルテックの発展と弁護士法72条

過去20年間で、IT技術などの技術革新は目覚ましく、主に文字情報を基礎として構築する法律関連サービスの分野においてもその影響は甚大です。特に、法律関連サービスの分野においては、2001年に公表された司法制度改革審議会意見書（平成13年6月12日）において、司法制度改革の3つ目の柱の1つである「国民の期待に応える司法制度」の実現のためには海外への情報発信も含めた司法関連情報の公開が提唱され、またもう1つの柱である「国民的基盤の確立」のためにはインターネット、ホームページなどを通じた判例情報の公開が提唱されたこともあり、国の政策上もIT技術を用いた法律関連情報の公表や法律関連サービスの促進がこの間推奨されてきたといってよいでしょう。近年、政府の方針として、裁判のIT化やオンラインでの裁判外紛争解決制度（Online Dispute Resolution, ODR）の検討が進められており（民事訴訟手続については既に令和4年民事訴訟法改正により導入が決定）、その意味でも司法手続やその他の法律関連サービスの形態は技術革新の恩恵を受けて大きく変容しつつあります。

たとえば、民間企業による法令情報および判例情報の検索サービスは飛躍的に発展し、この技術が企業法務部の業務の効率化に大きく貢献していることは明らかです。これまで、法令調査には紙媒体の六法全書に目を通し、さらに関連する裁判例について別の複数の判例雑誌の調査をしなければなりませんでしたが、法律判例検索サービスを用いれば、関連する用語を複数投入し、「検索」ボタンを押すなどの2、3の動作によって1つのモニター上で処理できるようになりました。もっとも、このようなサービスは誰でも使いこなせるわけではなく、一定の法的論点や条文についての知識を用いた者の検索や検討を効率化するのであり、弁護士や企業法務部のスタッフなど、一定以上法律業務に関する知見と経験のある者が使用したときに最も有効なツールとなるといえるでしょう。

これらの法務に関連して用いられるリーガルテックの発展と、弁護士法72条の関係は、どのように整理すべきでしょうか。前述の政府によるODR推進との関係では、既にこの点について検討結果が示されています。2020年3月16日に内閣官房に設置されたODR活性化検討会による「ODR活性化に向けた取りまとめ」（以下「本報告書」といいます。）が公表されました。本会議体は、「紛争の多様化に対応した我が国のビジネス環境整備として、オンラインでの紛争解決など、IT・AIを活用した裁判外紛争解決手続等の民事紛争解決の利用拡充・機能強化に関する検討」を目的として令和元年6月21日閣議決定により設置されたものです。報告書では、ODRの進行フェーズのイメージとして、①検討、情報収集、②相談、③当事者交渉、④ADR（調停・あっせんなど）の段階に分け、弁護士法72条との関係を整理しています（本報告書21頁以下参照）。まず、①の検討フェーズについては、「弁護士又は弁護士法人以外の者が、オンライン上において、一般的な法情報（法令の内容、裁判例情報、その他の統計情報、法律に関する文献情報、法令の一般的な解釈などの一般的な法的意見など）を提供することは、弁護士法72条に違反するものではないと考えられる」としています。さらに、②の相談フェーズについては、「相談対応者による適法な相談業務の前段階として、相談者の相談内容の概要を把握・整理するために、チャットボット等の自動応答方式のIT・AI技術を活用することは、弁護士法との関係で、直ちに禁止されるものではないと考えられる」とし、③の交渉フェーズについては、「弁護士又は弁護士法人以外の者が、紛争当事者同士がオンライン上で協議・交渉するための場（チャット、ウェブ上の掲示板などのツール、アプリなど）を提供することは、第三者が報酬を得る目的で実質的に和解あっせんを行っているなど弁護士法72条が禁止する行為に該当するサービスが含まれない限り、同条に違反するものではないと考えられる」としています。そして、④のADRフェーズについては、「弁護士又は弁護士法人以外の民間事業者がODRを活用したADRを実施することについては、ADR法に基づく認証を取得することで、実現することができる」としています。すなわち、本報告書では、総体としてのODRのプロセスは法的紛争を扱うにもかかわらず、リーガルテックまたはその事業者が実質的に当該紛争に介入するのでない限り、かつ、ADR法認証に基づく認証を取得せずにADR手続を実施するのでない限り、弁護士法72条には抵触しないとの考え方が示されています。

このような考え方が示された背景には、民間事業者によるリーガルテックの開発提供が不当に妨げられることなく、かつ、ODRの提供や利用が妨げられることなく、弁護士法72条の立法趣旨である当事者の権利保護や社会の法的秩序の維持を実現するにはどこでラインを引くべきか、といった視点があったことがうかがわれます。確かに、リーガルテックの利用形態によっては、無資格者であっても「弁護士のように」振舞うことが容易になったことは事実ですし、これを用いて他人の紛争にむやみに介入し、私利私欲を貪る行為は厳格に取り締まるべきでしょう。他方で、リーガルテックの発展は、企業におけるコンプライアンスの実践や、国際競争力の強化には生命線であり、弁護士法72条の立法趣旨を超えた範囲について不当に規制をかけることは、日本企業の健全な発展に深刻な害悪をもたらします。

この点、令和4年6月6日および10月14日付で、経済産業省によるグレーゾーン解消制度を用いて、ある中小企業などから申請されたAIによる契約書等審査サービスの提供事業が弁護士法72条の適用を受けるか否かの照会について、法務省による回答が公表されました。本申請に対する法務省の回答は、それぞれ、「弁護士法第72条本文に違反すると評価される可能性があると考えられる」(6月6日付回答)、「弁護士法第72条本文に違反すると評価される可能性があることを否定することはできない」(10月14日付回答①)、「弁護士法第72条本文に違反すると評価される可能性があると考えられる」(10月14日付回答②)でした。グレーゾーン解消制度は、これから実施しようとする事業活動が違法か否か不透明な「グレーゾーン」の分野において、安心して新規事業に挑戦できるようにするための制度ですが、本制度のもとでは、申請者が申請を取り下げない限り、所管省庁には回答義務があります。あらゆる可能性を考慮したときに、法務省として「弁護士法第72条に違反しない」という回答を出すことは考え難く、他方で、「違反の可能性がある」という言葉がメディアやネット上で独り歩きしてしまい、結果的にリーガルテック全般の事業展開が委縮してしまうという現象が起きつつあります。このことは、グレーゾーン解消制度の趣旨とはむしろ真逆な効果と考えられ、企業コンプライアンスの促進やリーガルサービスへのアクセス促進、日本企業の競争力強化の視点からも大変残念な状況といえます。

他方で、同論点に関して、2022年11月11日に開催された内閣府規制改革推進会議「スタートアップ・イノベーションワーキング・グループ」では、政府やステークホルダーも参加する形で、リーガルテックサービスの在り方について議論が進められているという動きもみられます。同会議内において、法務省はAIの有用性を認め、これが契約審査の高速化、ナレッジマネジメントに有益であるとし、できる範囲で後押しをしていきたいと発言しており、日本国内でもポジティブな議論が進みつつあります。

［4］欧米の動向

（ア） アメリカの議論

日本における弁護士法72条とリーガルテックの在り方を検討する上では、この問題について20年以上前から議論の蓄積がある、アメリカの最近の動向が示唆的です。以下ではごく簡単に、近年州により裁判所の判断が分かれた、LegalZoomをめぐる訴訟を参照してみましょう。前提として、連邦制度を採用するアメリカにおいては、弁護士制度および法律関連サービスの規律は各州に委ねられています。ほとんどの州においては、州最高裁判所がこの権限を行使していますが、州による規律を標準化する目的で、アメリカ法曹協会（American Bar Association, ABA）が弁護士の行為規範について模範規則（Model Rules）を定めており、各州ではこの模範規則に則った裁判所規則などを定めることにより弁護士の行動や法律関連サービスを規律しています。いわゆる非弁活動（Unauthorized Practice of Law）について、ABA模範規則では以下のような規律があります。

規則5.5：無許可の法律業務、複数管轄区域での法律業務
(a)　弁護士は、ある法域において、その法域の法律専門職の規制に違反して弁護士業務を行ってはならず、また、そのような行為を他者が行うのを援助してはならない。
(b)　本法域で弁護士資格を有しない弁護士は、以下のことを行ってはならない。
(1)　本規則または他の法律で許可されている場合を除き、法律業務を行うために本法域に事務所またはその他の組織的かつ継続的な存在を設置すること。
(2)　本法域で弁護士として資格を有することを公衆に誇示する、またはその他の方法で表明すること。(以下略)

日本の弁護士法72条と同様に、その文言は曖昧であり、法律業務(practice of law)が何を意味するかが長年議論されてきました。近年は、リーガルテックを用いて無資格者が弁護士のようにふるまうことを非弁活動として取り締まる事例も散見されますが、LegalZoomについては、リーガルテックを用いたビジネス自体が非弁活動として複数の州で訴訟提起されるに至っています。

(イ)　LegalZoomのビジネス概要

LegalZoomは、カリフォルニアに本社を置く企業であり、2001年に設立されました(詳しくはhttps://www.legalzoom.com/about-us参照)。サービス提供の対象は個人、事業者、弁護士であり、インターネットを通じて様々な法的文書の書式を提供しています。過去20年間で、個人向けの遺産分割関連文書については350万件、事業者向け文書については200万件を超える利用があったとされます。

LegalZoomのサービスの特徴は、単なる空欄書式の提供に留まらず、オンライン上でのインタラクティブなやりとりによって書式を作成するところです。顧客は、会社設立文書、ビジネス計画書、離婚協議書、遺言書や信託形成文書などの選択肢から、作成したい文書を選択します。そうすると、オンライン上の質問が始まり、たとえば、「お子さんはいらっしゃいますか」と質問され、「いません」と回答された場合、「お子さんに関する残りの質問をスキップします」といった画面上の相互のやりとりが行われます。このプロセスは完全に自動化

されていますが、その後、入力内容についてはLegalZoomの従業員がスペルミスや文法などをチェックした上で、ソフトウェアにより最終的な法的文書が作成されます。LegalZoomは、従業員は顧客に対し、決して法的助言をしないように訓練を受けているとしていますが、どのような資格を持った者が従業員として対応しているかは明らかにしておらず、いずれにしても、この文書作成サービスのプロセスには、機械のみならず、従業員という人間の手も介して、個別に文書が作成されています。

(ウ) 州裁判所の判断

(i) サウスカロライナ州最高裁判所の判断：非弁行為に該当しない

LegalZoomは、2013年にサウスカロライナ州において非弁行為を理由に訴追されました（Medlock v. LegalZoom.Com, Inc., No. 2012-208067, 2013 S.C. LEXIS 362 (S.C. Oct.18, 2013)）。サウスカロライナ州では、単純に空欄の書式を提供する行為は非弁行為には該当しません。最高裁に任命された特別審査人（special referee）は、LegalZoomがその利用条項に基づき、法的助言は与えていないと認定し、単純に代書人の役割を担っているのであるから非弁行為には該当しないと勧告し、この判断に基づき、サウスカロライナ州最高裁判所は、LegalZoomの事業は非弁行為を構成しないと結論付けました。

(ii) ミズーリ州の判断：非弁行為に該当する

一方、ミズーリ州では2010年に、LegalZoomが非弁行為に従事しているとする集団訴訟が提起されました（Janson v. LegalZoom.com, Inc., 271 F. R.D. 506 (W.D.Mo.2010)）。ミズーリ州では、非弁護士による取扱いが禁止される法律業務について、「裁判所、委員会、審判官、または法により構成され、もしくは紛争解決権限を有する機関、委員会、委員会における係属中または係属見込みの手続に関して、代理人として出廷すること、書類、答弁書または文書を作成すること、またはかかる立場で何らかの行為を行うこと（MO. ANN.STAT.§484.010（West 2016））」と定義されています。

ミズーリ州では既に、不動産業者が権利移転にかかる文書を作成した行為を非弁行為と認定した先例がありました（Hulse v. Criger, 247 S.W.2d 855

(Mo.1952))。LegalZoom の事件を扱った地方裁判所は、LegalZoom のサービスが従業員を介して文書を完成させている点を注視し、本サービスが「公証人や速記者の役割を超えるものである」として非弁行為を認定しました。もっとも、本判決では、LegalZoom による書式の販売自体は非弁行為でないことも明示しています。専ら文書完成までのプロセスで従業員の支援が行われていることを問題視したのです。

(iii) オハイオ州およびノースカロライナ州：未だ判断せず

他方、2012 年にはオハイオ州で LegalZoom のビジネスを非弁行為であると訴追する訴訟が提起されたものの、未だ裁判所としての結論は出ていません。2012 年のオハイオ州における訴訟は私人が提起したものでしたが、最高裁判所が未だ LegalZoom の業務が非弁行為であるという認定をしていないことを理由に、棄却となりました。その後もオハイオ州最高裁判所は LegalZoom の業務が非弁行為であるか否かについては判断していません。オハイオ州の弁護士会内に設置される非弁委員会では、伝統的な代書人としての業務を超えた非弁護士による文書作成は非弁行為に該当するとする勧告書を公表しています。

他方、ノースカロライナ州では、2010 年に LegalZoom がノースカロライナ州弁護士会に対し、プリペイドの法的サービス事業の登録を申請しましたが、州弁護士会がこれを拒絶したことから訴訟に発展しました。ノースカロライナ州上級裁判所は、州弁護士会には、申請された法的サービスの計画が制定法上の要件を満たしているか否かを判断する権限を有すると判断し、2015 年には両当事者の合意に基づく合意判決（consent judgment, 日本の訴訟上の和解に類似した手続）が出されました（LegalZoom.com, Inc., v. N.C. State Bar, No. 11 CVS 15111, 2015 NCBC 96（N.C. Oct.22, 2015））。本合意判決では、LegalZoom がノースカロライナ州で事業を展開するにあたって変更する事項―書式またはテンプレートが弁護士の助言またはサービスの代わりとなるものではないことを消費者向けに明記することや、ノースカロライナ州の弁護士資格を有する者による審査を行うことなど―は記載しているものの、LegalZoom の事業計画が非弁行為に該当するか否かについては判断していません。

（エ） LegalZoomをめぐる論争から見えてくること

アメリカにおいては、単なる書式の提供は、それが電子的な提供であるか物理的な提供であるかを問わず、非弁行為には該当しないとする共通認識が確立しています。これは、単なる書式の提供は、弁護士の専門職としてのサービスの根幹にある弁護士と依頼者の関係（lawyer-client relationship）を構成しないことと、弁護士人口が130万人を超える現状でもなお、弁護士へのアクセスが容易でないアメリカの市民にとって、書式の提供は最低限の司法サービスのアクセスに資するという見解があるからです。複数の州において非弁行為として訴訟を提起されているにもかかわらず、LegalZoomの事業について既に350万件を超える個人の利用があることからも、LegalZoomの提供するサービスに対する需要は明らかです。

2022年6月の時点において、LegalZoomの事業について唯一非弁行為であると認定したミズーリ州においても、問題とされた行為は、ソフトウェアによる電子的な文書作成ではなく、非弁護士による支援により書式が完成している点であったことは注目に値します。すなわち、**問題となったのは、法的文書の成立に当たり、法的な助言をしたり、個別具体的な支援を行ったりする者は、資格を有する弁護士でなくてはならないという点です。**これは、日本の弁護士法72条の立法趣旨にも通ずる、利用者と社会を護るという視点からの必要な規律ということができるでしょう。他方で、非弁行為の取り締まりは、弁護士による市場独占のためにあるのではありません。弁護士へのアクセスも難しい利用者が、より簡易なツールとしてリーガルテックを用いた一般的な支援を求める場合には、司法アクセスの促進の観点から妨げられるべきではないと考えます。アメリカのリーガルテック業界は社会と裁判所のこのような理解のもとに発展を遂げてきたのです。

［5］日本の課題

最後に、日本におけるリーガルテックの健全な発展のために何が必要かを考えてみましょう。現状、グレーゾーン審査における弁護士法72条との抵触可能性が問題となっていますが、既に述べたとおり、グレーゾーン審査制度では、いかなるリーガルテックサービスも弁護士法72条違反と判断されたわけではありません。そもそも、同規定が刑事罰のある規定であることからすれば、裁判所により有罪と判断されるまでは違法行為を行ったことにはならないはずですが、他方でリーガルテック事業の展開について、裁判所による適法の判断を待つことも合理的ではないでしょう。そうすると、今後のリーガルテックの発展を展望するならば、グレーゾーン解消制度とは別のかたちでリーガルテックについて社会的承認を得ていくことが必要と考えられます。たとえば、事業者団体の中でガイドラインを設け、提供するリーガルテックサービスの質を担保すること。そして、提供するサービスの展開が、個別具体的な顧客を超えて、社会に貢献するものであることを社会に示していく必要があるでしょう。

そして、諸外国では、既に別の次元でリーガルテックの展開とこれに伴う人材育成や研究が行われています。たとえば、アメリカのロースクールでは、「リーガルテック・クリニック」(リーガルテックを用いた臨床法学教育)の展開は珍しくなくなりました。これはすなわち、より競争力のある形でリーガルテックを利用するためには、利用者にも特定の知識と技能が必要なことを意味します。日本においてリーガルテックが真に発展し、企業の国際競争力強化に寄与するためには、利用者側である法務関係者や弁護士にも、リーガルテックを駆使する能力を涵養できる教育研修の機会の確保が必要です。

リーガルテックをめぐるグローバルな競争は既に始まっています。日本経済およびリーガルテック産業の国際競争力強化のためにも、今後比較法的視点も取り入れた制度の在り方の検討や、人材育成の在り方の検討など、研究を蓄積し、発信していくことも急務です。グローバルにリーガルテックを提供できる人材、利用できる人材を輩出していくこと、そのための基盤の整備が求められています。

編集代表・執筆者等紹介

編集代表

奥村　友宏（おくむら・ともひろ）

株式会社 LegalOn Technologies　法務開発部部長／弁護士（日本・ニューヨーク州）

慶應義塾大学法学部法律学科卒業。2011 年弁護士登録。同年長島・大野・常松法律事務所入所。2017 年 Duke University School of Law（LL. M.）修了、2018 年ニューヨーク州弁護士登録。Kramer Levin Naftalis & Frankel LLP（New York）、長島・大野・常松法律事務所バンコク・オフィス勤務を経て 2020 年 4 月から現職。

執筆者

【第 1 章、第 2 章、第 3 章第 1 節】

柄澤　愛子（からさわ・あいこ）

株式会社 LegalOn Technologies　法務部／弁護士

慶應義塾大学大学院法務研究科修了。2012 年弁護士登録。都内法律事務所、特許庁審判部（審・判決調査員）を経て、2019 年 4 月から現職。社内では法務開発、法務・コンプライアンス等を担当。株式会社 LegalOn Technologies のウェブメディア「契約ウォッチ」の企画・執筆にも携わる。

川戸　崇志（かわと・たかし）

株式会社 LegalOn Technologies　執行役員 開発本部長

東京大学教養学部卒、同大学院総合文化研究科修士課程修了。マッキンゼー・アンド・カンパニー日本支社を経て、2018 年に株式会社 LegalOn Technologies に入社。

小林　司（こばやし・つかさ）

株式会社 LegalOn Technologies　法務開発部課長／弁護士

早稲田大学大学院法務研究科修了。2014 年に司法修習を修了後、大手 IT 企業の法務部門にて勤務し、契約書の審査・作成、法律相談、チームマネジメント等に従事。2021 年に株式会社 LegalOn Technologies に入社。社内では法務開発、法律コンテンツ制作等を担当。

今野　悠樹（こんの・ゆうき）

株式会社 LegalOn Technologies　法務開発部／弁護士
早稲田大学法学部卒業、東北大学大学院法学研究科修了。2014 年司法修習修了。ヤフー株式会社にてビジネス法務・政策渉外等に従事した後、国会議員政策担当秘書を経て、2021 年から現職。社内では法務開発、法律コンテンツ制作等を担当。

佐々木　毅尚（ささき・たけひさ）

SG ホールディングス株式会社　コンプライアンス統括部　担当部長
YKK 株式会社、太陽誘電株式会社、株式会社 LegalOn Technologies 等を経て 2022 年 7 月 SG ホールディングス株式会社入社。企業法務をはじめ、コンプライアンス、ガバナンス、内部統制といった多種多様な法務業務を担当。2009 年以降、法務部門長として、法務部門のマネジメントとリーガルテック活用による法務部門の改革に取り組む。

髙澤　和也（たかざわ・かずや）

株式会社 LegalOn Technologies　法務開発部／弁護士
慶應義塾大学法学部法律学科卒業、慶應義塾大学大学院法務研究科修了。2014 年司法修習修了。東京都内の法律事務所で勤務した後、大手メーカーの法務部門に所属し、契約書の審査・作成、法律相談、内部通報窓口等に従事。2022 年から現職。社内では法務開発、法律コンテンツ制作等を担当。

谷口　香織（たにぐち・かおり）

株式会社 LegalOn Technologies　法務部／弁護士
上智大学法学部国際関係法学科卒業、上智大学大学院法務研究科修了。2009 年弁護士登録、同年、弁護士法人東京フロンティア基金法律事務所入所。2011 年日本司法支援センター（通称法テラス）に入所、各地の法テラス事務所に赴任。2017 年、参議院法制局に任期付弁護士として入局。2019 年、法務省訟務局に任期付弁護士として入局。2022 年から現職。

角田　望（つのだ・のぞむ）

株式会社 LegalOn Technologies　代表取締役社長執行役員／弁護士
京都大学法学部卒業、旧司法試験合格（論文全国1位）。2012 年弁護士登録。2013 年森・濱田松本法律事務所入所、2017 年法律事務所 ZeLo と株式会社 LegalForce（現：株式会社 LegalOn Technologies）を創業、現在は同社の代表取締役を務める。

吹野　加奈（ふきの・かな）

株式会社 LegalOn Technologies　法務部／弁護士
早稲田大学法学部卒業。慶応義塾大学大学院法務研究科修了。株式会社リクルートにてインハウスロイヤーとして、旅行領域および住まい領域にて事業支援法務に従事。2019 年から現職。

村田　隆裕（むらた・たかひろ）

株式会社 LegalOn Technologies　LegalForce 開発部　サブリードプロダクトマネージャー
京都大学法学部卒業、一橋大学大学院商学研究科修了。日本ロレアル株式会社にてファイナンス職に 3 年間従事した後、2019 年 3 月より現職。社内ではサブリードプロダクトマネージャーとして製品の企画・開発に携わる。

【第 3 章第 2 節】

稲村　誠（いなむら・まこと）

日本たばこ産業株式会社　日本マーケット　部長代理（法務担当）
1999 年、日本たばこ産業株式会社入社。2000 年より同社法務部門に在籍し、主に訴訟、規制対応、人事労務、株主総会及びコーポレート・ガバナンスを担当。2016 年、同社たばこ事業部門に新たに設置された法務チームへ異動し、同チームの責任者として日本マーケットでのたばこ事業全般に係る法務案件を担当。2022 年から現職。

東郷　伸宏（とうごう・のぶひろ）

合同会社ひがしの里　代表／セガサミーホールディングス株式会社　経営監査室　経営監査部　プロフェッショナル
金融ベンチャー役員を経て、2006 年サミー株式会社に入社。以降、総合エンタテインメント企業であるセガサミーグループの法務部門を歴任。多種多様な法務部門をマネジメント後、2022 年には、組織と個人の競争力強化支援を目的とする法人を設立。2023 年現職。

伊藤　祥（いとう・しょう）

株式会社サンクゼール　管理本部　経営サポート部　総務法務人事課　係長（法務担当）
同志社大学商学部卒業、立命館大学法科大学院修了。前職を経て、2018 年株式会社サンクゼールに入社。法務のリーダーとして、契約業務、株主総会・取締役会関連業務、知財関連業務、異例事項対応業務、IPO 関連業務など、法務案件全般を担当。

牛水　志保（うしみず・しほ）

株式会社大創産業　法務部法務課長
大学卒業後、メーカー、教育、サービス業界など4社で法務業務に従事し、2019年9月株式会社大創産業に入社。国内外の契約書のリーガルチェック、法務相談への対応、訴訟・トラブル対応、知財調査・管理業務などを担当。

高橋　俊輔（たかはし・しゅんすけ）

スパイダープラス株式会社　執行役員（法務責任者・海外事業責任者）／弁護士
東京大学法学部卒業、東京大学法科大学院修了、University of Michigan Law School元客員研究員。検察官として東京地方検察庁等にて財政経済事件等の捜査公判担当。退官後、長島・大野・常松法律事務所にて国内外の企業間紛争・取引案件等を手掛け、2022年より、上場会社の執行役員として法務及び海外事業を統括。

【第4章】

小林　一郎（こばやし・いちろう）

一橋大学大学院法学研究科　教授
東京大学法学部卒業、1994年三菱商事株式会社入社、コロンビア大学ロースクール卒業（LL.M）。三菱商事欧州コーポレートセンター法務部長、法務部コンプライアンス総括室長、法務部部長代行等を経て、2022年より一橋大学大学院法学研究科教授。研究分野は、国際取引法、商取引法、企業法務。

石田　京子（いしだ・きょうこ）

早稲田大学大学院法務研究科　教授
国際基督教大学教養学部卒業、東京工業大学大学院社会理工学研究科修了（学術修士）、ワシントン大学博士課程修了（LL.M・Ph.D）。2007年早稲田大学比較法研究所助手、2009年早稲田大学大学院法務研究科助教、2012年同研究科准教授、2020年より現職。研究分野は法専門職倫理、司法に関する実証研究、ジェンダー法研究。

ザ・コントラクト
——新しい契約実務の提案

2023年5月25日　初版第1刷発行

編　　者　株式会社 LegalOn Technologies

編集代表　奥　村　友　宏

発 行 者　石　川　雅　規

発 行 所　株式会社 商 事 法 務

〒103-0027 東京都中央区日本橋3-6-2
TEL 03-6262-6756・FAX 03-6262-6804〔営業〕
TEL 03-6262-6769〔編集〕
https://www.shojihomu.co.jp/

落丁・乱丁本はお取り替えいたします。

印刷／三報社印刷㈱
Printed in Japan

ISBN978-4-7857-3031-4
＊定価はカバーに表示してあります。